Tragen und getragen werden

Eine Familie zwischen
Magersucht und Autismus

URSULA HOFER

Tragen und getragen werden

*Eine Familie zwischen
Magersucht und Autismus*

Die Autorin

Ursula Hofer ist eine 58-jährige Frau, verheiratet und Mutter von vier erwachsenen Kindern. Nach Stationen im Südtirol und im Zürcher Weinland lebt sie nun seit vier Jahren mit ihrem Mann in Bern. Im ersten Buch „Täghüfeli und Madäneli" verarbeitete sie die Lebensgeschichte ihrer Mutter.

Bis auf den der Autorin sind alle Namen im Buch anonymisiert.

Bibliografische Information der Deutschen Nationalbibliothek:
Die Deutsche Nationalbibliothek verzeichnet diese Publikation in der Deutschen Nationalbibliografie; detaillierte bibliografische Daten sind im Internet über http://dnb.dnb.de abrufbar.

© 2018 Ursula Hofer
Grafik Umschlag: Oldesign/Shutterstock.com
Satz, Umschlaggestaltung, Herstellung und Verlag:
BoD – Books on Demand

ISBN: 978-3-7431-1961-1

Inhalt

Vorwort.. 7
Das zweite Mal... 9
   Zwischenhalt: Martina erinnert sich an ihre Magersucht......... 19
Mutter ist an allem schuld................................. 23
Vater ist an allem schuld.................................. 41
   Zwischenhalt: Naemi: Warum wurden meine Schwestern
   magersüchtig und ich nicht?.............................. 61
Station 1.. 63
Immer noch Station 1....................................... 77
Tunnel ohne Ende... 89
   Zwischenhalt: Unsere Tochter lebt........................ 97
Andrina lacht wieder....................................... 99
Das erste Mal zu Hause.................................... 105
Schuldig oder nicht schuldig?............................. 113
Nach Littenheid, Bern oder nach Hause?.................... 121
Endlich Zu Hause.. 129
   Zwischenhalt: Waren wir so blauäugig?................... 135
Neubeginn in Bern... 137
Ein einschneidender Entscheid............................. 147
   Zwischenhalt: Das Leben siegt........................... 153
Ein zweites Leben... 155
Die Türen öffnen sich immer weiter........................ 163
Aspergersyndrom?.. 169
   Zwischenhalt: Asperger.................................. 177
Aussenstation Tremola..................................... 181
Unser Leben kommt in ruhigere Bahnen...................... 193
Ein Hin und Her... 201
Ein Auf und Ab.. 205
Nächste Runde in Bern..................................... 217
Es geht vorwärts.. 225

Zwischenhalt: Unsere Läuferin 233
Wieder im Licht 237
Nachwort Januar 2016 243
Danke 249

Vorwort

Es war einmal ... so beginnen alle Märchen. Doch dieses Buch, das Sie in den Händen halten, ist kein Märchen, sondern lässt Sie an einem Stück Familiengeschichte teilhaben. Stellen Sie sich ein Dorf vor, das von Äckern, Reben, Wiesen und Wäldern umgeben ist. Ein kleines Dorf, mit knapp tausend Einwohnern, wo sich mehr oder weniger alle kennen. Auf der Strasse wird gegrüsst und die Nachbarschaftshilfe funktioniert. Das Jahr hat seinen gewohnten Ablauf mit diversen Höhepunkten: Fastnachtsfeuer, Grümpelturnier, Erster August, Gewerbeausstellung und Herbstmarkt.

Hier lebten wir, eine sechsköpfige Familie mit Hasen, Katzen, Meerschweinchen, Mäusen und Hamstern.

Bis ins Jahr 2001 verlief der Alltag der Familie im üblichen Rahmen, mit den üblichen Ereignissen, den üblichen Freuden und den üblichen Problemen, die ein Leben mit vier Kindern so mit sich bringt. Aber in diesem Jahr brach die Erkrankung Martinas wie ein Sturm über uns herein. Sie wurde magersüchtig. Ende April musste sie notfallmässig ins Spital, weil ihr Gewicht lebensbedrohlich tief war. Nach drei Monaten konnte sie zwar wieder nach Hause kommen; doch die Sucht war immer noch stark, so dass sie wieder in diese tödliche Abwärtsspirale von „zu wenig essen und immer mehr abnehmen" geriet. Während des zweiten Spitalaufenthaltes entschied sich Martina, nach dem Beenden der Schulzeit als Au-pair ins Tessin zu gehen. Als sie nach einem Jahr wieder nach Hause kam, hatte sie die Magersucht so in den Griff bekommen, dass sie sich wieder einigermassen normal ernähren konnte.

Im Jahr 2005 hatte Martina die Ausbildung zur Pflegefachfrau begonnen. Naemi war für ein Austauschjahr in Amerika; Marco bereitete sich auf die Aufnahmeprüfung für das Gymnasium vor und Andrina besuchte die fünfte Primarschulklasse. David arbeitete als Sozialarbeiter und ich war hauptberuflich als Mutter und Hausfrau beschäftigt. Nebenbei unterrichtete ich noch zwei Nachmittage.

Und hier beginnt die Geschichte, die in diesem Buch aufgeschrieben ist.

Das zweite Mal

DONNERSTAG, DEN 28. APRIL 05

Es ist Abend. Marco und Andrina sind in ihrem Zimmer. David ist unterwegs. Ich freue mich auf eine gemütliche Zeit mit dem neuen Krimi von Donna Leon. Kaum habe ich mich hingesetzt, ertönt Andrinas Stimme. „Mami, kommst du bitte rasch zu mir?" Widerwillig lege ich das Buch zur Seite und steige die Treppe hoch. Was will sie wohl? Ich betrete ihr Zimmer. Andrina sitzt im Bett mit einem vor Angst verzerrten Gesicht. Sie schluchzt: „Mami, in mir ist eine Stimme, die sagt mir, dass ich heute viel zu viel gegessen habe und dass ich zu dick bin. Jetzt habe ich so ein schlechtes Gewissen." Mein Herz krampft sich zusammen. In mir schreit es: „Nein, nein, nein!" Ich weiss doch aus Erfahrung, dass jemand schon mitten in einer Magersucht steckt, wenn er diese Gedanken äussert. So erlebten wir es auch bei Martina. Zu Andrina sage ich nur: „Nein, du hast nicht zu viel gegessen, diese Stimme lügt und dick bist du sowieso nicht." Zweifelnd schaut sie mich an. Erst nach längerem Gespräch beruhigt sie sich. Nachdem wir zusammen gebetet haben, schläft sie endlich ein. Ich schleppe mich die Treppe hoch in unser Schlafzimmer, falle aufs Bett und die Tränen laufen über mein Gesicht. „Nein, Gott, nicht diese Krankheit! Ich will nicht noch einmal solch eine Zeit erleben. Warum ist auch Andrina magersüchtig geworden? Sie ist doch erst elf Jahre alt! Warum lässt du das zu?", klage ich ihn an.

Diese Nacht schlafe ich unruhig. Meine Gedanken drehen und drehen. Wird Andrina so krank werden wie Martina? Haben wir Anzeichen der Magersucht übersehen? Oder haben wir sie nicht wahrgenommen, aus Angst, nochmals solch eine schwierige Zeit wie mit Martina zu erleben?

FREITAG, DEN 29. APRIL 05

Ich erzähle David beim Frühstück vom nächtlichen Gespräch mit Andrina. Er ist genauso geschockt und will es fast nicht glauben. Aber auch ihm ist klar, dass wir sofort Hilfe organisieren müssen. Wir hoffen, dass wir mit schnellem Eingreifen die Katastrophe verhindern können. Ich rufe die Psychologin an, die uns auch während Martinas Magersucht begleitet hat. Wie bin ich erleichtert, dass wir schon nächste Woche zu einem Gespräch gehen können.

FREITAG, DEN 6. MAI 05

Seit dem nächtlichen Gespräch habe ich Andrina beobachtet und musste tatsächlich feststellen, dass sie schon noch isst, aber konsequent zu wenig. Vieles lässt sie weg. Vor allem fettige Sachen, wie Wurst oder Saucen. Mein Herz wurde von Tag zu Tag schwerer. Heute können wir endlich zur Psychologin gehen. Die erste Viertelstunde bin ich auch dabei, um aus meiner Sicht zu erzählen, weshalb wir Hilfe brauchen. Doch dann werde ich ins Wartezimmer verbannt. Wie ich mich nach Lektüre umschaue, fällt mein Blick auf einen Spruch an der Wand. „Es isch, wies isch!" Ja, das ist einfach gesagt. Eine tolle Wahrheit. In mir sträubt sich alles dagegen, die Situation so anzunehmen, wie sie ist. Vorsichtshalber schreibe ich mir den Spruch aber trotzdem ab. Kann ja nicht schaden! Zum Abschluss werde ich noch einmal ins Besprechungszimmer gebeten. Die Psychologin erzählt, wie sie sich unsere Zusammenarbeit vorstellt: „Andrina ist einverstanden damit, dass sie regelmässig zu mir kommen wird. Aber ich werde auch mit eurem Hausarzt Kontakt aufnehmen, damit er Andrinas Gewicht und ihren Gesundheitszustand regelmässig kontrolliert. So können wir vielleicht das Allerschlimmste – einen körperlichen Zusammenbruch oder einen Spitalaufenthalt – vermeiden!" Das beruhigt mich einigermassen.

MONTAG, DEN 16. MAI 05

Zehn Tage sind seit dem Gespräch bei der Psychologin vergangen. Andrinas Essverhalten hat sich verschlechtert. Zum Frühstück Konfitürenbrötchen, zum Nachtessen Konfitürenbrötchen. Natürlich ohne Butter und die Konfitüre muss man mit der Lupe suchen. Auch beim Mittagessen werden die

Portionen kleiner. Ich schaffe es nicht, mit Andrina zu streiten, um keinen Bissen mag ich kämpfen. Das habe ich zur Genüge bei Martina gemacht, und was hat es gebracht? Nichts! Andrinas regelmässige Kontrollen beim Arzt zeigen einen alarmierenden Gewichtsverlust. David und ich haben zusammen mit der Psychologin, dem Arzt und Andrina ein Gewicht von 36 Kilogramm festgesetzt. Wenn sie diese Grenze unterschreitet, muss Andrina ins Spital, da es lebensgefährlich werden kann. Dieser Punkt kommt näher und näher. Das Thema Magersucht nimmt mich erneut gefangen und beherrscht meine Gedanken.

Von den anderen Kindern ist nur Marco zu Hause. Der muss jetzt einfach funktionieren. Er bereitet sich auf die Aufnahmeprüfung fürs Gymnasium vor und ist am Abend häufig mit seinen Kollegen unterwegs. Naemi ist immer noch in Amerika und mit dem Abschluss ihres Aufenthaltes beschäftigt. Sie hat uns von der Maturfeier ein Foto geschickt. Alle Frauen tragen Ballkleider. Diese elegante junge Frau soll unser Mädchen sein? Martina ist ausgezogen und wohnt seit einem Monat bei einer Freundin.

Zu Andrinas Gewichtsverlust kommt eine immer grösser werdende Erschöpfung. Am Morgen steht sie wohl auf, frühstückt, aber wenn es ums Losmarschieren geht, brechen die Dämme. „Mami, ich will nicht in die Schule gehen, ich schaffe es nicht. Ich bin so müde!", jammert sie. Manchmal bringe ich sie mit Zureden dazu, die Schuhe anzuziehen und zu gehen. Manchmal hilft alles nichts und sie bleibt zu Hause. Heute hat sie es geschafft, aber gegen zehn Uhr – ich bin gerade beim Staubsaugen – schlägt die Türe auf und eine tränenüberströmte Andrina stürmt herein.

„Mami, ich werde von den Buben geplagt. Vor allem einer will immer mit mir kämpfen. Das halte ich nicht mehr aus!"

„Ja, bist du einfach weggerannt?", frage ich sie.

„Ja, s hät mi verchlöpft."

Ich rufe die Lehrerin an, damit sie weiss, wo Andrina ist. Am Nachmittag begleite ich unsere Tochter in die Schule, damit wir mit der Lehrerin über das Vorgefallene reden können.

Sie begrüsst uns knapp, schickt Andrina ins Schulzimmer und meint: „Am besten beachten wir das Geschehene gar nicht. Sonst bauschen wir es nur unnötig auf." Diese Worte erschlagen mich buchstäblich. Ich bin unfähig, darauf zu reagieren. Auf dem Heimweg dreht vor allem ein Gedanke in meinem Kopf: Warum habe ich nicht auf einem Gespräch beharrt? Das wäre doch so wichtig gewesen, um zusammen herauszufinden, was genau abgelaufen ist und warum unsere Tochter so reagiert hat. Da kommt mir wieder einmal meine Doppelrolle als Mutter und Schulpflegerin im Schulhaus in den Weg. Schon einmal habe ich den Vorwurf kassiert, ich würde meine Stellung zu Gunsten unserer Kinder missbrauchen. Gebranntes Kind scheut das Feuer.

MITTWOCH, DEN 18. MAI 05

Heute kann Andrina an einem Fussballturnier teilnehmen. Eigentlich macht sie das sehr gern. Aber irgendetwas mit den Schuhen stimmt nicht und die Turnhose – die einzige, die sie noch anziehen will – ist nass. Als ihre Freundinnen sie abholen wollen, müssen sie unverrichteter Dinge weiterziehen. „Mach dich jetzt bereit! Sie brauchen dich in der Mannschaft!", sporne ich Andrina an. Ich versuche es mit Strenge, mit Zureden, mit Güte, mit Toben; aber die Schuhe passen immer noch nicht. Andrina liegt auf dem Boden und heult nur noch. Erst Martina, die zu Besuch kommt, bringt es fertig, dass sie sich anzieht. Zu zweit gehen sie endlich los. Eine bis aufs Mark erschöpfte Mutter lassen sie zurück. Ich hole mir Rat bei der Psychologin von Andrina. Nachdem ich ihr die Situation geschildert habe, sagt sie: „Ursula, du musst streng sein mit Andrina und dich durchsetzen. Sie braucht das. Das gibt ihr Halt!" Ich könnte sie umbringen, diese gescheite Frau. Das lässt sich am Telefon so einfach sagen. In mir tönt es: „Du genügst nicht, Ursula, du bist eine Versagerin. Mit einer strengeren Mutter wären Martina und Andrina nicht erkrankt!" Schuldgefühle übermannen mich und erdrücken mich fast. Es ist zum Verzweifeln! Trotz allem gibt es noch einen Aufsteller: Andrina schiesst das entscheidende Tor, das ihrer Mannschaft zum Sieg verhilft!

DONNERSTAG, DEN 19. MAI 05

Marco hat vor einer Woche die Aufnahmeprüfung fürs Gymnasium gemacht. Ob er wohl heute das Ergebnis bekommt? Um zwölf Uhr wirft der Pöstler meistens die Post ein. Also, Mutter, du musst dich noch gedulden!

Endlich! Ich renne hinaus und reisse dem Pöstler alles aus der Hand. Ja, es ist ein Brief für Marco dabei. Soll ich wirklich warten, bis er von der Schule nach Hause kommt? Die Versuchung ist gross … Zehn nach zwölf Uhr trudelt er ein. Gemütlich öffnet er den Brief und beginnt zu strahlen! Geschafft! Knapp, aber geschafft! Das werden wir heute Abend feiern!

Am Nachmittag fahren Andrina und ich zu einem Gespräch mit der Psychologin. Ich geniesse die Zeit im Wartezimmer mit einem Buch in der Hand. Nach dem Gespräch darf ich Andrinas Sandkastenbild bewundern. Spannend, wie sie unsere Familie mit verschiedenen Tieren dargestellt hat. Ich bin eine Affenmutter mit einem Affenbaby auf dem Rücken. Ich frage Andrina: „Wer ist dieses Baby?"

„Das bin ich", gibt sie zur Antwort.

Ich muss leer schlucken. Nein, so nahe, so verbunden, so abhängig von mir? Aber das will ich doch gar nicht.

FREITAG, DEN 10. JUNI 05

Andrina bleibt immer häufiger zu Hause. Mich laugen diese Tage aus. Sie sind durchzogen von Kämpfen, Spannungen und Streitereien. Heute habe ich alle Verwandten und Freunde angerufen und sie gebeten, für Andrina zu beten. Ich will, dass Gott eingreift und ein Wunder geschieht. Ich will eine gesunde Tochter. Damit ich mich ein wenig erholen kann, ging Martina heute mit Andrina zelten. Hält sie das aus, so direkt mit dem Thema Magersucht konfrontiert zu werden? Ich bin überzeugt, dass sie am Abend schon wieder zu Hause sein werden.

Eine Nacht haben die beiden geschafft! David und ich haben den freien Abend mit allen Fasern genossen. Als ich gemütlich am Tisch sitze und meinen „Znünikafi" trinke, läutet das Telefon:

„Mami, chumm mi go hole! D Martina isch dävo glaufe", weint Andrina.
„Sie wird sicher wieder zurückkommen. Du musst einfach warten."
„Aber sonst kommst du mich holen!"
Beim nächsten Telefon habe ich eine verzweifelte Martina am Apparat:
„Mami, diä isst ja nüüt! Ich halte das nüme uus."
Da bleibt nur noch eines: „Packt alles ein und kommt nach Hause!"
Wo bleibt das Wunder, für das wir alle beten?

DIENSTAG, DEN 21. JUNI 05

Auch wenn die letzten Wochen von Andrinas Krankheit überschattet waren, den heutigen Freudentag kann mir niemand nehmen! Naemi kommt nach Hause! Die elf Monate als Austauschschülerin in Amerika sind endlich vorbei. Wie wird sie zurückkommen? Hat sie sich verändert? Ich kann es kaum erwarten, bis ich sie in die Arme schliessen darf. Ich bin so nervös und versuche, mich mit Gartenarbeit abzulenken.

Die ganze Familie, Freundinnen und Verwandte kommen mit zum Flughafen. Ob Naemi uns überhaupt noch erkennt? Davids Haar haben wir grau gefärbt, um ihr vorzumachen, dass er sehr gealtert sei. Ich bin jung geblieben, darum sind meine weissen Haare unter einer Tönung verschwunden. Marco hat plötzlich grüne anstatt blaue Augen. Martina ist zu einer Tussi mutiert. Sie trägt hohe Absätze, Sonnenbrille und einen Minirock. Andrina hat sich sowieso verändert, so dünn und schmal ist sie geworden.

Das Flugzeug ist schon lange gelandet, das Gepäck ausgeladen. Wo bleibt sie, unsere Tochter? Die Schiebetüre öffnet und schliesst sich, öffnet und schliesst sich. Aber keine Naemi erscheint. Ich halte es fast nicht mehr aus. Da! Das muss sie sein. Zuerst sehen wir den Gepäckwagen mit dem riesigen Koffer und dahinter taucht ein Gesicht auf, das strahlt wie die aufgehende Sonne. Ich renne auf sie zu und halte sie ganz fest an mich gedrückt, bis eine Stimme sagt: „He, lass uns auch mal Grüezi sagen!" Reihum wird sie umarmt und geküsst. Auf dem Heimweg redet sie wie ein Buch. Ja, das ist unsere Naemi! Und doch ist sie verändert, selbstsicherer und gelassener geworden. Erst jetzt, da sie wieder zurück ist, spüre ich das Loch, das sie vor elf Monaten hinterlassen hatte.

MITTWOCH, DEN 6. JULI 05

Zwei Wochen ist Naemi bereits zu Hause und geniesst die vertraute Umgebung. Nur ein wenig klein und eng komme ihr die Schweiz vor, sagt sie öfters.

Das Telefon klingelt. „Ursula", meldet sich Andrinas Arzt. „Das Gewicht ist wieder um ein ganzes Kilo gesunken. Andrina hat die kritische Grenze erreicht. Sie wiegt nur noch 36 Kilo. Können du und David möglichst bald zu einem Gespräch kommen?" Wie habe ich mich vor diesem Anruf gefürchtet! Ich lege den Hörer auf und sinke auf einen Stuhl. Warum sie auch? Warum? Insgeheim habe ich schon damit gerechnet, dass es so weit kommt. Andrina isst schon noch, aber einfach viel zu wenig. Jede Mahlzeit ist genau berechnet: Zum Frühstück isst sie eine halbe Brotschnitte mit einem Hauch von Konfitüre, dazu trinkt sie eine halbe Tasse Milch; zum Znüni nimmt sie einen halben Apfel mit oder einen Getreideriegel – ob sie ihn isst, weiss niemand –, zum Zmittag einen Löffel Nudeln oder Kartoffeln, dazu etwas Gemüse und Salat; zum Zvieri wieder eine Frucht und beim Abendessen nimmt sie einen, höchstens zwei Löffel von dem, was ich gekocht habe, oder isst wieder eine halbe Scheibe Brot. Fleisch isst sie schon lange keines mehr; an den Salat kommt keine Sauce und wenn sie merkt, dass ich Butter ans Gemüse getan habe, streikt sie. Hie und da verweigert sie das Essen ganz.

FREITAG, DEN 8. JULI 05

Am nächsten Montag muss Andrina ins Spital. Der Arzt wird alles Notwendige veranlassen. Wir sagen Andrina noch nichts, da in der Schule eine Projektwoche zum Thema Zirkus stattfindet, und daran soll sie bis zum Schluss teilnehmen können.

Heute ist die Abschlussvorstellung der Projektwoche. Wir kommen in den Genuss einer Zirkusgala! David und ich geniessen die Show. Die dunkle Wolke haben wir zu Hause gelassen. Jetzt ist unsere Tochter an der Reihe! Sie macht als einzige einen Salto auf dem Minitramp. Super gestanden! Hinter uns tuscheln zwei Frauen: „Nein, das ist ja schrecklich! Dieses Mädchen ist ja brandmager! Dass die Eltern da nichts unternehmen!" Ihre vorwurfsvollen Worte treffen mich tief ins Herz. Diese Frauen haben keine Ahnung, welche Anstrengungen wir schon unternommen haben. Doch fehlt mir der Mut, mich umzudrehen und ihnen ins Gesicht zu sagen, dass dieses schrecklich dünne Mädchen nächsten Montag im Krankenhaus liegen wird.

MONTAG, DEN 11. JULI 05

Der Eintrittstag ist da. Um neun Uhr müssen wir im Spital eintreffen. Oh, wie hat Andrina geschluchzt, als wir ihr eröffneten, was ihr bevorsteht.

„Andrina, komm, es ist Zeit!", rufe ich. Keine Antwort. Kurze Zeit später versuche ich es erneut: „Andrina, wir müssen gehen!" Immer noch keine Antwort. „Andrina!", tönt jetzt meine Stimme energischer. Kein Pieps ist zu hören. Wo bleibt sie denn? Ich stapfe die Treppe hoch, will bei ihr eintreten und stehe vor einer verschlossenen Tür. „Ich gane nöd, Mami, chasch vergesse!", schreit sie. Mit allem, was mir zur Verfügung steht, versuche ich sie zu überreden, die Tür zu öffnen. Nichts! Unterdessen ist der Termin im Spital vorbei. Ich rufe an und entschuldige uns. Ist die Stimme der zuständigen Person vorwurfsvoll oder kommt mir das nur so vor? Ich versuche es nochmals bei Andrina, zum hundertsten Mal! Sie weigert sich immer noch. Es wächst mir alles über den Kopf. Ich habe keine Kraft mehr, meine Beine geben nach und ich gleite der Wand nach zu Boden. Da sitze ich und kann nur noch heulen. Ein Schlüssel wird gedreht, die Türe öffnet sich und Andrina kauert sich mit verquollenem Gesicht neben mich. „Hör uf brüälä, ich chume ja."

Mit dreistündiger Verspätung erreichen wir das Spital. Nach der Aufnahmeprozedur muss ich Abschied nehmen und unsere elfjährige Tochter zurücklassen. Mein Herz schmerzt und doch bin ich erleichtert, dass nun andere die Verantwortung übernehmen. Was werden Martina, Naemi und Marco sagen? Für Naemi muss es ein Schock sein. Da kommt sie aus Amerika zurück und ihre kleine Schwester ist magersüchtig und muss ins Spital! Marco erlebte Andrinas Erkrankung hautnah mit und bekam auch unsere Not und Ohnmacht zu spüren. Für ihn ist es vielleicht eine Erleichterung, dass sie nun versorgt ist. Für Martina muss es ein einziger Stress sein. Sie weiss ganz genau, was bei Andrina abgeht und was ihr bevorsteht, um wieder gesund zu werden. David wird sicher auf dem Heimweg von der Arbeit noch rasch bei Andrina vorbeischauen. Er muss sie sehen. Er vermisst sie schon nach einem Tag.

Zwischenhalt:
Martina erinnert sich an ihre Magersucht

Was war die Magersucht für mich? Eine Beschäftigung? Eine Ablenkung? Vielleicht vor meiner eigenen Unsicherheit der Gesellschaft gegenüber? Mit 14 begann ich abzunehmen. Es war ein Trend in der Schule, alle Mädchen redeten davon. Auch die Zeitschriften waren voll damit. So wollte ich einfach wissen, ob ich auch fähig war, mich dermassen zu disziplinieren. Ich war in der Schule ein unsicheres Kind, dafür zu Hause umso lauter. Mit dieser „Abnehmgeschichte" lag der Fokus plötzlich auf etwas Externem, dem Essen. Das gab mir Halt und Sicherheit. Die Waage war mein Barometer für meine Zufriedenheit. Je tiefer das Gewicht, umso besser. Die Bestätigung, doch etwas erreichen zu können, gefiel mir. Ja, diese Glasglocke schien eine „angenehme" Art der Flucht vor der Realität zu sein. Solange, bis die Spirale sich verselbstständigte und sich ein fremdes „Wesen" einschlich: die Sucht! Sie beeinflusste und beherrschte meine Gedanken. „Du bist nur gut, wenn du wenig isst, dich viel bewegst, Kalorien verbrennst, Gewicht verlierst." Ein Leben mit Tunnelblick.

Nach einer Weile steckte ich total im Nebel fest. Ich merkte, dass es so nicht mehr weitergehen konnte. Alles schien in die Brüche zu gehen. Die Familie zerriss es beinahe. Der Tod war nahe. Ich brauchte die Hilfe von aussen. Meine Eltern drängten mich dazu. Doch ich wehrte mich dagegen. Aber tief in meinem Innersten wusste ich genau, dass es der einzige Weg war, wieder gesund zu werden. Als mein Gewicht auf 42 Kilogramm gesunken war und mein Körper mit Herzrhythmusstörungen reagierte, wurde ich in eine Kinderklinik eingeliefert. Dort gab es geregeltes Essen. Fix vorgegeben. Denn die Fähigkeit, mir genügend Nahrung zuzuführen, hatte ich verlernt und musste ich neu erarbeiten. Auch wenn ich es nicht zugab, war ich für die erhaltene Hilfe sehr dankbar! Sucht ist etwas Starkes! Sie wieder zu verabschieden, etwas sehr Schwieriges.

Ich war froh, abgeben zu können und geführt zu werden. So weit hatte ich mich heruntergewirtschaftet. Mir dies einzugestehen, war ziemlich hart. Und vor allem: Ich brauchte ein neues Ja zum Leben. Wie froh war ich, dass dieses Ja – zwar verschüttet unter Staub und Dreck – doch langsam, langsam wieder zum Vorschein kam. Das Gesundwerden war ein steiniger Weg. Die Disziplin, welche ich benutzt hatte, um dermassen kontrolliert zu essen und dünn zu werden, dieselbe Disziplin musste ich umpolen, um wieder gesund zu werden. Das kostete mich und meine Eltern viel Nerven und Zeit. Zweimal war ich im Spital, kurz in der Psychiatrie und im Kriseninterventionszentrum.

Mit 16 Jahren, nach meinem zweiten Aufenthalt im Spital, ging ich als Au-pair ins Tessin.

Da war wieder dieses starke Ja, welches mich antrieb. Ich riss mich los und war auf mich alleine gestellt.

Die Kontrolle über das Essen herzugeben, verlangte nach einer neuen Kontrolle als Ersatz, damit ich nicht „haltlos" dastand. So kam ich in einen „Reinigungszwang". Auch das war sehr anstrengend und brauchte erneut grosse Kraft, um diesen Zwang wieder abzubauen.

Während manchem Jahr hatte ich tagsüber nicht viel gegessen und erlebte dann am Abend regelrechte Essattacken. Dann konnte die Spannung des Tages von mir abfallen. Viele Jahre habe ich meinen Bauch jeden Abend überfüllt und am Morgen kam dann das schlechte Gewissen. So vermieste ich mir regelmässig den kommenden Tag. Die Folge war, dass ich den Tag durch wieder wenig ass, am Abend viel und so weiter. Eine neue anstrengende Spirale. Ich war nicht mehr am Rande des Zusammenbruches und doch sehr eingeschränkt in meiner Lebensqualität und Lebensfreude. Diese Spirale konnte ich erst durchbrechen, als ich dem „schlechten Gewissen danach" keine Aufmerksamkeit mehr schenkte. Ich versuchte, mein Essverhalten weniger ernst zu nehmen.

Heute verstehe ich das Ganze so: Das Wesen Sucht verlangt nach Energie. Gedanken sind Energie. Mit meinem schlechten Gewissen fütterte ich die Sucht ständig und stärkte sie durch Aufmerksamkeit. Erst, als ich die Sucht oder meine Gedanken weniger fütterte, wurden sie schwächer. Auch jetzt kommt es vor, dass ich manchmal am Abend zu viel esse. Das ist der Moment des „Loslassens". Doch nicht mehr so häufig. Und wenn es doch mal wieder geschieht? Dann geht das Leben weiter. Es ist kein Drama mehr. Gegessen und Vergessen.

Ich bin dankbar für diese Erfahrung. Und doch verstehe ich nicht, weshalb ich mir und meiner Familie so viel Leid und Schmerzen zufügen musste. Auch meinem Körper sieht man die Auswirkungen der Magersucht an. Denn ich war genau in dem Alter, in dem ich zur Frau werden sollte. Die Menstruation blieb aus und beim Wachstum der Brüste wurde sichtlich eingespart. Jetzt, mit 29 Jahren, mag ich kein Drama mehr und geniesse das Leben, so stark ich kann. Ich brauche meine ganze Kraft, um meine vielen Interessen zu befriedigen, vorwärts zu schreiten, den Weg meines Herzens zu finden und zu gehen.

Mutter ist an allem schuld

MITTWOCH, DEN 12. JULI 05

Andrina ist bereits seit fünf Tagen im Spital. Für mich ist das eine Erleichterung. Die letzten Wochen waren unheimlich anstrengend. Andrinas Stimmungsschwankungen, ihre Panikattacken, das Verweigern des Essens und die ewigen Kämpfe haben mich ausgelaugt. Heute haben wir das erste Elterngespräch, denn wir werden auch in die Behandlung einbezogen. Ich gehe mit gemischten Gefühlen an dieses Treffen, da wir die gleiche Psychologin haben werden, die auch Martina während ihres Klinikaufenthaltes vor vier Jahren betreute. Was wird sie denken? Jetzt kommt diese Familie schon mit der zweiten magersüchtigen Tochter! Was ist wohl schiefgelaufen? Hat die Mutter versagt?

Doch meine Angst war unnötig. Bei der Begrüssung drückt die Psychologin fest meine Hand und sagt: „Das tut mir so leid, dass Sie nochmals solch eine Geschichte erleben müssen!" Mir kommen die Tränen. Der Oberarzt stellt sich vor und eröffnet das Gespräch. Wir sollen erzählen, wie es zur Klinikeinweisung gekommen ist. Vor allem David und ich berichten. Andrina spricht kaum. Sie ist mit den Gedanken wohl immer noch beim Mittagessen. Vor dem Gespräch hat sie mir zugeflüstert: „Mami, ich ha söttig Hüüfe ufem Täller gha!" Mit den Händen hat sie mir den Berg vor die Augen gemalt.

Die Psychologin stellt uns den Therapieplan vor. Sobald Andrina 36 Kilo erreicht hat, darf sie am Samstag und/oder Sonntag von 12 bis 17 Uhr nach Hause kommen. Jeweils am Morgen kann sie in den Treff gehen, um zu malen, zu basteln oder Hausaufgaben zu machen. Sie wird Einzeltherapie, Gruppentherapie und Physiotherapie erhalten. Damit sie den Anschluss an ihre Klasse nicht verpasst, wird die Spitallehrerin mit Andrinas Lehrerin Kontakt aufnehmen und ihr den Stoff in Einzelstunden weitergeben. Pro Woche muss sie 500 g zunehmen. Ihre Mahlzeiten werden von einer Ernährungsberaterin zusammengestellt. Drei Hauptmahlzeiten und drei

Zwischenmahlzeiten muss Andrina zu sich nehmen. Wenn sie zu wenig zunimmt, erhält sie zusätzliche Energiedrinks. Zweimal in der Woche wird das Gewicht kontrolliert und der Therapieplan jeweils am Donnerstag neu angepasst. Sie darf sich auf der Abteilung frei bewegen, aber nur für eine Stunde hinausgehen und das nur in Begleitung von Erwachsenen. Besuchszeiten sind fix und alle Behandlungen haben Vorrang. Uns erwarten sie jede Woche zu einem Elterngespräch, damit wir am Ball bleiben. Nach dem Erreichen von 39 Kilo folgt die Übergangsphase, in der sie wieder zu Hause die Schule besuchen kann. Zuerst stundenweise, mit der Zeit den ganzen Tag. Mit dem Zielgewicht von 42 Kilo kann sie wieder nach Hause kommen.

Auch wenn mir alles von Martina her bekannt ist, brummt mir nach diesen vielen Mitteilungen der Kopf. Das wird eine herausfordernde und anstrengende Zeit für Andrina. Ich bin froh, dass andere den Kampf gegen diese Krankheit aufnehmen.

David bringt noch das Thema der Sommerferien, zwei Wochen Urlaub auf Sardinien, ins Gespräch ein. Wir sind zuversichtlich, dass Andrina mitkommen kann. Da sich die Magersucht innert kürzester Zeit entwickelt hat, wird sie auch schnell wieder weg sein, denken wir. Doch der Oberarzt dämpft unsere Hoffnung abrupt. „Wir glauben nicht, dass das möglich sein wird. Stellen Sie sich besser auf Ferien ohne Ihre Tochter ein!"

MITTWOCH, DEN 20. JULI 05

Der Arzt hat recht behalten: Es hat wirklich nicht geklappt mit den Ferien. Andrinas Gewichtszunahme bewegte sich im Mikrobereich. Wir haben hin und her diskutiert, was wir mit den Ferien machen sollen. Schweren Herzens entschieden wir uns, dass David mit Marco und Naemi nach Sardinien reist und ich bei Andrina bleiben werde. Letzten Samstag sind sie losgefahren.

Der Verzicht fiel mir nicht leicht und ich klagte einer Freundin meine Not. Ihre Antwort tröstete mich sehr: „Es tut mir so leid für euch alle und für dich, dass du nicht mit in die Ferien gehen kannst. Aber wir halten an der Hoffnung fest, dass das Leben und die Kraft von Jesus stärker sind als diese mörderische Krankheit. Versuch, möglichst gut zu dir zu schauen!"

Jeden Tag fahre ich zu Andrina ins Spital. Wir schwatzen zusammen, machen einen Besuch in der Cafeteria oder spielen Würfel- und Kartenspiele. Seit ein paar Tagen liegt gegenüber im Bett ein Mädchen mit der gleichen Krankheit. Ihre Mutter kämpft mit ihr nicht nur um jeden Bissen, sondern auch um jeden Schluck Wasser. Ich erschrecke über die Macht, die dieses Mädchen über ihre Eltern hat. Ist das bei uns auch so? Sicher nicht, versuche ich mich zu beruhigen.

„Mami, die bekommt jedes Mal etwas geschenkt, wenn die Mama oder der Papa kommen. Das finde ich schon etwas übertrieben", vertraut mir Andrina an und verrät sich doch durch ihre neidischen Blicke zum geschmückten Bett hinüber.

FREITAG, DEN 29. JULI 05

Als Andrina vor zwei Tagen gewogen wurde, hatte sie kein Gramm zugenommen, sondern sogar Gewicht verloren. Sie wog nur noch 35,5 Kilogramm. Ich wurde zu einem Krisengespräch beordert. Der Arzt wollte Andrina eine Sonde stecken, damit sie ihr zweimal am Tag zusätzliche Kalorien zuführen können. Meine Tochter wehrte sich mit Händen und Füssen. Für sie ist das der pure Horror. So verliert sie total die Kontrolle über das Essen, da ihr die Nahrung direkt in den Magen verfrachtet wird. In ihrer Vorstellung sah sie sich schon als dickes Monster. Da ich aber auch meine Zustimmung gab, musste Andrina sich fügen und die Sonde wurde ihr gesteckt. Immer wieder heisst es für mich, die Spannung zwischen Andrinas Not und den Wünschen der Ärzte auszuhalten. Würde ich nur auf meine Gefühle achten, bekäme Andrina recht. Doch die Vernunft hält mich davon ab.

Als ich heute ins Spitalzimmer trete, sitzt Andrina weinend im Bett. Sie wirft sich mir an den Hals und klagt: „Mami, die glauben mir einfach nicht! Ich wollte gestern Abend einen Klebstreifen an der Sonde entfernen und irgendwie habe ich in den Schlauch geschnitten. Heute Nacht war plötzlich alles nass und der Pfleger schimpfte mit mir und behauptete, ich hätte es extra gemacht! Aber ich lüge nicht, gäll Mami!" „Ja", beruhige ich sie, „ich weiss, dass du die Wahrheit gesagt hast."

Um vier Uhr findet das Elterngespräch statt. Das Thema Sonde wird auch angesprochen. Ich sage, dass Andrina nicht lügt. Mir kommt es vor, als würden die Blicke der Psychologin Bände sprechen: „Typisch Mutter! Kriecht ihrer magersüchtigen Tochter voll auf den Leim!" In mir steigt eine Wut hoch! Wer lebt schon bald zwölf Jahre mit diesem Mädchen zusammen und kennt sie in- und auswendig? Die Fachpersonen oder ich? Ich wünsche mir, David wäre hier. Ich fühle mich so allein. Völlig erschöpft kehre ich nach Hause zurück und weine nur noch. Als meine Freundin anruft, merkt sie bald, dass gar nichts mehr geht. Sie holt mich ab und schleppt mich auf einen Spaziergang. Ihre Gegenwart, ihr geduldiges Zuhören, die frische Luft und der Sonnenuntergang sind Balsam für meine Seele.

SAMSTAG, DEN 30. JULI 05

Mein Kopf rebelliert. Gestern, nach dem Spaziergang, habe ich mir noch einen schönen Abend gemacht: Zuerst einen halben Liter Weisswein der Marke Amour, nachher einen zünftigen Amaretto und feine Guetsli habe ich mir gegönnt. Ich weiss gar nicht mehr, wie ich ins Bett gekommen bin!

Heute kommen die Sardinier nach Hause. Andrina und ich erwarten sie am Nachmittag gegen vier Uhr. Zuerst erledigen wir den halbstündigen Spaziergang. Da wir uns nur auf dem Spitalgelände bewegen dürfen, umrunden wir einfach das Gebäude, und das dreimal in einem Höllentempo. Eine immense Spannung peitscht Andrina voran. Ich könnte mich ja widersetzen, aber das braucht so viel Kraft, und die habe ich heute einfach nicht. Wenn uns die Pflegerinnen sehen würden, gäbe es sicher eine gesalzene Strafpredigt!

Endlich biegt das Urlaubsgefährt auf den Parkplatz ein. David, Naemi und Marco steigen aus. Braungebrannt, die Arme beladen mit Geschenken. Zuerst wird zünftig umarmt und dann ausgepackt. Ich freue mich, dass meine bessere Hälfte wieder da ist. Zu zweit ist alles einfacher!

DONNERSTAG, DEN 4. AUGUST 05

Nach den zwei anstrengenden Wochen kann ich heute für einen Tag auf den Sternenberg gehen. Ich nehme an einem „Stillen Tag" teil. Das „still" bedeutet Schweigen. Jeder der zwanzig Teilnehmer ist einfach für sich da. Es ist ruhig. Das tut mir nach den vergangenen Tagen gut. Ich muss keine Lebensgeschichten und Probleme von anderen Menschen vernehmen und mittragen. Meine eigenen genügen mir vollends. Die Leiterin gibt uns einige Gedanken mit. Eine Stelle aus der Bibel spricht mich besonders an: „Du wirst erfahren, dass ich der Herr bin. Niemand wird enttäuscht, der mir vertraut." (Jes. 49.23)

Schaffe ich das? Ehrlich gesagt, fällt mir das im Moment schwer. Kann ich einem Gott vertrauen, der zugelassen hat, dass auch noch eine zweite Tochter an Magersucht erkrankt?

MONTAG, DEN 22. AUGUST 05

Heute habe ich Geburtstag. Eigentlich habe ich nur einen Wunsch: Ich möchte gerne wieder einmal bei Andrina bleiben und sie ins Bett bringen. Da wir am Nachmittag sowieso ein Gespräch haben, werde ich fragen. Das wäre ein wunderschönes Geburtstagsgeschenk.

Nachdem wir die üblichen Punkte abgehakt haben – Gewichtsverlauf, Belohnungen, zusätzliche Bewegung und so weiter –, getraue ich mich zu fragen, ob ich am Sonntagabend länger bei Andrina bleiben könne. Auch David unterstützt mein Vorhaben. Die Psychologin schaut mich an und meint zögernd: „Nein, das finde ich keine gute Idee." Verdutzt frage ich: „Warum nicht? Jetzt ist Andrina schon so lange hier und ich möchte doch gerne wieder einmal einen Abend mit ihr verbringen, mit ihr beten und sie zudecken." Doch die Psychologin lässt sich nicht erweichen. Ihre Antwort verstehe ich so, dass sie es nicht gut findet, wenn die Mutter zu viel mit der Tochter zusammen ist. Das könnte sie in ihrer Entwicklung bremsen. Das ist zu viel für mich, die Schleusen öffnen sich und ich kann nur noch weinen: „Andere Mütter dürfen Tag für Tag bei ihren Kindern sein und ich nicht mal einen Abend! Andrina ist doch erst zwölf Jahre alt!" Zuerst herrscht peinliche Stille, dann kommt doch noch ein Ja. Aber es hinterlässt komische Gefühle bei mir. Bin ich eine Versagerin? Sind Andrina und ich zu eng verbunden? Behindere ich sie wirklich in ihrer Entwicklung? Mein gesunder Menschenverstand schaltet sich ein: Ursula, hör auf, dir solche Gedanken zu machen! Ein einziger Abend nach zwei Monaten kann doch keinen Schaden hinterlassen! Am nächsten Sonntag ist es so weit. Langsam kann ich mich freuen.

FREITAG, DEN 9. SEPTEMBER 05

Der Abend mit Andrina war einfach herrlich. Mir kommen jetzt noch wohlige Gefühle hoch, wenn ich daran denke. Wir haben gespielt, geredet und einen Film geschaut, eng aneinander gekuschelt. Zum Schluss konnte ich mit ihr beten, sie zudecken und ihr einen Gutnachtkuss geben. David ist gerade von einem seiner häufigen Besuche bei Andrina nach Hause gekommen. Er strahlt übers ganze Gesicht. Wie schafft er das nur, neben seiner Arbeit auch noch zigmal nach Winterthur zu fahren?

„Warum strahlst du so?", frage ich ihn. Er lacht: „Stell dir vor, als ich das Zimmer betrat, fand ich Andrina zuerst gar nicht. In ihrem Bett sassen zwei komische Gesellen mit Windeln auf dem Kopf und aufgemalten Gesichtern. Andrina hat eine neue Bettnachbarin erhalten, Judith, eine quitschfidele Bohne. Nachher, als sie genug von ihrem Spiel mit den Windeln hatten, kamen sie auf die Idee, im Gang um die ganze Abteilung ein Wettrennen zu machen. Gesagt, getan! Sie schnappten sich zwei Rollstühle und ich musste das Startzeichen geben. Die erste Runde gewann Andrina. Nach dem zweiten Rennstart dauerte es aber lange, bis sie wieder auftauchten. Sie kamen zu Fuss, mit einem Pfleger im Schlepptau. Er hat auch mit mir geschimpft, dass ich mitgemacht habe. Aber das war mir so egal. Das war es mir wert! Es ist lange her, dass ich Andrina so fröhlich erlebt habe!"

Es geht auch sonst vorwärts. Andrina hat bereits ein Gewicht von 38 Kilo erreicht. Jetzt darf sie am Wochenende für einen halben Tag nach Hause kommen. Morgen ist es so weit.

SAMSTAG, DEN 10. SEPTEMBER 05

David hat Andrina im Spital abgeholt. Sie hat jede Minute zu Hause ausgekostet. Es dauerte eine ganze Weile, bis sie alle Tiere begrüsst und im Haus die Runde gemacht hatte. Zum Nachtessen musste sie wieder im Spital sein. In den zwei Monaten, die sie nun schon dort verbracht hat, hat sie sich eine gemütliche Ecke im Zimmer eingerichtet. Am Infusionshaken baumeln schon einige Plüschtierchen. Darüber hat sie eine farbige Girlande drapiert. An der Wand kleben Plakate vom Disneyfilm „Madagaskar". Daneben hängen Sterne, die in der Nacht leuchten, und verschiedene Karten, die sie erhalten hat. Auf dem Bett liegt ein Affe, dem sie vorsichtshalber eine Windel angezogen hat. Auf dem Fenstersims stehen viele kleine Töpfchen. Hie und da hat sie die Samen aus den Früchten, die es zum Essen gab, geklaubt und eingepflanzt. Aber leider sind nur die Kaktusfrüchte gewachsen. Daneben stapeln sich Medikamentenbecherlein. Alles bewahrt sie auf. Ihre Sammlerwut war auch schon Gesprächsthema bei der Psychologin: „Hat Andrina auch schon zu Hause Gegenstände angehäuft?", fragte sie einmal. Andrina und ich schauten uns an und schmunzelten. Klar hat sie auch zu Hause gesammelt: Papiertaschentücher, „Chläberli", Briefmarken, Muscheln, Steine, Münzen und alles, was rot und mit einem Schweizerkreuz versehen war. Die Psychiaterin schien beruhigt. Gut, dass wir ihr nicht erzählt haben, dass Andrina auch Hundekot-Säckchen gesammelt hat …

FREITAG, DEN 14. OKTOBER 05

Schon wieder ein Monat vorbei. Ich bin sehr häufig im Spital. Manchmal habe ich Naemi und Marco gegenüber ein schlechtes Gewissen. Kommen sie zu kurz?

Jede Woche haben wir ein Familiengespräch im Spital. Da sind meistens die Psychologin, Andrina und wir dabei. Heute wird sogar gefilmt. Ich komme mir vor wie im Zoo: ausgestellt und beobachtet!

Die Gespräche sind oft sehr herausfordernd. Heute geht es um das Thema Loslassen. Die Psychologin fragt uns unter anderem: „Wie wirkt die Vorstellung auf Sie, dass Andrina in ungefähr vier Jahren beginnen wird, ihren eigenen Weg zu gehen? Sie ist ja das jüngste Kind." Sofort gehe ich in Abwehrstellung und überlege mir, was sie mit dieser Frage bezweckt. Denkt sie, dass wir Mühe haben, Andrina loszulassen? Eigentlich muss ich nicht lange überlegen. Theoretisch freue ich mich sogar darauf, wenn wir als Ehepaar oder jeder für sich mehr Zeit haben werden. Auch David bestätigt das. Klar wird dann eine neue Ära beginnen. Seit zwanzig Jahren haben die Kinder unser Leben mitbestimmt. Darum darf nun auch bald mal etwas Neues kommen. Ist das nicht die Antwort, die die Psychologin erwartet hat? Hat sie den Eindruck bekommen, dass Andrina mein Leben und Inhalt ist und ich mich an sie klammere? Verunsicherung und Schuldgefühle machen sich in mir breit. Ich fühle mich in Bezug auf die Kinder und unsere Erziehung sehr schnell angegriffen. Es braucht so wenig, nur eine Bemerkung, und schon beginnt sich das Karussell der Schuldgefühle in meinem Kopf zu drehen. Warum ist das so? Was löst diese Unsicherheit aus? Ist mein Selbstbewusstsein so klein?

SONNTAG, DEN 30. OKTOBER 05

Heute ist Herbst-Markt. Der Höhepunkt im Leben eines jeden Kindes in unserem Tal. Möglichst viel Geld haben sie zusammengespart, damit sie nun in all den Köstlichkeiten schwelgen können. Für die Grösseren wurden die „Schifflischaukel" und die „Tütschibahn" aufgebaut. Für die Kleinen dreht sich ein Karussell auf dem Lindenplatz. Auch Andrina hat die Erlaubnis erhalten, den Markt zu besuchen.

Gegen Mittag fahre ich zu ihr, um sie abzuholen. Kaum bin ich bei ihr, sagt sie: „Mami, ich habe seit heute Morgen so komische Bauchschmerzen, darum wollen sie mich nochmals untersuchen. Wir können noch nicht gehen."

Jetzt ist es bereits zwei Stunden später. Ich habe meinen Hunger mit einem Sandwich aus der Cafeteria gestillt und Andrina hat ihr Mittagsessen runtergewürgt. Sie musste einfach. Die Pflegenden haben es verlangt, da Bauchschmerzen von Magersüchtigen immer wieder als Vorwand gebraucht werden, um sich um Mahlzeiten zu drücken. Andrina wird bleicher und bleicher. Sie klagt über immer grössere Schmerzen.

Endlich betritt die Ärztin das Zimmer.

„Wie geht es dir?"

„Es tut mir sehr weh."

Die Ärztin untersucht Andrina. Als sie auf der rechten Seite auf den Bauch drückt, stöhnt Andrina auf. „Das ist nicht gut", meint die Ärztin und ordnet einen Ultraschalluntersuch an.

Nachher ist alles klar: Blinddarmentzündung! Operation!

Auch David ist unterdessen gekommen. Gemeinsam warten wir im Zimmer, bis sie Andrina von der Operation zurückbringen. Total beduselt schaut sie uns aus kleinen Augen an und bald schläft sie wieder tief und fest. Es habe nicht mehr viel gefehlt und der Blinddarm wäre geplatzt, erzählt uns die Ärztin.

Wir bleiben noch eine Weile und gehen dann nach Hause. Unsere Tochter ist ja bestens aufgehoben.

Als ich am nächsten Morgen im Spital anrufe, erzählt mir der Pflegefachmann, dass es Andrina gut gehe. Aber in der Nacht sei sie öfters erwacht und habe nach mir verlangt. Das ist wie ein Schlag in den Magen: Meine Tochter hätte mich gebraucht und ich war nicht da! Ich bestehe nur noch aus schlechtem Gewissen. Aber warum diese vorwurfsvolle Stimme des Pflegers? Sie sind es doch, die mir immer vermitteln, dass ich nicht zu viel bei Andrina sein sollte! Aber mein schlechtes Gewissen lässt sich durch diese Ausrede nicht zum Schweigen bringen. Da bleibt nur eines: ins Auto steigen und ins Spital fahren. Andrina freut sich sehr und umarmt mich lange. Langsam entspanne ich mich wieder.

Naemi und Marco schauen nach der Schule bei Andrina vorbei. Stolz zeigt sie ihnen das grosse Pflaster.

Marco hat letzthin einmal angedeutet, dass er die regelmässigen gemeinsamen Abendessen schon vermisse. Er sagt sonst nicht viel, umso mehr trifft mich seine Aussage. Manchmal bin ich innerlich zerrissen. Auf der einen Seite unsere Jüngste, die sehr viel Zeit und Aufmerksamkeit braucht. Auf der anderen Seite die drei Grossen. Ich versuche wohl, möglichst viel zu Hause zu sein, wenn Marco und Naemi da sind, oder ich treffe mich mit Martina, die zurzeit bei einer Freundin wohnt. Ich versuche mich damit zu trösten, dass es ja nur eine Frage von Wochen ist, bis sich die Situation wieder beruhigt hat und wir wieder unter einem Dach zusammenwohnen werden.

FREITAG, DEN 11. NOVEMBER 05

Nach vier Monaten im Spital hat Andrina genügend zugenommen, um extern die Schule zu besuchen. Bis jetzt hatte sie im Spital Unterricht erhalten. Jede Woche holte ich bei ihrer Lehrerin die nötigen Unterlagen, damit Andrina den Anschluss an die Klasse nicht verpasst. David oder ich werden sie wohl einige Male abholen und bringen müssen, bis sie sich die halbstündige Zugfahrt alleine zutraut.

Als ich nach dem Gespräch noch bei Andrina zu Besuch bin, erzählt sie mir, dass sie im Treff am Morgen einen Film über Magersucht und Bulimie gesehen habe.

„Mami, da kam ein Mann vor. Er wog nur noch 40 kg. Es sah aus wie ein Knochengerüst, das mit Haut überzogen war. Als ich diese Gestalt sah, sagte eine Stimme in mir, so wärst du doch auch schön!"

Entsetzt schaue ich sie an. „Und du, findest du das auch?"

Es dauert einen Moment, bis sie mir Antwort gibt: „Ja, eigentlich schon!"

Langsam beginne ich zu glauben, dass sich Magersüchtige im Spiegel wirklich dick sehen, auch wenn sie bereits spindeldürr sind. Ich kenne keine andere Krankheit, die so auf Lügen aufgebaut ist, auf dem Verzerren der Realität, auf Angst und Panik.

FREITAG, DEN 18. NOVEMBER 05

Seit Montag geht Andrina zur Schule. Es klappt bestens! Nur einmal mussten wir sie holen und bringen. Jetzt macht sie den Weg allein. Aber komisch ist, dass Andrina von Tag zu Tag bedrückter wird. Als ich sie frage, was sie so traurig macht, bröselt sie nach längerer Zeit hervor: „Es ist schwierig mit der Lehrerin. Sie behandelt mich so abschätzig, wie wenn sie unzufrieden mit mir wäre. Ich fühle mich nicht wohl in der Schule." Wir werden auch heute im Familiengespräch das Problem besprechen. Es sind zwar auch die Geschwister dabei. Aber irgendwo wird es schon eine Lücke geben, um über den Schulbesuch zu reden.

Vor dem Gespräch treffen wir uns alle im Spitalcafé. Martina ist tatsächlich auch da. Bei ihr war ich gar nicht sicher, ob sie kommen würde. Auch sie war während ihrer Krankheitszeit zweimal hier im Spital und erst noch bei der gleichen Psychologin wie Andrina. Werden da nicht zu viele schwierige Erinnerungen geweckt? Ich stecke diese Gedanken weg. Ich muss für sie keine Verantwortung mehr übernehmen.

Die Psychologin geht sehr auf die Geschwister ein und fragt sie, wie es ihnen gehe. Martina und Marco reden eher zögernd und zurückhaltend. Naemi plaudert unbeschwert. Andrina geniesst es offensichtlich, dass ihre Geschwister da sind, und drückt mehrmals aus, dass sie sie vermisst und gerne wieder mehr mit ihnen zusammen sein möchte. Wir finden eine Lösung, indem wir wenigstens an den Sonntagen, an denen Andrina nach Hause kommen kann, zusammen essen wollen.

Ich bringe noch das Thema Schule auf den Tisch. Für die Psychologin ist es klar: Wir sollten das Gespräch mit der Lehrerin suchen. Andrina sträubt sich mit Händen und Füssen dagegen. Ich frage: „Bringt so ein Gespräch überhaupt etwas, wenn Andrina das nicht will? Wir könnten ihr doch noch etwas Zeit geben." „Nein!", entgegnet die Psychologin energisch. „Diese Entscheidung ist Sache der Eltern!" Auch David beharrt auf unserem Standpunkt. So wird das Gespräch mit der Lehrerin verschoben. Ich bin verunsichert und frage nachher David, ob er sich auch als Versager fühle, weil wir die Auseinandersetzung mit der Lehrerin noch hinausschieben. Er verneint und ist überzeugt, dass wir uns richtig entschieden haben. Mir hilft seine klare Haltung, wieder zur Ruhe zu kommen und meine Unsicherheit zu beerdigen.

FREITAG, DEN 25. NOVEMBER 05

Wieder ist eine Woche vorbei, und wir sitzen erneut im Gesprächszimmer: David, Andrina und ich. Erwartungsvoll frage ich die Psychologin, wie sie uns als Familie erlebt habe. Sie überlegt einen Moment und meint: „Ich erlebte Sie als eine sehr harmonische Familie!" Das gefällt mir. „Doch Sie denken alle sehr ähnlich", fährt sie fort. „Dadurch entsteht kaum Reibungsfläche und so werden die Kinder wenig auf ein Leben ausserhalb der Familie vorbereitet." Das sitzt wie eine Ohrfeige. Was sie sonst noch so erzählt, erreicht mich nicht mehr. Nur noch ein Gedanke dreht in meinem Kopf: Also sind doch wir schuld? Schon bei Martina hiess es, dass wir als Familie zu harmoniebedürftig seien. David und ich sollten mehr streiten. Die Schuldgefühle werden so stark, dass ich am liebsten nur noch heulen würde.

Auf dem Heimweg erzähle ich David, wie es mir ergangen ist. Mir reicht's. Ich werde mit der Psychologin ein Gespräch abmachen, nur sie und ich! Ich muss über diese Gefühle reden können. Als ich sie anrufe, ist sie sofort dazu bereit und wir machen einen Termin für den nächsten Montag aus.

DONNERSTAG, DEN 1. DEZEMBER 05

Das Gespräch mit der Psychologin war sehr befreiend! Fast wäre ich nachher zum Zimmer hinausgetanzt, so erleichtert war ich. Alle Punkte, die ich ihr vorlegte, hat sie mir ausführlich erklärt und Missverständnisse wurden ausgeräumt.

Schuldgefühle würden automatisch entstehen bei David und mir, sagte sie. Das sei ganz normal, und das erlebe sie bei allen Eltern mit magersüchtigen Kindern. Und bei uns sei es schon die zweite Tochter, das gehe an die Substanz! Sie gab mir zu verstehen, dass wir es als Eltern sehr gut machen. Das Team schätze es, dass wir kooperativ mitarbeiten. Wir hätten durch die Krankheitszeit mit Martina viel gelernt. Sie erlebe mich auch als Mutter sicherer und kompetenter im Umgang mit Andrina. Sie möchten mit unserer Hilfe Möglichkeiten schaffen, damit Andrina wieder in ihr gewohntes Umfeld zurückkehren könne. Das war Balsam auf meine wunde Seele.

Nach diesem Gespräch war für mich die Grundlage wieder da, um gemeinsam weiterzugehen.

Gestern ging für Naemi und Marco die Probezeit am Gymnasium zu Ende. Beide haben bestanden! Naemi hatte nach dem Amerikaaufenthalt keine Klasse wiederholt, sondern einfach weitergemacht, wie wenn kein Unterbruch gewesen wäre.

Im Ofen knistert ein Feuer und verbreitet wohlige Wärme. Marco hat sich in einen Sessel gekuschelt und ich habe mich auf dem Sofa ausgestreckt. Wir plaudern über dies und das. Seine Miene wird ernst: „Mami, können du und Papi an der ganzen Geschichte mit Andrina nicht etwas ändern? Ich sehe doch, wie es euch immer schlechter und schlechter geht." Die Aussage unseres Sohnes trifft ins Schwarze. Es tut mir leid, dass er all das miterleben muss. Wir überlegen hin und her, was David und ich machen könnten, und ich muss gestehen, dass ich ratlos bin. Ich werde mir seine Worte zu Herzen nehmen und mit David darüber reden.

Auch Andrina hat letzthin so etwas Ähnliches angedeutet: „Mami, bekommst du wieder eine Depression, so wie bei Martina? Du bist so häufig müde in letzter Zeit!" Ich versuchte ihr ehrlich zu antworten, weil ich merkte, dass sie sich schuldig fühlte. „Ja, Andrina, ich bin sehr müde. Es ist einfach zu viel geschehen in letzter Zeit. Aber ich bin für mich selber verantwortlich und nicht du! Ich werde einen Weg finden, dass ich mich wieder erholen kann." Hat sie das beruhigt? Oder spürte sie meine Unsicherheit, dass ich gar nicht weiss, was ich machen könnte, um wieder zu Kräften zu kommen?

DONNERSTAG, DEN 8. DEZEMBER 05

Da Andrinas Depression sich immer mehr verstärkte, haben wir beim letzten Familiengespräch entschieden, dass Andrina die Klasse wechseln soll. Ich erhielt den Auftrag mit der jetzigen Klassenlehrerin zu reden. Am Montag ging ich vorbei. Es fiel mir nicht leicht. Wie würde die Lehrerin reagieren? Ich fragte sie, ob sie Andrina auch so traurig und bedrückt erlebe. Das konnte sie teilweise bestätigen. Ich fuhr fort: „Wir haben uns überlegt, ob es für Andrina vielleicht besser wäre, die Klasse zu wiederholen."

Die Lehrerin fiel mir wütend ins Wort: „Ich habe noch nie ein so schwieriges Mädchen erlebt, ohne jeglichen Humor. Sie zeigt mir gegenüber nur Ablehnung. Ist sie überhaupt in der Regelklasse am richtigen Ort? Oder braucht sie eine Sonderschule? Auch habe ich genug davon, immer zu überlegen, was für sie gut ist, und meinen Unterricht ihren Bedürfnissen anzupassen. Das habe ich jetzt vier Monate lang gemacht."

Mir schossen die Tränen in die Augen. Ich konnte nichts mehr sagen und verabschiedete mich mit den Worten: „Dann ist ja wohl alles klar!"

Zu Hause erzählte mir Daniel, dass der zukünftige Lehrer Andrina gerne in seine Klasse aufnehmen werde. Voll Verständnis und Anteilnahme habe er reagiert.

Schon am Dienstag ging Andrina das erste Mal in die neue Klasse. Und sie ist wie ausgewechselt und geht wieder gerne zur Schule! „Weisch Mami, dä neu Lehrer nimmt mi eifach so, wieni bin. Ich fühl mi so wohl bi ihm!", sagte sie, als sie nach den ersten Stunden nach Hause kam. Jetzt kommt alles gut. Ich freue mich von ganzem Herzen und könnte überall herausposaunen, dass Gott es doch gut mit uns meint!

FREITAG, DEN 9. DEZEMBER 05

Ich bin gespannt auf das heutige Familiengespräch. Auch der Oberarzt ist dabei. Er möchte uns auch ein wenig kennenlernen, sagt er zu Beginn. Aber wie will er das anstellen, wenn er die ganze Zeit redet wie ein Wasserfall? Er hat sich die Filmaufnahme angesehen, die mit der ganzen Familie gemacht wurde, und führt nun seine Schlussfolgerungen aus: „Als Familie halten Sie sich eher zurück mit Diskussionen oder Streitereien. Auch zeigen Sie Ihre Gefühle nur zurückhaltend. In Bezug auf Andrina sehe ich, dass sie wenig Gelegenheit zum Erwerben der Sozialkompetenzen hatte, die für ein Bewältigen des Alltags nötig wären. Wir erleben sie in der emotionalen Entwicklung um einige Jahre zurück. So wäre es für sie im Moment besser, wenn sie anschliessend an den Spitalaufenthalt noch eine Zeit in einer Therapiestation verbringen würde, um an diesen Defiziten zu arbeiten."

Was? Noch länger weg von zu Hause? Jetzt hatte mir die Psychologin vor kurzem erklärt, dass sie alles daransetzen, damit Andrina wieder nach Hause kommen kann, und nun das? Andrina braucht doch ihr Umfeld, ihre Freundinnen! Die Gedanken teilen wir dem Arzt mit und er meint, dass wir uns diese Option doch überlegen sollen. Auf der Heimfahrt diskutieren David und ich über den Vorschlag. Er gefällt uns gar nicht.

DIENSTAG, DEN 13. DEZEMBER 05

Wie immer warte ich am Bahnhof auf Andrina, um sie in die Schule zu begleiten. Der Zug hält an, die Türe öffnet sich und Andrina stürzt auf mich zu. Sie heult und weint und schreit: „Mami, da war ein Mann, der hat mich an die Brust gefasst und so komisches Zeug geschwatzt …" Sie kann nicht weiterreden. Ich halte sie einfach fest. „Er …, er wollte mir auch zwischen die Beine greifen. Da konnte ich endlich aufstehen und wegrennen." Mich packt eine unbändige Wut. Das darf doch nicht sein! Gerade Andrina! Wenn ich diesen Kerl in die Finger bekomme, dann werde ich ihn verprügeln.

Ich rufe David an. Er ist noch zu Hause und holt uns sofort mit dem Auto. Wir informieren den Lehrer, das Spital und die Polizei. Ein Polizist kommt vorbei und entschuldigt sich umständlich, dass er keine Frau sei. Aber wenn ich dabei bin, könne er die Anzeige schon aufnehmen. Andrina erzählt die ganze Geschichte und muss den Mann beschreiben.

Ich fahre sie im Auto zurück ins Spital. Den Zug will sie nicht mehr betreten. Die Psychologin wurde informiert und wartet bereits im Zimmer auf uns. Sie kümmert sich nun um unsere Tochter.

Auf dem Heimweg schreie ich zu Gott. Warum musste das genau unserer Tochter passieren? Warum hast Du das nicht verhindert, Gott! Das wäre für Dich ein Kleines gewesen. Du hast schon ganz andere Sachen zustande gebracht! In der Schule hatte Andrina den Rang gefunden, die Rückkehr nach Hause war in Sichtweite, das Austrittsgewicht fast erreicht. Was für Folgen wird das Ganze haben? Es wird eine Ewigkeit dauern, bis Andrina wieder alleine Zug fahren wird! In ihrer ganzen Entwicklung ist sie wieder zurückgeworfen. In meiner Wut und Verzweiflung bemerke ich fast nicht, dass ich viel zu schnell fahre. Eine Busse? Das wäre gerade noch das Tüpfelchen aufs i!

MITTWOCH, DEN 28. DEZEMBER 05

Nach Andrinas Erlebnis haben wir uns entschieden, die Therapiestation in Zürich anzuschauen. Vielleicht braucht es doch noch einen Aufenthalt dort. Eigentlich hat es uns gefallen. Und doch, als ich hörte, dass der Mindestaufenthalt drei Monate dauern würde, drückte es mir das Herz ab. Mir vorzustellen, dass Andrina vielleicht bis zu den Frühlings- oder sogar bis zu den Sommerferien nochmals weg wäre, verschlug mir die Sprache. Erst als David mich auf der Heimreise ansprach und mich fragte: „Was ist auch los mit dir? Warum sagst du gar nichts mehr?", löste sich der Klumpen in meinem Herzen und die Tränen begannen zu fliessen. Zusammen mit Andrina beschlossen wir, dass sie nach Hause kommen sollte, wenn sie so weit sein würde. Unseren Entscheid teilten wir auch im Spital mit. Eigentlich meinten wir, dass es auch Andrinas Wunsch war. Doch sie äusserte immer wieder, dass sie Angst vor diesem Schritt habe. Am liebsten würde sie noch im Spital bleiben. Wir konnten sie nur mit viel Reden überzeugen, dass das schon gehen werde. Und sonst bestehe ja immer noch die Möglichkeit, in die Therapiestation noch Zürich zu gehen.

An Weihnachten waren alle Kinder zu Hause. Ich genoss es, sie um mich zu haben. Auch David blühte auf. Andrina kehrte am nächsten Tag wieder ins Spital zurück. Ein hartnäckiger Husten quälte sie. Hatte sie sich zu Hause erkältet?

Beim nächsten Besuch flüstert sie mir plötzlich zu: „Am liebsten würde ich aus dem Fenster springen!" Mein Herz setzt einen Schlag aus.

„Was meinst du?", frage ich.

„Ich han so Angscht zum haicho. Am liäbschte wür i nüme läbe. Vorher, als ich im Gang das Fenster sah, hätte ich es fast geöffnet, um hinauszuspringen." Bei mir schrillen die Alarmglocken.

„Andrina, das muss ich melden. Diese Verantwortung kann ich nicht allein tragen."

Telefonate gehen zwischen den Pflegerinnen und der Psychologin hin und her, und so werden wir bereits am Nachmittag zu einem Gespräch aufgeboten. Andrina kann nicht mehr selber gehen. Der Husten hat sie so geschwächt, dass ich sie im Rollstuhl hinfahren muss.

Das Gespräch entwickelt sich zu einem Kampf. Die Worte werden härter und härter, die Stimmten lauter und lauter. Die Psychologin und der Oberarzt wollen Andrina nach Zürich in die Jugendpsychiatrie schicken. Wir denken, dass Andrina aus dieser Krise herauskommt, wenn sie noch etwas länger im Spital bleiben könnte. Als sie nach längerem Hin und Her sogar mit einer fürsorgerischen Unterbringung drohen, dreht David durch, packt den Rollstuhl mit Andrina und verlässt das Zimmer. Ich eile ihnen nach. Draussen schluchzt sie laut auf: „Papi, so will ich von hier nicht weggehen. Im Streit. Bitte!" David braucht Zeit, um sich zu beruhigen. Dann gehen wir alle nochmals ins Zimmer zurück. Fragende Augen blicken uns entgegen. Wir finden einen Kompromiss: Andrina kommt übers Neujahr nach Hause, und am zweiten Januar werden wir uns um zehn Uhr im Spital zu einem weiterführenden Gespräch treffen. Für mich bleiben viele Fragen offen und ich habe Angst vor diesen Tagen. Ich fühle mich überfordert.

Vater ist an allem schuld

SONNTAG, DEN 1. JANUAR 06

Heute ist der erste Tag im neuen Jahr. Was wird es wohl bringen?

Silvester verbrachten wir bei meinen Eltern in Dietikon. Zum gelungenen Fest gehörten ein feines Essen, eine Tischbombe, Musikantenstadl, Lachsbrötli, Chlöpfmoscht und ein Umzug durch die Wohnung: Andrina im Rollstuhl an der Spitze.

Jetzt sind wir wieder zu Hause. Andrina hustet ununterbrochen. Wie soll das weitergehen? David und ich sind ratlos. Plötzlich bricht Andrina in lautes Schluchzen aus. „Ich mag nüme. Ich will jetzt zrugg is Spital!" Was sollen wir da entgegnen? Wir verfrachten sie ins Auto und fahren los. Tiefe Trauer und ein unendlicher Schmerz erfüllen mein Herz. Unsere Hoffnung, dass Andrina nach Hause kommen kann, ist zerschmettert. Wird sie nun doch noch nach Zürich gehen müssen?

Die Fahrt ins Spital haben wir schweigend verbracht. Jetzt sitzen wir mit Andrina im Zimmer. Noch immer hustet sie. Ihr zusehen ist eine Qual. Sie zieht pfeifend den Atem ein und stösst ihn mit trockenen, bellenden Lauten wieder aus. Andrina klagt über Rückenschmerzen, und die Lunge tut ihr auch weh. Von den Besuchern der anderen Kinder streifen uns fragende Blicke: „Was ist auch mit diesem Mädchen los? Könnt ihr nichts machen, dass dieser Husten aufhört?" Wir schieben Andrinas Bett in den Aufenthaltsraum, damit die Leute ihre Ruhe haben.

Es ist zum Verzweifeln: Keine von Andrinas Ansprechpersonen ist da! Der Psychiater, der hinzugezogen wird, sieht nur eine Lösung: Andrina muss in eine geschlossene jugendpsychiatrische Klinik verlegt werden, weil sie selbstmordgefährdet ist. David fragt: „Warum kann sie nicht hierbleiben? Der gewohnte Rahmen würde ihr doch helfen, damit sie sich wieder beruhigen könnte." Keine Chance, wir stossen auf Granit. Um acht Uhr abends erhalten wir endlich den Bescheid, dass in der Jugendpsychiatrie in Zürich ein Platz frei ist. Wir packen das Notwendigste zusammen und fahren los.

Als wir vor dem Gebäude parkiert haben, laden wir zuerst den Rollstuhl aus. „Ich brauche ihn nicht, Papi, ich glaub, ich kann wieder gehen!", sagt Andrina. Ich staune. Was ist da passiert? Und tatsächlich schafft sie sogar die Stufen bis zur Eingangstür. Die ist abgesperrt. Wir läuten, und nachdem uns die Stimme aus dem Lautsprecher identifiziert hat, öffnet sich die Tür. Wir werden im ersten Stock erwartet. Aber auch da stehen wir vor einer geschlossenen Tür. Klingeln, warten, ausweisen, und dann dürfen wir eintreten. Die Psychiatriepfleger begrüssen uns freundlich und erklären uns, wie das Leben auf ihrer Station für Andrina aussehen wird. Da sie suizidal ist, muss sie im Isolierungszimmer auf einer Matratze übernachten. Sonst befindet sich nichts in diesem Raum. Zu ihrer Sicherheit können sie Andrina über eine Kamera beobachten. Den Tag über wird sie sich im Wohnzimmer aufhalten, immer in Sichtkontakt mit den Pflegepersonen im Büro. Zu den Mahlzeiten erhält sie Tellerservice. Uns diktieren sie die Besuchszeiten.

Andrina weint andauernd. Mit Müh und Not können wir sie überzeugen, dass sie bleiben muss und wir sie nicht mitnehmen können. Dabei würden wir sie doch auch am liebsten einpacken und nach Hause chauffieren! Spät abends fahren wir durch die Dunkelheit nach Hause. Einmal mehr erfüllt mit vielen, vielen Fragen.

MONTAG, DEN 2. JANUAR 06

Heute haben wir bereits das erste Gespräch mit dem verantwortlichen Arzt. Wir sind zehn Minuten zu früh da und freuen uns darauf, Andrina in die Arme zu schliessen. Erwartungsvoll stehen wir vor der Tür zur Station und läuten. Ein Pfleger öffnet die Tür einen Spalt und schickt uns ins Wartezimmer. „Wir werden Andrina direkt zum Gespräch bringen", sagt er. Wie begossene Pudel stehen wir da. Wir spähen durch die Glastür und hoffen, Andrina zu sehen. Keine Chance.

Endlich wird unsere Tochter herbeigeführt und das Aufnahmegespräch beginnt. Das übliche Blabla: warum, wieso und weshalb … Andrinas Husten ist erstaunlicherweise verschwunden. Sie sitzt während des ganzen Gesprächs apathisch da und redet kaum. Da sie noch nicht fähig ist, zu versprechen, dass sie sich nichts mehr antun will, entscheidet der Psychiater, dass sie die Station nicht verlassen darf.

„Aber", protestieren wir, „Andrina braucht doch frische Luft und muss sich bewegen können!" Wir erreichen mit unserem „Gstürm", dass wir am nächsten Tag wenigstens einen halbstündigen Spaziergang mit ihr machen können.

DIENSTAG, DEN 3. JANUAR

Um zwei Uhr beginnt die Besuchszeit. Als wir die Station betreten, sitzt unsere Tochter wie ein Häufchen Elend auf dem Sofa. Im Fernseher läuft irgendeine Sendung, laut und mit schrecklicher Musik untermalt. Zwei Jugendliche streiten, und aus einem Zimmer ertönen undefinierbare Laute. Die Pfleger und Pflegerinnen sitzen im Büro.

„Mami", weint Andrina und wirft sich mir an den Hals, „ich komme mir vor wie in einem Gefängnis. Ich darf nicht in mein Zimmer gehen, ich darf nicht an die frische Luft und sogar auf die Toilette begleitet mich immer eine Pflegerin." Wir trösten sie und erinnern sie daran, dass wir ja jetzt spazieren gehen dürfen. Wir teilen unseren Wunsch dem Pfleger mit. Er heisst uns einen Moment warten, verschwindet im Büro, und als er wieder zurückkommt, sagt er: „Davon steht nichts in den Abmachungen. Das kann ich nicht zulassen. Tut mir leid." Wir beteuern hoch und heilig, dass das mit dem Arzt so besprochen worden war. Es nützt alles nichts. Da gits kei Birä! Nur, was im Protokoll festgehalten ist, wird erlaubt. David und ich sind entsetzt. Wo ist Andrina da gelandet? Wir dürfen uns auch nicht in ihrem Zimmer aufhalten. So setzen wir uns halt im Wohnzimmer an den grossen Tisch. Auf meine Bitte hin stellen die Jugendlichen wenigstens den Fernseher etwas leiser. Andrina möchte nur eines: weg von hier! Zusammen beschliessen wir, alle Hebel in Bewegung zu setzen, damit sie möglichst bald in die Therapiestation – eine offen geführte Klinik für Jugendliche – wechseln kann.

DIENSTAG, DEN 10. JANUAR 06

Wir hatten die letzte Woche zwei Gespräche in Zürich. Jedes Mal haben wir unser Anliegen vorgebracht. Der Arzt verstand uns und versprach, Andrina in die Therapiestation zu überweisen, sobald sie nicht mehr suizidal ist. Vorausgesetzt natürlich, dass es Platz hat.

Nach sieben Tagen ist es so weit: Wir holen Andrina ab und bringen sie zu ihrem neuen Zuhause. Wir werden von der Psychologin und dem Stationsleiter empfangen. Eigentlich sollte Andrina die Fragen beantworten, aber sie bleibt stumm. So übernehmen David und ich diese Aufgabe. Es tut gut, dass auch nachgefragt wird, wie es uns als Eltern geht.

Andrinas Bezugsperson informiert uns über den Alltag auf der Station: Andrina wird ein Einzelzimmer erhalten. Die Mahlzeiten nimmt sie in einer Gruppe von sechs anderen Kindern und Jugendlichen ein. Am Morgen ist Unterricht an der internen Schule und der Nachmittag ist für Gruppengespräche, Einzeltherapie, Sport und anderes reserviert. Das ganze Wochenende wird sie jeweils bei uns zu Hause verbringen. Die Vorstellung, dass Andrina zwei ganze Tage bei uns sein wird, haut mich fast um. Das gab es schon so lange nicht mehr. Doch dann wird mir bewusst, dass wir sie abholen und hinbringen müssen. Alleine reisen schafft sie noch nicht.

Die Telefonanrufe werden auf einen pro Tag beschränkt. Das gefällt mir. So kann sich Andrina nicht gleich an den Draht hängen, wenn ihr irgendetwas nicht passt, sondern muss auf die Betreuenden zugehen. Die Therapeuten möchten unter der Woche keine Besuche. Aber da geraten sie bei David an den Falschen: Er will Andrina einmal pro Woche sehen! Er verhandelt mit den Fachleuten und gewinnt: Den Mittwochabend kann er mit Andrina verbringen!

Beruhigt und mit dem Gefühl, dass unsere Tochter gut aufgehoben ist, fahren wir nach Hause. Ich bin erleichtert. Die letzten Wochen und Monate waren intensiv und kräftezehrend. Ich werde die Pausen geniessen und mich im Wissen zurücklehnen, dass andere die Verantwortung tragen.

Zu Hause warten Naemi und Marco mit dem Abendessen auf uns. Sogar eine Flasche Wein haben sie geöffnet! Gemütlich sitzen wir um den Tisch und erzählen, was wir erlebt haben. Auch sie sind froh, dass es Andrina am neuen Ort besser gefällt. Ich freue mich, dass wir auch wieder mehr Zeit für Naemi und Marco haben werden, aber auch für uns als Ehepaar.

SONNTAG, DEN 15. JANUAR 06

Am Freitag fuhr David direkt nach der Arbeit zu Andrina, um sie abzuholen. Umständlich, aber machbar. Kaum zu Haus erzählte mir Andrina, dass ein anderes Kind gleichzeitig auf seine Eltern gewartet hatte: „Stell dir vor, Mami! Der Vater des Mädchens hat die hintere Autotür geöffnet und ein kleiner schnuggeliger Hund ist herausgepurzelt. Er war so lieb und verspielt! Ich möchte auch einen haben. Mami, wenn ich über das Wochenende zu Hause bin, könnte ich auf ihn aufpassen." Oh, nein, danke! Nicht noch mehr Aufgaben. Ich bin bereits bis über die Ohren mit Arbeit eingedeckt. Das Haus, die Kinder, unterrichten, Gemüsegarten, Schulpflege und und und … Aber so knallhart Nein sagen konnte ich nicht. Vielleicht würde ihr der Gedanke an einen Hund helfen, gesund zu werden. So sagte ich vage: „Im Moment will ich keinen Hund, aber wenn du wieder ganz zu Hause lebst, können wir nochmals darüber reden." Mit dieser Aussicht liess sie sich beschwichtigen. Überhaupt sind da bereits zwei Meerschweinchen, drei Mäuse und drei Katzen, die auch Zuwendung fordern.

Das Wochenende ist bis jetzt erstaunlich gut verlaufen. Wir geniessen die gemeinsame Zeit mit Andrina. Gut, die Mahlzeiten sind nicht einfach. Jedes Mal habe ich das Gefühl, als wäre Andrina auf einem anderen Planeten, auf dem es nur noch sie, das Essen und die Magersucht gibt. Uns nimmt sie nicht mehr wahr. Da sie genau weiss, was bei jeder Mahlzeit auf sie zukommt, gerät sie schon lange vorher in grosse Spannung. Ihr Blick wird starr und sie verkrampft sich. Dann braucht es nur eine kleine Ungereimtheit, dass zum Beispiel das Essen nicht pünktlich um zwölf auf dem Tisch steht, und schon explodiert sie. Ihr Geschrei ist sicher bis in die Nachbarschaft zu hören. Verständlich, dass ich alles daransetze, dass es gar nicht so weit kommt. Aber das macht mich auch zur Sklavin der Magersucht.

Nach dem Mittagessen hilft Andrina, die Küche aufzuräumen. Auf dem Tisch steht noch eine Schüssel mit Käsesauce. Sie nimmt sie und trägt sie zum Kühlschrank. Dann dreht sie sich zu mir um und schaut mich mit aufgerissenen Augen an und sagt: „Mami, mir ist der Geruch der Sauce in die Nase gestiegen. Jetzt habe ich viel zu viel Käse gegessen!" Das darf doch nicht wahr sein! Ich versuche ihr diesen Irrsinn auszureden. Keine Chance! Der Gedanke hat sich in ihrem Kopf festgekrallt. Mir kommt es vor, als hätten Magersüchtige so etwas wie einen kleinen Teufel im Ohr, der ihnen andauernd Lügen einflüstert: „Wenn du das noch isst, wirst du unheimlich dick! – Da hat es viel zu viel Butter auf dem Brot! – Dein Bauch wächst nur schon vom Hinschauen! – Du musst heute unbedingt noch eine Stunde joggen gehen, sonst hast du zu wenig Kalorien verbraucht!" Klar gibt es eine Gegenstimme, vielleicht ein Engelchen, aber die ist noch zu schwach und kann die Anklagen des Teufels nicht durchschauen. Auch Martina erzählte hie und da von Stimmen in ihrem Kopf, die sie umhertrieben. Erst als die Engelsstimme stark genug war, konnte sie gesund werden und ein normales Essverhalten lernen. Davon ist Andrina aber noch weit entfernt.

MONTAG, DEN 6. FEBRUAR 06

Die ersten drei Wochen auf der Therapiestation sind ohne grosse Zwischenfälle vorübergegangen. Andrina ist es in der internen Schule sehr wohl. Der Lehrer versteht es, sie zu motivieren und zu fördern. Er ist erstaunt, dass Andrina trotz ihres langen Spitalaufenthaltes nur wenige Lücken im Schulstoff aufweist. Das hören wir als Eltern natürlich gerne.

Letzte Woche kam von der Polizei ein Schreiben, dass sie eventuell den Mann, der Andrina im Zug betatscht hatte, gefunden haben. Heute findet eine Fotogegenüberstellung statt. Ich soll auch dabei sein, haben die Betreuerinnen gewünscht, um Andrina zu unterstützen. Als ich zu ihr auf die Station komme, treffe ich eine kreidebleiche und wie ein Pfeilbogen gespannte Tochter an. Eine der Polizistinnen legt ihr einen Ordner mit Fotos von vielen Männern hin. Langsam blättert sie die Seiten um.

„Das ist er!", schreit Andrina auf und bricht in Schluchzen aus. Ich will sie umarmen und trösten, aber ich werde zurückgehalten.

„Sie dürfen sie nicht beeinflussen!", ermahnt mich eine Polizistin.

„Gaats na!", rufe ich, „Es ist doch offensichtlich, dass Andrina ihn erkannt hat!"

Mit leiser, kaum hörbarer Stimme bestätigt Andrina, dass sie ganz sicher ist, dass dies der Täter ist. Es dauert noch eine Weile, bis alle Formalitäten erledigt sind, dann dürfen wir gehen.

Damit Andrina sich wieder beruhigen kann, machen wir einen Spaziergang ins nahegelegene Wäldchen. Andrina ist nachdenklich. Auf einmal meint sie: „Mama, ich habe ein schlechtes Gewissen. Muss der Mann jetzt wegen mir ins Gefängnis?" Ein zweites „Gaats na" entfährt mir und ich erkläre ihr: „Dieser Mann hat etwas gemacht, das nicht in Ordnung ist, und dafür hat er eine Strafe verdient. Stell dir vor, wenn er das auch noch bei anderen Mädchen gemacht hat oder wieder machen wird!" Andrina beruhigt sich und verspricht mir, keine solchen Gedanken mehr zu haben.

FREITAG, DEN 17. FEBRUAR 06

Seit der Fotogegenüberstellung vor zehn Tagen klagt Andrina, dass sie nicht mehr einschlafen kann und keine Freude mehr spürt. Am Telefon jammert und weint sie die ganze Zeit. Ich versuche sie schon darauf hinzuweisen, dass sie doch mit ihren Problemen zu den Bezugspersonen gehen kann. Sie macht es einfach nicht. Sie ist sehr auf David und mich fixiert. Schon öfters hat die Psychologin gesagt, dass sie es als Team sehr begrüssen würden, wenn sich Andrina ihnen gegenüber öffnen könnte. Warum sie das nicht schafft, ist auch ihnen ein Rätsel.

Andrinas Stagnieren bringt uns ins Fragen und nagt an unserer Geduld. Mit dieser Spannung zu leben, ist schwierig. Was würde uns helfen? Mit anderen darüber reden? Da uns der Glaube viel bedeutet und immer wieder Halt gegeben hat, besuchen wir hie und da den Gottesdienst in der reformierten Kirche. Aber nach dem Amen ist wirklich Amen. Kaum jemand bleibt zurück, mit dem wir noch ein wenig reden könnten. Mich zieht es mehr und mehr in die Freikirche im Ort. Dort ist es Brauch, nach dem Gottesdienst einen Kaffee zu trinken und sich mit anderen auszutauschen.

In einer Predigt höre ich, dass es ein Gebet für Kranke um Heilung gibt. Kann nicht schaden, das in Anspruch zu nehmen, denke ich. Andrina und David sind einverstanden. Ich habe bereits unsere Freunde und das Predigerehepaar gefragt, und sie sind gerne bereit, heute Abend bei uns zu Hause für Andrina zu beten. Ich habe geteilte Gefühle. Auch bei Martina haben wir immer wieder um Heilung gebetet, und meistens wurde ihre Situation nachher nur noch schlimmer. Ich kam damals an den Punkt, an dem ich Gott sagte: „Ich werde nicht mehr beten. Du machst ja sowieso, was Du willst, und hilfst kein bisschen." Vor dem Erlebnis mit Martina war ich überzeugt, richtig zu glauben und Gott zu kennen. Aber viele meiner Glaubenssätze sind einer nach dem anderen zusammengestürzt, wie die Mauern eines Hauses bei einem Erdbeben. Ich realisierte, dass auch ein bewusstes Leben nach der Bibel und nach Gottes Geboten keine Garantie bot, von Schicksalsschlägen verschont zu bleiben. Doch unter den Trümmern unseres Glaubensgebäudes entdeckte ich das Fundament, das uns getragen hat und uns immer noch trägt: Gottes Zusage, dass er uns liebt, egal, wie die Umstände aussehen, egal, ob wir Fehler machen, ob es uns schlecht oder gut geht.

Und heute Abend? Unsere Verzweiflung ist langsam so gross, dass wir bereit sind, nach jedem noch so kleinen Hoffnungsschimmer zu greifen. Wenn wir nicht mehr beten und glauben können, müssen das andere für uns übernehmen.

Jetzt sind alle da. Wir stellen uns in einem Kreis auf. Die Freunde und der Prediger beten. Am Schluss bitten sie Andrina, David und mich, uns in die Mitte zu stellen, damit sie uns segnen können. Auch wenn das Gebet nichts bewirken sollte, den Segen spüre ich jetzt schon. Ein tiefes Gefühl der Geborgenheit breitet sich in mir aus.

SONNTAG, DEN 5. MÄRZ 06

Am Freitag rief Andrinas Psychologin an und stellte uns vor die Tatsache, dass Andrina 900 Gramm abgenommen hatte. Deshalb durfte sie übers Wochenende nicht nach Hause kommen, sondern musste auf eine Abteilung des naheliegenden Spitals wechseln, da die Therapiestation vom Freitagabend bis Montagmorgen geschlossen ist. Ich war entsetzt. War das die Antwort auf die Gebete? Dazu kommt, dass wir in drei Wochen als ganze Familie an eine Hochzeit im Südtirol eingeladen sind. „Wird dieses Fest ins Wasser fallen?", fragte ich die Psychologin.

„Das hängt von Andrinas Entwicklung ab. Wenn sie wieder zunimmt, steht diesem Ausflug nichts im Weg."

Als David am Abend nach Hause kam, erzählte ich ihm von Andrinas Absturz. Er wurde wütend. Mich hat das Ganze sprachlos und müde gemacht. David warf mir vor, dass ich nie ausrufen und meine Gefühle zeigen würde. Er fühle sich allein. Aber ich konnte doch nicht Gefühlen, die ich gar nicht hatte, Ausdruck geben!

Übers Wochenende wechseln David und ich uns mit Besuchen bei Andrina ab. Heute ist die Reihe an mir. Es schneit ununterbrochen. Als ich im Bahnhof in Zürich ankomme, muss ich zu Fuss weitergehen, da die Trams und Busse reihenweise ausfallen. Zürich in Weiss! Das habe ich noch nie erlebt. Der Stadtlärm dringt gedämpft durch die Schneedecke. Es begegnen mir Langläufer, Väter, die ihre Kinder auf Schlitten hinter sich her ziehen, und sogar ein Snowboarder schwingt sich die abfallende Strasse hinunter. Voll Freude erzähle ich Andrina, was ich alles gesehen habe. Sie reagiert kaum. Sie ist ganz in sich versunken. Zu stark beschäftigt sie die neue, ungewohnte Situation: fremde Pflegerinnen, fremde Kinder im Zimmer, fremder Tagesrhythmus und fremdes Essen. Am Nachmittag dürfen wir für vier Stunden das Areal verlassen. Wir treffen uns mit David, Marco und Naemi beim Bahnhof und tuckern mit dem Bähnchen auf den Üetliberg. Hier liegen mindestens 50 Zentimeter Schnee. Bis zum Restaurant bleibt noch ein kurzes Sück Weg zu Fuss. Bei einem Schneehang sagt David: „Kommt, wir machen Purzelbäume!" Auch Andrina kann nicht widerstehen und so stellen sich alle nebeneinander auf. „Eins, zwei, drei!", zählen sie und stürzen sich kopfvoran den Hang hinunter. Als sie sich wieder aus dem Schnee befreit haben, ruft Andrina: „Noch einmal!" Wieder und wieder stürzen sie sich in das herrliche, weiche Weiss. Der ganze Rummel bleibt nicht unbeachtet: Zuschauer applaudieren und amüsieren sich köstlich über die grossen Kinder. Als alle zu frieren beginnen, eilen wir zum Restaurant und bestellen heisse Getränke. Unter dem Tisch bilden sich Pfützen. Naemi, Marco und David plaudern, erzählen, scherzen und necken sich. Ich könnte dieses Zusammensein so geniessen, wenn Andrina nicht solche Mühe hätte, ihren simplen Pfefferminztee ohne Zucker zu trinken. Hört das denn nie auf?

FREITAG, DEN 24. MÄRZ 06

Bis zuletzt wurden wir auf die Folter gespannt, ob Andrina an die Hochzeit mitkommen kann. Sie schaffte die nötige Gewichtszunahme genau einen Tag vor der Abfahrt!

Heute fahren wir voll Vorfreude auf das „Familienerlebnis" im Südtirol los. Nach ein paar Kilometern schreit Andrina plötzlich panisch: „Ich schaffe das nöd. Ich will zrugg!" Aber auf der Autobahn können wir unmöglich umdrehen. Wir schwatzen auf sie ein und David fährt einfach weiter. Mit der Zeit beruhigt sie sich wieder. Den Zvierihalt machen wir bei einer Autobahnraststätte. Erst, als auch ich mir ein Sandwich bestelle, schafft es Andrina, ihren mitgebrachten Farmerstängel hinunterzuwürgen. Dabei habe ich mir doch so vorgenommen, nichts mehr zu essen, nur damit auch sie etwas zu sich nehmen kann. Die Konsequenz meines Verhaltens kann ich auf der Waage ablesen. Jedes Gramm, das sie abnimmt, scheint sich auf meiner Hüfte festzusetzen.

SAMSTAG, DEN 25. MÄRZ 06

Auch das Morgenessen im Hotel ist die reinste Katastrophe. Mit steinernem Gesicht sitzt Andrina am Tisch und nur mit viel „höbele" und mit allen meinen Überredungskünsten trinkt sie nachher im Zimmer ein wenig von ihrem Drink. Der Inhalt besteht aus 300 Kalorien und allem, was lebensnotwendig ist. So hoffen wir, dass sie diese Tage übersteht. Die Ohnmacht, die ich spüre, wenn sie einfach nicht trinkt und isst, ist unheimlich stark und schmerzt mich zutiefst. Auch diese Tochter habe ich gestillt und konnte ich satt machen. Und nun verweigert Andrina das, was sie zum Überleben braucht. Es ist, als würde sie mich als Mutter zurückstossen.

Vor der Trauung versammeln sich alle vor der Kirche. Unsere Kinder staunen, dass uns viele Menschen mit Namen begrüssen. Das ist kein Wunder, lebten wir doch einige Zeit im Südtirol. Ich bin hin- und hergerissen zwischen Andrina, die an mir klebt, und all den Leuten, mit denen ich so gerne ein paar Worte wechseln würde.

Zum Essen nach der Trauung werden wir in einem grossen Saal erwartet. Sandra hat uns ausgerechnet zu ihren süditalienischen Verwandten gesetzt. Sie verstehen natürlich gar nicht, warum Andrina nichts von den feinen Speisen isst, sondern nur so komische Päckchen ausschlürft. Mein Italienisch reicht nicht aus, um ihnen die komplizierte Situation zu erklären. Vielleicht wäre Andrina besser in der Schweiz geblieben. David und ich hätten die Feier sicher mehr geniessen können.

SONNTAG, DEN 26. MÄRZ 06

Wir sind auf der Heimfahrt. Naemi geht es gar nicht gut. Sie hat Fieber. In einem Autobahnrestaurant machen wir einen Halt. Ich bestelle für Andrina wie immer einen Pfefferminztee. Da bringt die Serviertochter doch tatsächlich einen Hagebuttentee! Als Andrina die rote Flüssigkeit vor sich hat, sieht sie Rot:

„Dä Tee chani nöd trinke, dä het zvill Kalorie!"

Martina regt sich auf: „Schpinnsch eigetli! Das isch doch Blödsinn!"

Das bringt das Fass zum Überlaufen. Andrina springt auf, ruft: „Ich will nüme läbe!", und rennt aus dem Restaurant.

Panik ergreift mich. Ich sprinte ihr nach. „Andrina, stopp!", schreie ich. Sie reagiert nicht. Sie rennt zwischen den parkierten Autos hin und her. Ich versuche, sie zu fangen. Das muss ein tolles Schauspiel für die umstehenden

Leute sein! Endlich erwische ich Andrina am Ärmel und herrsche sie an: „Mach das nie wieder! Du hast uns solche Angst eingejagt."

Auch die anderen haben unterdessen das Restaurant verlassen. Naemi weint nur noch: „Mami, das isch ja schlimm. Hört das dänn niä mee uuf?"

Als wir endlich zu Hause sind, will ich nur noch Ruhe und nochmals Ruhe. Ich sehne den nächsten Morgen herbei, damit wir Andrina wieder in der Therapiestation abliefern können.

FREITAG, DEN 31. MÄRZ 06

Andrina hat nun eine Sonde. Sie schaffte es nicht einmal mehr, die Drinks zu sich zu nehmen. Sie hätte nicht mehr die Kraft, selber zu essen und zu trinken, sagte sie. Es sei jedes Mal ein Kampf. Vielleicht kann ihr das die Ruhe verschaffen, nach der sie sich sehnt. Doch mit einer Sonde darf sie am Wochenende nicht mehr nach Hause kommen, und auch die Ferien, wenn die Station geschlossen wird, muss sie im naheliegenden Spital verbringen. Was heisst das für uns? Besuchen, besuchen, besuchen.

Gestern klingelte das Telefon. Andrina. Sie weinte nur noch. Ich war frustriert. Meine Hoffnungen und Erwartungen in die Sonde hatten sich nicht erfüllt. Andrina merkte meine Enttäuschung und wurde wütend. Wir stritten und schrien einander an. Peng! Sie hatte aufgehängt. Das war mir so egal. Soll sie selber schauen, wie sie zurechtkommt! Ich will nicht immer die Starke sein, sie auffangen und tragen.

Bei unserem wöchentlichen Elterngespräch, auch dieses Mal ohne Andrina, erzählt die Psychologin, wie das Team und sie Andrina erleben. Unsere Tochter sei sehr verschlossen und ziehe sich häufig zurück. Nur beim Basketballspielen oder Turnen gehe sie aus sich heraus. Am Leben in der Gruppe beteilige sie sich kaum. Sie sagt auch noch: „Bei Ihnen als Eltern stellen wir ebenfalls fest, dass Sie immer müder, enttäuschter und hoffnungsloser werden." Besonders bei David spüren sie viel Traurigkeit. Er und Andrina seien stark aufeinander bezogen und würden sich gegenseitig in die Tiefe ziehen. Diese Beobachtung stimmt sicher. David kann nicht mehr schlafen und hat auch Gewicht verloren, weil ihm die andauernde Belastung den Appetit raubt.

„Wir haben weiter den Eindruck, dass Sie sofort springen, wenn Andrina in Not ist, und ihr so die Möglichkeit rauben, für ihre Schwierigkeiten selber Lösungen zu finden."

„Ist das nicht eine völlig normale Reaktion von Eltern?", frage ich.

„Das schon", bestätigt die Psychologin, „aber bei Ihnen geht sie über das normale Mass hinaus."

Harte Post! David sagt nichts dazu. Er hat sich in sich zurückgezogen. Die Psychologin schlägt vor, dass David und Andrina für einen Monat keinen Kontakt haben sollen, weder Telefonate noch Besuche.

David beginnt sich vehement zu wehren: „Nein, das können Sie von mir nicht verlangen!"

„Sie wollen doch auch, dass Ihre Tochter wieder gesund wird!"

Was soll er auf dieses Argument erwidern? Klar will er das! Er willigt ein. Wie ich ihn von der Seite anschaue, sehe ich, dass sich eine Träne aus dem Augenwinkel löst und ihm über die Wange rollt.

Mir schwant Ungutes. Wer macht dann die Besuche übers Wochenende? Wer nimmt während vier Wochen die Telefonate entgegen? Nur schon der Gedanke erschlägt mich und macht mich müde. Aber ich wehre mich nicht. Ich will doch auch alles tun, damit es Andrina endlich besser geht. Unsere Tochter werden wir erst am Sonntagabend informieren. Das Wochenende möchten wir noch unbeschwert mit ihr verbringen. Unbeschwert ist gut, mit diesem Wissen im Hinterkopf!

Der Bibelvers „Meine Hilfe kommt vom Herrn, der Himmel und Erde geschaffen hat" (Psalm 121,2) geht mir durch den Kopf. Aber die Gedanken erreichen mein Herz nicht. Ich habe auch keine Ahnung, wie diese Hilfe aussehen könnte. Ein anderer Bibelvers trifft meine Lage besser: „Gott ist bei denen, die zerschlagenen und müden Herzens sind." (Psalm 34,7) Dann muss er ganz nahe bei mir sein.

MONTAG, DEN 3. APRIL 06

Als wir Andrina gestern Abend erzählten, was wir beschlossen hatten, weinte sie herzerweichend. Mit der Zeit schickte sie sich in die Situation. Beim Abschied wollte sie den Papa fast nicht mehr loslassen.

David und ich sind gemütlich beim Pizzaessen. Kein Telefon, nichts stört unsere Zweisamkeit und das Essen schmeckt hervorragend. Unser Gespräch plätschert so dahin.

Plötzlich fragt mich David: „Ich habe bei allem, was geschehen ist, den Eindruck, dass es dir trotzdem einigermassen gut geht. Warum ist das möglich?"

„Was soll ich auch antworten? Ich versuche, jeden Tag die Situation anzunehmen, so wie sie ist. Immer wieder muss ich mich entscheiden, Gott zu vertrauen. Ich will glauben, dass er es gut mit uns meint. Auch wenn manchmal alles dagegen spricht."

„Aber das Gebet mit unseren Freunden hat ja nichts gebracht. Alles wurde nur noch schlimmer."

„Das macht mir genauso Mühe. Ich habe auch nicht mehr den Mut, um Heilung zu beten, aus lauter Angst, wieder enttäuscht zu werden. Vielleicht hat Gott schon eingegriffen, aber anders, als wir es erhofft haben. Immer wieder erhalte ich Kraft, um die Not auszuhalten und weiterzugehen."

„Vielleicht muss ich es einfach auch wieder einmal mit Vertrauen versuchen", meint David.

Solche Abende und Gespräche müssen wir uns unbedingt regelmässig leisten. Nicht, dass auch noch unsere Beziehung kaputtgeht.

SONNTAG, DEN 9. APRIL 06

Und wieder gehe ich nach Zürich. Allein. David fällt es schwer, zu Hause zu bleiben. Andrina kann für vier Stunden das Spital verlassen. Sie muss einfach zur nächsten Sondierung zurück sein. Wir spazieren der Limmat entlang und meistens rede ich. Andrina ist schweigsam. Ihr Gesicht zeigt kaum eine Regung. Ich mache sie auf einen komischen Hund aufmerksam, zeige ihr die Schwäne oder ein kunstvoll eingerichtetes Schaufenster, aber ich könnte genauso gut mit einer Wand reden. Andrinas Stimmung legt sich wie Blei auf meine Seele. Plötzlich ruft eine Stimme: „Eh, das sind ja Andrina und Ursula!" Die Patin von Andrina steht vor uns und freut sich, uns zu sehen. Andrina erwacht wie aus einem tiefen Schlaf und ein Lächeln huscht über ihr Gesicht. Ist das schön! Es ist, als wenn ein Sonnenstrahl die dunklen Wolken durchbrochen hätte. Wann habe ich sie das letzte Mal lächeln gesehen? Ich kann mich nicht mehr erinnern. Wir plaudern ein wenig, auch Andrina beteiligt sich am Gespräch. Kaum ist die Patin weitergegangen, verschliesst sich ihr Gesicht wieder und das Schweigen geht weiter.

DIENSTAG, DEN 11. APRIL 06

Heute Morgen mochte ich kaum aufstehen, so müde und deprimiert war ich. Die Tränen stehen mir andauernd zuvorderst. Den halben Tag habe ich nun doch überstanden. Das Telefon läutet. Andrina. Sie verlangt von mir, dass ich ihre Betreuerin anrufe und etwas ausrichte.

„Nein", sage ich, „das musst du selber machen."

„Ich kann das aber nicht! Bitte, Mami!" Die Diskussion geht hin und her. Schliesslich sage ich zu ihr: „Du weisst ja, was du zu tun hast!"

„Ja, sterben!", schreit sie und hängt auf.

Ich bleibe wie erstarrt stehen, der Hörer fällt mir aus der Hand. Meint sie das ernst? Vorsichtshalber rufe ich auf der Station an und berichte von unserem Telefonat. Die Sozialpädagogin beruhigt mich und verspricht mir, bei Andrina vorbeizugehen.

„Das, was eurem Glauben bisher an Prüfungen zugemutet wurde, überstieg nicht eure Kraft. Gott steht zu euch! Wenn euer Glaube auf die Probe gestellt wird, schafft Gott auch die Möglichkeit, sie zu bestehen." (1. Korinther 10,13) Diesen Vers habe ich heute Morgen gelesen. Da konnte ich noch zustimmen. Jetzt fällt es mir schwer. Ich versuche, mich an die Zusage zu klammern, dass Gott dafür sorgt, dass wir auch diese Probe überleben.

Am Abend habe ich eine zerknirschte Andrina am Draht, die sich für ihren Ausbruch entschuldigt. Ich bin froh, dass sich die Situation geklärt hat. Aber eine leise Angst bleibt in meinem Herzen zurück: Könnte es geschehen, dass Andrina aus Verzweiflung ernst macht mit ihren Gedanken?

SONNTAG, DEN 16. APRIL 06

Ich freue mich aufs heutige Osteressen mit meinen zwei Schwestern und ihren Familien. Das bringt etwas Normalität in unser Leben. David, Martina, Naemi und Marco sind auch dabei. Wir treffen uns bei den Eltern. Mutter hat den Tisch geschmückt. Auf jeden Teller hat sie ein Nestlein aus Zopf und ein gefärbtes Ei gelegt. Sie bringt die reinsten Kunstwerke zustande. Sie legt verschiedene Kräuter aufs Ei, befestigt alles mit einem Stück Strumpf und verschnürt das Ganze. Für die Farben verwendet sie Blauholz, Rotholz oder Zwiebelschalen. Nach dem Kochen entfernt sie die Strümpfe und unter den Kräutern kommen filigrane Verzierungen zum Vorschein.

Nach dem Dessert werden die Osternester versteckt und die Suche beginnt. Auch unsere grossen Kinder machen begeistert mit. Der Osterhase und das „Nötli" von Nonna und Nonno sind sehr willkommen. Bald verabschiede ich mich, da ich Andrina besuchen will. David darf immer noch nicht mitkommen, seine Verbannungszeit dauert noch zwei Wochen. Er hat mir für Andrina einen Brief mitgegeben. Sie liest ihn mir vor: „Liebe Andrina, soeben habe ich das Osterei von dir erhalten. Ein Zeichen von dir! Das tut mir gut. Du bist sehr kreativ. Es ist schon komisch, dass ich dich nicht besuchen kann. Meine Gedanken sind aber sehr häufig bei dir. Wie siehst du wohl deine Situation? Ich wünsche so sehr, dass jede Stunde, jeder Tag dir hilft, gesund zu werden. Gesund werden würde für mich heissen, dass du wieder genug isst, damit du leben und Sport treiben kannst. Momentan geht das halt nur übers Zunehmen. Ich hoffe fest, dass du diesen Entschluss im Herz gefasst hast. Vielleicht kannst du mir ja mal schreiben, was du dazu meinst. Auf jeden Fall wünsche ich dir viel Kraft für jeden Tag, und dass du immer mehr zum Leben zurückkehrst. Ich grüsse dich ganz fest und würde dich am liebsten umarmen. Ich hab dich sehr gern. Dein Papa."

Auf dem Heimweg überlege ich mir, ob diese Trennung überhaupt etwas bringt. Ich habe grosse Zweifel. David leidet die ganze Zeit still vor sich hin. Die Traurigkeit und Müdigkeit sind nicht verschwunden, eher stärker geworden. Auch Andrina steckt noch tiefer in einer Depression und redet andauernd vom Sterbenwollen. Sie hat keine Hoffnung mehr, dass es besser wird, und wenn ich sie etwas frage, gibt sie meistens die gleiche Antwort: „Ich weiss es nicht!" Dazu kommen die SMS, die alle das Gleiche aussagen: „Mami, hilf mer! Ich mag nümä. Es gaat mär so schlächt! Ich will sterbä!" Eigentlich erhält sie ja Antidepressiva. Aber die wirken nicht. Das alles allein zu tragen und auszuhalten, laugt mich aus.

SAMSTAG, DEN 29. APRIL 06

Heute sind die vier Wochen, in denen David Andrina nicht besuchen durfte, endlich vorbei. Die letzten zehn Tage verbrachte unsere Tochter im Spital, da die Station während der Ferien geschlossen war. Fast jeden Tag besuchte ich sie. Meine Schwester und ihr Mann, die Patin, Martina, Marco, Naemi und Bekannte aus der christlichen Gemeinde gingen auch vorbei. Das war für mich eine grosse Entlastung. Ob Andrina realisiert hat, dass sie nicht vergessen wurde und es viele Menschen gibt, die sie gern haben?

Ich habe die geniale Idee, dass Andrina und David zu Hause ihr Wiedersehen feiern könnten. Sie darf ja für vier Stunden das Krankenhaus verlassen. Gesagt, getan. Um acht Uhr erhält sie ihr Frühstück, und schon stehe ich auf der Matte, entführe Andrina und wir fahren nach Hause. Am liebsten würde sie heimfliegen, weil sie es kaum erwarten kann, ihren Papi wieder zu sehen. Nach einer Dreiviertelstunde bringe ich das Auto vor unserer Haustür zum Stehen. Ich hupe. Andrina springt aus dem Auto und fliegt ihrem Papi um den Hals. Sie halten sich umarmt und können nicht mehr voneinander lassen. David ist gerührt und weint Freudentränen. Jetzt kann ich loslassen. Jetzt können wir wieder zusammen tragen. Das fühlt sich unendlich gut an.

SAMSTAG, DEN 13. MAI 06

Es scheint, als hätten diese vier Wochen Entzug nichts gebracht. Beim letzten Elterngespräch hat uns die Psychologin erneut aufgezeigt, dass wir immer noch sofort handeln und springen, wenn Andrina uns in ihrer Verzweiflung anruft. Sie schlug uns vor, dass wir unsere Telefonkontakte auf einmal pro Woche einschränken sollten. Damit Andrina kein Schlupfloch findet, wurde ihr auch das Handy weggenommen. Jetzt haben wir eine Woche „Sonderurlaub" hinter uns! Kein Telefon, keine SMS aus Zürich! Pure Erholung!

Auch sonst haben wir die Freiheit ausgenutzt: Am Montag besuchten wir ein Fussballspiel von Naemi. Sie gewannen mit einem Tor Vorsprung. Am Dienstag war Marco dran. Dort kamen wir in den Genuss von zwölf Toren: 6:6. War das schön, wieder einmal ungestört Zeit für die beiden zu haben und an ihrem Leben teilzunehmen!

Am Mittwochabend sass ich im Wohnzimmer, und plötzlich hörte ich Marco rufen: „Chunsch ächli zu mir id Chuchi go höcklä und schwätzä?" Er erzählte mir, dass ihm das Gymnasium gut tue und er reifer geworden sei und dass er am Donnerstag mit einem Kollegen nach Sion fahren werde, um dort einen Fussballmatch zu besuchen. „Wir haben ausgerechnet, dass wir es nachher mit dem letzten Zug nur noch bis Bern schaffen. Dann übernachten wir halt irgendwo und ich fahre dann direkt zur Schule. Dort kann ich mühelos den versäumten Schlaf nachholen." Dieses Schlitzohr!

Mir ist es diese Woche richtig gut gegangen. Ich habe Distanz zu Andrina gefunden. Hie und da spüre ich sogar Freude im Herzen! Auch David erlebe ich fröhlicher.

FREITAG, DEN 19. MAI 06

Aber nur schon eine Woche später lässt die Psychologin im Elterngespräch eine Bombe platzen: Andrina hat sich geschnitten. „Nein, nein!", schreit es in mir, „nicht das auch noch!" Aber die nächste Worte beruhigen uns ein wenig: „Wir haben so etwas in dieser Richtung erwartet. Es geschieht etwas Grundlegendes mit Andrina. Sie wird greifbarer." David und ich atmen auf.

Nach dem Gespräch gehen wir noch zu Andrina aufs Zimmer, erfüllt von der Hoffnung, dass sich nun etwas tut. Andrina liegt auf dem Bett, weint und beteuert verzweifelt: „Mir geht es so schlecht! Ich halte dieses Leben nicht mehr aus." Ich verstehe die Welt nicht mehr. Das ist das Gegenteil von dem, was wir vorher im Gespräch gehört haben. Ob sie wohl im Moment in einer geschlossenen psychiatrischen Klinik besser aufgehoben wäre?

SONNTAG, DEN 21. MAI 06

Im Gottesdienst wird über das Thema Dankbarkeit gepredigt: „Und immer gilt: Im Namen unseres Herrn Jesus Christus dankt Gott dem Vater jederzeit, überall und für alles." (Eph. 5,20) Wer lerne, dankbar zu sein für alles, werde im Alter nicht verbittert werden, behauptet der Prediger. Kann schon sein, dass er recht hat. Aber Danke sagen für unsere Situation mit Andrina? Das schaffe ich nicht. Als Lippenbekenntnis würde es vielleicht gehen, aber das Herz wäre nicht dabei.

Am Nachmittag besuche ich unsere Tochter. Zum Abschied drückt sie mir ein Briefchen in die Hand. Als ich aufs Tram warte, öffne ich es. Sie hat David und mir einen Abschiedsbrief geschrieben! Hilfe! Das isch ja nümä zum uushalte! Wenn ich nicht wüsste, dass Andrina gut umsorgt wird, würde ich alle Hebel in Bewegung setzen, um sie in Sicherheit zu bringen.

Zu Hause zeige ich David den Brief. Er wird kreideweiss. Wir beraten den ganzen Abend, was wir machen sollen. Müssen wir die Verlegung auf eine geschlossene Abteilung verlangen? Aber die Leute auf der Therapiestation haben uns doch Besserung versprochen? Wir realisieren, dass wir diese Situation nicht mehr aushalten. Andrinas ständige Selbstmorddrohungen zermürben uns. Sie muss an einen sicheren Ort!

MITTWOCH, DEN 24. MAI 06

Das Team der Therapiestation hat unseren Entscheid bedauert, da sie gerne weiter mit Andrina gearbeitet hätten.

Im Zentrum ist ein Platz frei. Wir können Andrina bringen. Als wir ankommen, stehen wir vor verschlossenen Türen. Aber dieses Mal finde ich es nicht schrecklich, sondern beruhigend: Die verriegelte Tür bedeutet Sicherheit und Schutz für unser Kind. Eine zentnerschwere Last fällt mir vom Herzen.

Zwischenhalt:
Naemi: Warum wurden meine Schwestern magersüchtig und ich nicht?

Das Essen war für mich immer schon ein wichtiger Teil des Familienlebens. Wie sehr genoss ich es, mich schon beim Frühstücken mit meinen Geschwistern oder Eltern auszutauschen, obwohl sie frühmorgens nicht immer so gesprächig waren wie ich. Auch mittags und abends assen wir meistens zusammen. Dabei tauschten wir uns über den Tag aus, lachten, stritten ab und zu oder diskutierten. Als ich im Alter von 16 Jahren für ein Jahr in die USA ging, vermisste ich diesen Austausch sehr. Meine Gastfamilie ass kaum gemeinsam, und die Gespräche untereinander waren oft auf Organisatorisches beschränkt. Auch sonst fehlte mir meine Familie sehr. Umso mehr freute ich mich, als wir nach meiner Rückkehr alle um den Tisch sassen und es erst noch „Nüdeli mit Ghackets und Öpfelmues" gab.

Leider musste ich aber bald feststellen, dass das Essen nicht mehr so entspannt war wie früher. Andrina hatte viel Gewicht verloren, und die Szenen am Tisch, bei denen Mami mit ihr ums Essen verhandelte, kamen mir von Martinas Magersucht her bekannt vor. Es war ein Schock, und doch spürte ich eine unglaubliche Zuversicht, dass Andrinas Geschichte ein baldiges Ende haben würde. Schliesslich kannten sich meine Eltern mit dieser Krankheit aus, reagierten abgeklärter und hatten frühzeitig eingegriffen. „Das kriegen die Professionellen schon in den Griff", dachte ich mir, als es dann auf einen Klinikaufenthalt zuging. Zudem wusste ich aus meinen teils schwierigen Erfahrungen in den USA, dass gewisse Erlebnisse zu Beginn nicht einfach sind, im Nachhinein aber einen Sinn ergeben können, weil Gott alles in seinen Händen hat. Das war meine tiefe Überzeugung und trug mich die Krankheitszeit von Andrina hindurch.

Dass sich ihr Aufenthalt im Spital immer wieder verlängerte und sich unser Familienleben nicht mehr normalisieren konnte, machte mir mit der Zeit dennoch zu schaffen. Ich vermisste die guten alten Zeiten, als sowohl Martina und auch Andrina noch zuhause und gesund waren. Irgendwie musste ich die Hoffnung begraben, dass es je wieder so sein würde wie früher.

Gleichzeitig lernte ich eine Freundin im Gymnasium kennen, die aus einer intakten, fröhlichen Familie kam. Wir verbrachten häufig die Freizeit miteinander und ich besuchte sie öfters. Im Nachhinein denke ich, dass das vermutlich auch eine Flucht von zu Hause war. Ich konnte dort abschalten und mich anderen Interessen zuwenden, ohne mir Sorgen um meine Schwestern machen zu müssen.

Hin und wieder frage ich mich auch, warum denn meine beiden Schwestern magersüchtig wurden und ich nicht. Einer der Gründe war sicher, dass ich stets gute Freundinnen hatte, die mir viel Halt und Selbstvertrauen schenkten. Auch ich kannte Zeiten, in denen ich unzufrieden mit mir selber war. Und doch fühlte ich mich wertvoll und getragen, sowohl von Freunden als auch von Gott. Von meinen Eltern bekam ich stets zu spüren, dass sie mich liebten und ich ihnen wichtig war. Obwohl sie viel Zeit und Energie für Andrina aufwenden mussten, waren sie da für mich, wenn ich Probleme hatte. Ich wusste, dass sie für mich den gleichen Aufwand betrieben hätten, wenn ich krank geworden wäre.

Allerdings denke ich manchmal, dass es ebenso gut mich hätte „treffen" können. Ich hatte gegen Ende des Gymnasiums sogar einmal eine Phase, in der ich sehr gesund ass und viel Sport trieb, bis ich merkte, dass mich das Thema Essen zu sehr beschäftigte. Ich riss einen Stopp, da ich um alles in der Welt vermeiden wollte, dass meine Eltern erneut mit einer Essstörung konfrontiert würden. Ich setzte mir eine unterste Gewichtsgrenze und unterschritt diese seither nie mehr. Irgendwie merkte ich auch, dass Süsses, besonders Schokolade, einfach zu mir gehört. Würde ich ganz darauf verzichten, wäre ich mit Garantie ein unzufriedener, unausgeglichener Mensch. Seither ist das Thema Essen erledigt und ich habe den Ausgleich und Zufriedenheit gefunden.

Gott sei Dank erleben wir heute wieder fröhliche und genussvolle, gemeinsame Essen. Selten kann ich so viel und herzhaft lachen wie mit meiner Familie. Dabei vergesse ich manchmal, dass das eigentlich alles andere als selbstverständlich ist.

Station 1

DONNERSTAG, DEN 25. MAI 06

Heute werden wir im Zentrum bereits zum Eintrittsgespräch erwartet. Die Ärztin erklärt die Regeln: „Andrina, du musst lernen wieder Selbstverantwortung für dein Leben zu übernehmen. Dazu gehört es auch, genug zu trinken und genügend Kalorien zu dir zu nehmen. Am Anfang kannst du zu den Mahlzeiten deine Drinks nehmen, später werden diese nach und nach durch normales Essen ersetzt. Jetzt gilt aber schon, dass du die Getränke pünktlich und in der vorgeschriebenen Zeit einnehmen musst. Sonst wirst du ins Isolationszimmer gebracht, bis du fertig getrunken hast. Nach den Hauptmahlzeiten bleibst du eine Stunde am Tisch oder auf dem Sofa sitzen und nach den Zwischenmahlzeiten eine halbe Stunde. Solange du noch suizidale Gedanken hast, hältst du dich im Wohnzimmer auf. Zur Toilette und zum Duschen wird dich eine Betreuerin begleiten. Schlafen wirst du im Isolationszimmer, weil wir dich dort mit Video überwachen können. Wenn du etwas brauchst oder eine Frage hast, kannst du dich jederzeit an das Team wenden.

„Wann darf Andrina spazieren gehen? Wie sieht es mit Sport aus?", fragt David.

„Vorläufig bleibt sie auf der Station und Sport gibt es erst, wenn sie wieder ein gutes Gewicht erreicht hat. Wenn Andrina alles getrunken hat, darf sie am nächsten Tag eine halbe Stunde Besuch haben. Wenn nicht, nur eine Viertelstunde."

„Ich bin einverstanden, ausser mit der Regelung der Besuchszeiten. Ich finde, dass es eine Zumutung ist, wenn wir für solch eine kurze Zeit die lange Anreise unter die Füsse nehmen müssen."

Wir einigen uns auf unbeschränkten Besuch oder gar keinen. Andrina beteiligt sich nicht am Gespräch. Der Plan gilt für eine Woche. Alle Anwesenden ausser Andrina unterschreiben. Die Hauptperson streikt. Das verheisst nichts Gutes.

Meine Erleichterung, Andrina in Sicherheit zu wissen, wird von Zweifeln weggeschwemmt. Das tönt ja wie ein Gefängnisaufenthalt! War unsere Entscheidung richtig? Wäre es vielleicht in der Therapiestation doch noch gegangen? Hätten wir nur noch etwas ausharren müssen? Wäre …? Hätten …?

Es ist noch nicht Besuchszeit. So verabschieden wir uns von unserer Tochter und eilen an die frische Luft. Auch David quälen Zweifel, ob unsere Entscheidung richtig gewesen ist.

Um halb sieben können wir endlich zu Andrina. Sie weint die ganze Zeit und will wieder in die Therapiestation zurück. Wir versuchen sie zu trösten und zu ermutigen. Aber es prallt alles an ihrer Verzweiflung ab. Mit schwerem Herzen verabschieden wir uns und fahren schweigend nach Hause.

MONTAG, DEN 5. JUNI 06

In den letzten zwei Wochen konnten David und ich Andrina gerade dreimal besuchen. Dafür bekam ich mindestens zwei Anrufe pro Tag. „Mami, ich mag nüme. Mami, ich will wieder zrugg id Therapiestation. Mami, da isches wie imenä Gfängnis." Diese Gespräche zermürben mich. Ich bin einfach müde und möchte nur noch eines: schlafen. Spontan habe ich mich entschieden, vier Tage Urlaub zu machen.

Jetzt liege ich auf dem Bett im Hotelzimmer. Ist das herrlich! Diese Ruhe! Niemand will etwas von mir. Bald kann ich mich an einen gedeckten Tisch setzen. Das Telefon klingelt. Andrina. Nicht schon wieder! „Mami, ich war heute acht Stunden im Isolationszimmer, bis ich endlich alles getrunken hatte." Ich bin schockiert. Nur ein Gedanke bleibt: Wir müssen Andrina da rausholen. Ich rufe David an und erzähle ihm, was geschehen ist. Er verspricht mir, mit der Ärztin zu telefonieren. Am liebsten würde ich das Handy ausschalten, damit mich niemand mehr erreichen kann, vor allem Andrina nicht. Aber ich schaffe es nicht. Sie braucht mich doch.

David hat die Ärztin erreicht und mir vom Gespräch erzählt. Sie meinte, dass wir nicht schwach werden sollten. Wenn wir bei der kleinsten Klage von Andrina immer sofort springen, würden wir ihr kein bisschen helfen, sondern der Magersucht Tür und Tor offen halten. Und überhaupt, solange sie suizidal sei, müsse sie im Zentrum bleiben. Auch sie habe eine Tochter und könne darum schon erahnen, wie hart diese Geschichte für uns sei. Aber wir sollen uns immer wieder das Ziel, Andrinas Gesundwerden, vor Augen halten. Vielleicht könne uns das helfen, die Situation zu ertragen.

Beim Bibellesen stosse ich auf folgenden Vers: „Der Herr ist nahe denen, die verzweifelt sind und rettet jeden, der die Hoffnung verloren hat. Zwar bleiben auch dem, der treu zu Gott steht, Schmerz und Leid nicht erspart, doch aus allem befreit ihn der Herr." (Psalm 34, 19–20)

Wo bleibt die Befreiung aus unserem Schmerz? Mehr als ein Jahr dauert diese Geschichte schon und will kein Ende nehmen. Auch die Hoffnung auf Besserung ist schon lange verschwunden. Es fällt mir immer schwerer, Gott zu vertrauen.

Letzte Nacht habe ich geträumt: Ich bin auf einem Fussballfeld in der Verteidigung aufgestellt. Ein Ball rollt aufs Goal zu. Ich will ihn stoppen, aber meine Beine gehorchen mir nicht. Sie fühlen sich wie Betonklumpen an. Ich komme nicht vorwärts. Ohnmächtig muss ich zuschauen, wie der Ball ins Goal kullert. Ich will dem Trainer Zeichen geben, dass er mich auswechseln soll. Aber er ist verschwunden. Es gibt auch keine Ersatzspieler. Mit einem Gefühl der Ohnmacht wache ich auf. Genauso geht es mir mit Andrina. Noch so gerne würde ich mich ersetzen lassen, aber wer soll diesen Job übernehmen? Ich bin und bleibe die Mutter.

FREITAG, DEN 16. JUNI 06

Ich bin gut erholt aus dem kurzen Urlaub nach Hause gekommen. Naemi, Marco und David haben die Tage bestens gemeistert. Es geht auch ohne Hausdrachen!

Wie jede Woche werden wir auch heute zu einem Gespräch in Zürich erwartet. Dieses Mal bleibt Andrina dem Gespräch fern, weil die Ärztin mit uns allein reden will. Zuerst beschreibt der Betreuer, wie Andrina auf der Gruppe lebt:

„Die meiste Zeit sitzt sie teilnahmslos auf dem Sofa im Wohnzimmer. Ob sie Fragen oder Probleme hat, wissen wir nicht. Sie wendet sich nur an uns, wenn sie auf die Toilette muss oder wenn sie etwas im Zimmer holen will."

Die Ärztin ergänzt: „Auch in den Einzelgesprächen muss ich ihr alles aus der Nase ziehen. Mehr als ein Ja oder Nein bekomme ich kaum zu hören. Ihre Stimme ist verschwindend leise." Nach dem Austausch ist das Fazit klar: Andrina hat kaum Fortschritte gemacht.

„Wir fragen uns, ob wir nicht die Medikation anpassen müssen. Besonders gegen die starke Depression gäbe es noch wirkungsvollere Medikamente", schlägt die Ärztin vor. Wir sind sofort einverstanden. An jeden kleinsten Hoffnungsschimmer wollen wir uns festklammern.

„Damit Andrina lernt, Kontakt zu den Betreuern herzustellen, soll sie sich während der nächsten Woche dreimal am Tag bei ihnen melden, Augenkontakt suchen und sagen, wie es ihr geht. Schafft sie es, bekommt sie eine Belohnung. Dafür möchten wir Sie als Eltern einspannen, wenn Sie einverstanden sind. Es muss nichts Grosses sein, einfach etwas, das Andrina motiviert." Sofort sind wir dabei. Etwas Handfestes machen können, das tut so gut und nimmt uns ein bisschen unser Ohnmachtsgefühl.

David bringt noch das Thema Spazierengehen aufs Tapet: „Können wir mit Andrina nach draussen gehen?", fragt er.

„Ja, klar!" Doch bevor wir uns zu sehr freuen, präzisiert die Ärztin: „Es muss einfach eine Pflegeperson mitgehen."

„Aber wir sind ja zu zweit. Das sollte doch reichen, um sie unter Kontrolle zu haben", sagt David.

„Nein, wir tragen die Verantwortung und darum muss jemand von uns dabei sein, sonst vernachlässigen wir unsere Aufsichtspflicht."

Wir geben uns geschlagen, aber die Vorstellung, zu dritt mit Andrina ums Haus zu spazieren, ist einfach lächerlich.

MITTWOCH, DEN 21. JUNI 06

Heute kommen Marco und Naemi mit zu Andrina. Du meine Güte! Ein Spaziergang zu fünft! Ich hätte eigentlich zu Hause bleiben können. Ich komme mir überflüssig vor. Wenigstens können die Geschwister Andrina aus ihrem Schneckenhaus locken. Naemi erzählt vom Gymnasium und Marco macht seine drolligen Luftsprünge. Habe ich da sogar etwas Leben in Andrinas Augen aufblitzen sehen?

Der gemeinsame Besuch warf in mir die Frage auf, wie es den anderen drei Kindern geht. Belastet sie die Situation? Haben sie sich daran gewöhnt? Irgendwie machen sie einfach mit und bringen ihre Zuneigung zu Andrina durch Besuche oder kleine Geschenke zum Ausdruck. Auf der Heimreise getraue ich mich zu fragen, ob sie sich benachteiligt fühlen. Ihre Antwort lässt mich aufatmen: Naemi meint, dass wir mit Andrina schon sehr belastet und beschäftigt seien. Doch wenn sie uns um einen Gefallen bitten, wären wir sofort da für sie. Und Marco fügt an, dass er es schätze, dass wir uns Zeit für ihn nehmen. Dass wir hie und da einen Fussballmatch schauen kämen oder auch ab und zu nachfragen, wie es ihm geht.

Immer wieder finde ich Trost bei einem alten Kirchenlied:

> Befiehl du deine Wege und was dein Herze kränkt
> der allertreusten Pflege des, der den Himmel lenkt.
> Der Wolken, Luft und Winden gibt Wege, Lauf und Bahn,
> der wird auch Wege finden, da dein Fuss gehen kann.
> Dem Herren musst du trauen, wenn's dir soll wohl ergehn.
> Auf sein Werk musst du schauen, wenn dein Werk soll bestehn.
> Mit Sorgen und mit Grämen und mit selbsteigner Pein
> lässt Gott sich gar nichts nehmen, es muss erbeten sein.

Ein Gott, der den Himmel lenkt, wird wohl auch die Fähigkeit haben, für unsere Situation einen Weg zu finden. So versuche ich meine schwindende Hoffnung zu stärken, dass es irgendwann eine Besserung geben wird.

Aber der Alltag geht gleich weiter: tägliche Telefonate mit Andrina: Sie weint, schreit, jammert und will nur noch eines: sterben. Wenn das Gespräch beendet ist, kann ich nur noch erschöpft in den Sessel fallen.

Manchmal dauert es über eine Stunde, bis ich mich wieder aufraffen kann, um eine Arbeit in die Hand zu nehmen. Gut, ich muss einfach funktionieren, da auch noch die anderen Kinder und David da sind. Aufstehen, putzen, kochen, waschen, aufräumen. Die Routinearbeiten bewahren mich davor, mich fallen zu lassen. Die zwei Nachmittage, an denen ich im Stift Höfli unterrichte, sind ein weiterer Rettungsring. Während des Unterichts vergesse ich alles und bin wie in einer anderen Welt, in der es keine kranke Tochter gibt. Oder an den Sitzungen mit der Schulpflege, da muss ich meine Gedanken auf die Geschäfte richten und bin von allen Sorgen abgelenkt. Auch die Treffen mit Martina heitern mich auf. Das ist ein Genuss, mit meiner erwachsenen Tochter zusammen zu essen, zu lachen und uns auszutauschen. Sie erzählt spannende Geschichten von ihrer Ausbildung zur Krankenschwester. An einem Besuchstag in ihrer Schule habe ich über die Fähigkeiten gestaunt, die sie sich bereits angeeignet hat.

Ein weiterer Lichtblick sind die regelmässigen Treffen mit meiner Freundin. Beim gemütlichen „Zmörgele" kann ich ihr mein Herz ausschütten. Im Moment ist unsere Beziehung etwas einseitig. Sie ist vor allem die Zuhörerin. Meistens bleibt fürs Gebet nur noch kurz Zeit. Aber Gott war ja auch schon beim Erzählen da und hat all unsere Anliegen bereits gehört.

Heute Morgen, nach dem vierten Anruf von Andrina, habe ich eine Kerze angezündet, mich hingesetzt, die Flamme betrachtet und mir gesagt: Das ist Andrina und ich bin hier. Die Kerze ist ihr Leben, ich lebe hier. Dieses Ritual hilft mir, Distanz zu gewinnen, mich von Andrinas Problemen zu lösen und sie loszulassen. Weder Andrina noch ich haben einen Nutzen davon, wenn wir beide „verbrennen".

FREITAG, DEN 23. JUNI 06

Nachmittags fahre ich wie jede Woche zum Elterngespräch nach Zürich. David kommt direkt von der Arbeit. Die Ärztin stellt eine sehr interessante Frage:

„Was bringt Ihnen als Eltern Andrinas Magersucht?"

Andrina ist nicht dabei, so muss ich sie nicht schonen. „Diese Krankheit verursacht nur Leid, Sorgen und Angst. David und ich haben kaum mehr Zeit füreinander. Die ganze Familie ist gestresst."

David fügt noch an: „Wir haben uns auch von unseren Freunden zurückgezogen, weil wir häufig keine Kraft haben, um mit ihnen etwas zu unternehmen." So ist es ganz klar, dass wir nicht den geringsten Nutzen von der Krankheit haben.

Die Ärztin erzählt uns, was Andrina in der Einzeltherapie geantwortet hat: Für Andrina sei es negativ, dass sie wegen der Magersucht nicht mehr zu Hause sein kann. Aber ihre Figur sehe sie positiv: Es gefalle ihr, so dünn zu sein. Durch die Krankheit bekomme Andrina sehr viel Aufmerksamkeit von uns als Eltern, aber auch vom Team. Das sei für unsere Tochter sicher ein weiterer positiver Aspekt der Magersucht.

Mich erstaunt es, dass sogar diese schreckliche Krankheit etwas Positives bewirken kann. Doch, ich erinnere mich, dass mir Martina einmal anvertraut hatte, wie sehr es sie beeindruckte, dass ihre damals so abgemagerte Freundin viel Zuwendung erhalten hatte. Das war für sie unter anderem auch ein Ansporn gewesen, um abzunehmen.

Während das Gespräch weiterplätschert, hänge ich meinen Gedanken nach. Kann es sein, dass auch andere Krankheiten etwas Gutes bringen? Zum Beispiel eine Depression? Wenn ich depressiv bin, kann ich mich aus jeglicher Verantwortung stehlen. Ich habe eine Entschuldigung für mein Verhalten, da es mir ja nicht gut geht. Manchmal würde ich auch jetzt am liebsten in das Dunkel einer Depression fliehen. Dorthin, wo niemand etwas von mir fordern kann, wo alle auf mich Rücksicht nehmen müssen. An einen Ort, an dem ich Aufmerksamkeit bekäme.

Die Ärztin reisst mich aus meinen Gedanken: „Was meinen Sie zu unserer Vermutung, dass Andrina an einer Angststörung leiden könnte, an einer Sozialphobie? Sie zeigt auf den Spaziergängen grosse Angst und drückt sich auf dem Trottoir an Zäune und Hecken. Wenn jemand entgegenkommt, würde sie am liebsten umkehren. Auch schafft sie es kaum, uns bei Gesprächen in die Augen zu schauen. Zu den Jugendlichen auf der Station hält sie grossen Abstand."

„Was werden Sie unternehmen?", fragt David.

„Wir wollen die Belohnung verstärken, indem sich Andrina mehr Ausgang verdienen kann. Jedes Mal, wenn sie auf jemanden zugeht und etwas fragt oder sagt, wie es ihr geht, bekommt sie einen Punkt. Mit drei Punkten darf sie eine Viertelstunde länger spazieren gehen." Uns gefällt dieser Ansatz. Andrina braucht doch vor allem positive Bestätigung.

Die Ärztin hat noch ein Thema auf dem Herzen: „Wir erleben Sie als Eltern immer sehr beherrscht. Auch zeigen Sie sehr wenige Emotionen. Wie gehen Sie mit Spannungen oder Meinungsverschiedenheiten um? Kommt es vor, dass Sie sich streiten?"

Oh, dieses Thema kommt mir bekannt vor! Ich hasse es. Bereits als Martina in Winterthur im Spital war, haben sie uns damit gequält! Aber darum weiss ich auch, was ich antworten kann. „Nein, lautstarkes Streiten kennen wir weniger. Wir führen eher kalten Krieg und reden nicht miteinander, bis es einer von uns nicht mehr aushält und das Gespräch sucht. Dann diskutieren wir so lange, bis wir eine Lösung gefunden haben, mit der wir beide leben können."

Schon kommt die nächste Frage: „Was machen Sie, wenn die Kinder nicht gehorchen?"

David antwortet: „Das ist bei allen vier Kindern verschieden. Mit den einen gab und gibt es laute Auseinandersetzungen, bei anderen genügt ein schärferer Ton, damit sie reagieren." Auch dieses Mal bekommen wir zu hören, dass es für Kinder sehr wichtig ist, dass die Eltern streiten und offen zu ihren Gefühlen stehen. Sie sollen Spannungen erleben können, Streitereien aushalten, Versöhnung erleben; das alles seien Voraussetzungen für Kinder, um zu reifen, sich abzugrenzen und durchsetzen zu können. Wut steigt in mir auf. Sind denn unsere Töchter magersüchtig geworden, weil wir zu wenig gestritten und zu wenig streng erzogen haben? Blödsinn! Wir haben uns doch bemüht, offener zu werden, Probleme nicht unter den Teppich zu schieben, sondern anzugehen. Aber lautstark streiten? Das wollen und können wir einfach nicht. „Ach, blaset mer doch id Schue!" Ich habe genug von diesem Blabla.

David und ich verlassen miteinander die Jugendpsychiatrie. Er wird nachher noch Zeit bei Andrina verbringen, aber er kann erst um halb sieben auf die Station. Ich fahre nach Hause. Als er um neun Uhr vom Besuch zurückkehrt, ist er total bleich. Das Reden bereitet ihm Mühe.

„Was ist, David, bitte erzähl!"

„Ursula, Andrina hat es versucht."

„Was versucht? Abzuhauen oder …"

Er unterbricht mich: „Kurz nach dem Abendessen war sie einen Moment unbeaufsichtigt im Badezimmer und versuchte sich mit einem Gürtel aufzuhängen. Die Pflegerin hat sie noch rechtzeitig gefunden."

„Aber ich habe gemeint, wenn Andrina dort ist, könne so etwas nicht passieren?", frage ich. Ich kann es kaum fassen. Tränen strömen mir übers Gesicht. Wenn sie Andrina selbst im Zentrum nicht behüten können, müssen David und ich Tag für Tag mit dem Schlimmsten rechnen? Können wir denn gar nichts tun, um das zu verhindern? Wir sind beide wie gelähmt.

„Was haben denn die Betreuer gesagt?", frage ich David noch.

„Nicht viel. Ich glaube, sie sind auch erschrocken und werden Andrina noch enger betreuen."

Schon klingelt das Telefon. Andrina.

„Warum hast du das versucht?", frage ich sie. Es bleibt einen Moment still in der Leitung.

„Es kam einfach über mich. Ich sah keinen Ausweg mehr. Aber ich will doch leben, Mami! Ich habe solche Angst vor mir und dass ich es noch einmal versuchen werde."

Ich rate ihr, alles abzugeben, was gefährlich werden könnte: Gurte, Schnürsenkel, Kabel usw. Sie nimmt keinen meiner Ratschläge an, aber ihre Angst hat sich auf mich übertragen.

„Harre auf Gott, meine Seele! Denn ich werde ihm noch danken." Harren, warten, hoffen, dass es besser wird, vorwärtsgeht? Ja, aber wann? Im Moment ist es mir auch gar nicht ums Danken, Fluchen ist mir viel näher. Ich bin froh, dass Marco und Naemi nicht zu Hause sind. So bekommen sie die bedrückte Stimmung im Haus nicht mit.

DIENSTAG, DEN 27. JUNI 06

Marco wohnt für vier Wochen bei Martina. Heute ist er rasch nach Hause gekommen, weil er Fussballtraining hat. Es gefällt ihm sehr bei seiner Schwester. Er kann mit dem Fahrrad in die Schule fahren und muss nicht mehr eine halbe Stunde mit dem Zug durch die Landschaft tuckern. Er kocht gerne selber, und auch das Haushalten bereitet ihm Freude. Ganz scheu hat er mich gefragt, ob ich ihm etwas zum Aufwärmen für den morgigen Tag mitgeben könne. Klar, ich hatte damit gerechnet und für ihn mitgekocht. Er bedankte sich sehr, auch für den Znacht. So eine Zeit in der „Fremde" lässt die Annehmlichkeiten zu Hause in ganz anderem Licht erscheinen. Martina bestätigt am gleichen Abend am Telefon, dass ihr Bruder brauchbar sei. Er wasche immer ab und räume auf. Sie geniesse es, ihn bei sich zu haben.

FREITAG, DEN 7. JULI 06

Die letzten zwei Wochen machte Andrina keine Selbstmordversuche mehr. Aber jeder Telefonanruf verursachte rasendes Herzklopfen. Nie wussten wir, was uns erwarten würde.

Zum heutigen Familiengespräch wurden alle Kinder eingeladen. Jetzt können wir der Ärztin vorführen, welch tolle Familie wir sind! Wie Martina, Naemi und Marco alles im Griff haben und wir sowieso ... Ach, so blöd, dieser Gedanke! Das Bedürfnis zu zeigen, dass wir nicht auf der ganzen Linie versagt haben, ist mit mir durchgegangen.

Wir treffen uns alle im Foyer des Zentrums. Sofort beginnen die drei sich zu necken. Ob sie so ihre Nervosität überspielen? Der Betreuer holt uns ab. Die Kinder erzählen offen, wie es ihnen in der momentanen Situation geht. Martina erstaunt mich. Sie steht zu ihrer Magersucht. Andrina bekommt von ihren Geschwistern viel Wärme und Zuneigung zu spüren. Nach dem Gespräch bevölkern wir das Wohnzimmer der Station. Andrina holt ein Spiel: Rummy, so wie jedes Mal, wenn wir zu Besuch sind. Marco gewinnt, knapp vor Andrina und Naemi, auch wie immer. Bald müssen wir wieder gehen und unsere Tochter alleine zurücklassen.

FREITAG, DEN 14. JULI 06

Heute wurde mir bewusst, dass es mehr als ein Jahr her ist, dass wir Andrina ins Spital nach Winterthur bringen mussten. Ich vermisse sie unendlich. Mein Herz schmerzt mit jedem Schlag. Es geht ihr immer schlechter. Auch Medikamente helfen nicht. Sie lebt wie in einem Kokon, in den nichts mehr eindringen kann. Manchmal halte ich das Ganze fast nicht mehr aus. Es zieht mich in einen schwarzen Strudel. Ich kann nur noch zu Gott fliehen und mich bei ihm ausheulen, bei ihm alles abladen, ihn um Hilfe und Kraft anflehen. Manchmal bekomme ich neue Hoffnung, manchmal bleibt es dunkel. Dann versuche ich mich an seine Zusage zu klammern: „Ich lasse dich nicht fallen und ich verlasse dich nicht." (Josua 1,5)

Wieder ein Gespräch in Zürich. Wir bekommen eine Aufgabe. Auf dem Tisch liegen verschiedene Playmobilfiguren. Mit ihnen sollen wir unsere Familie aufstellen. Davids und meine Darstellung unterscheiden sich kaum. Nur seine Andrina ist viel grösser als er.

„Warum ist Andrina für Sie so gross?", fragt ihn die Ärztin.

„Andrina nimmt sehr viel Raum in meinem Leben ein, das hätte die kleine Figur nicht deutlich genug gezeigt."

Die zweite Aufgabe folgt: Alle Figuren bekommen ein Podest, je nachdem, wieviel Einfluss wir der Person in der Familie zuschreiben. David packt das höchste Podest und stellt Andrina darauf. Bei mir bekommt sie weniger Macht. Erstaunt fragt mich die Ärztin, warum ich das so gemacht habe? Diese Frage kann ich gut beantworten: „Andrina war auch als Kleinkind sehr fordernd und anspruchsvoll. Sie brauchte viel Zuwendung und Unterstützung, vor allem, wenn sie von ihren Ängsten geplagt wurde. Durch die Magersucht kam ein neuer Anspruch dazu. Ich bin einfach nicht mehr bereit, ihr so viel Raum in meinem Leben zu geben!"

Anhand der Figuren versucht die Ärztin aufzuzeigen, was Andrinas Verhalten in uns auslöst. Wenn wir von ihr Eigeninitiative verlangen, flüchte sie sofort in suizidales Verhalten. Das löse bei uns Ängste aus und sie bekomme unsere ganze Aufmerksamkeit. Unsere natürliche Reaktion sei es, sofort zu springen und Lösungen zu suchen. Dadurch hätten wir ihr negatives

Verhalten verstärkt. Auch das Betreuungsteam bringe sie immer wieder zum Reagieren. Diese Aussage tröstet mich. Sie sind auch nur Menschen und haben nicht alles im Griff. Das tut gut. „Wir haben beschlossen, Andrina nun härter anzufassen", fährt die Ärztin fort. „Bei dieser Krankheit, Magersucht, muss man einfach streng sein, sonst übernimmt sie die Führung. Wir haben folgendes vorgesehen: Wenn Andrina sich ohne zu fragen aus dem Sichtkontakt entfernt, muss sie für eine halbe Stunde ins Isolierzimmer. Auch kann sie nur Besuch erhalten, wenn sie während zwei Tagen alle Mahlzeiten in der abgemachten Zeit isst. Hinausgehen darf sie, wenn sie zweimal pro Tag zu den Betreuern geht, Augenkontakt hält und auf einer Befindlichkeitsskala zeigt, wie es ihr geht."

Das tönt ja unheimlich hart. Du meine Güte! Wo ist da der Unterschied zu einem Gefängnis? Aber diese Fachleute werden ja wohl wissen, was gut für Andrina ist, versuche ich mein zweifelndes Herz zu übertönen. Wir werden ermutigt, trotz allem auch unser eigenes Leben zu führen. Wir sollen nicht alles wegen unserer Tochter aufgeben. Leichter gesagt als getan.

Jetzt wird Andrina geholt und auch ihr werden die neuen Regeln erklärt. Sie ist auch da, weil wir unbedingt über unsere Sommerferien reden müssen. Aber bald ist klar, dass Andrina nicht mitkommen kann: Erstens muss die Selbstmordgefährdung weg sein und zweitens sollte sie alle Mahlzeiten normal essen können. Das schafft sie nie.

Nach diesem Gespräch genügt ein Besuch im Starbucks nicht. Da muss etwas Kräftigeres her! In der Nähe haben wir eine Pizzeria entdeckt. Einen halben Roten und eine Pizza, das stärkt. Wir reden über die Ferien und wälzen die Möglichkeiten hin und her. Aber wir finden keine Lösung. Klar wird, dass wir auf alle Fälle fahren werden. Auch Naemi und Marco haben Anrecht auf ihre Eltern, und alle brauchen dringendst Erholung.

David fährt nach Hause und ich schaue noch einmal bei Andrina vorbei. Unsere Besuche laufen immer wieder gleich ab: Jedes Mal läuft im Fernseher irgendeine Sendung. Wie immer verstehen wir uns kaum, da die Musik einfach zu laut ist. Erst nachdem ich die Jugendlichen gebeten habe, auf Zimmerlautstärke zu stellen, ist eine Unterhaltung möglich. Meistens machen wir ein Spiel. Zum tausendsten Mal wünscht sie sich das gleiche.

Wenn wir auf etwas Neues drängen, kann sie nicht darauf eingehen. Sie will das gewohnte Spiel machen, zur gewohnten Zeit, am gewohnten Platz. Als ich Andrina frage, wie sie denn die Ferien sehe, sagt sie: „Ich würde gerne mitkommen, aber wenn ich an die Fähre denke, bekomme ich Angst. Ich glaube, ich würde über Bord springen. Dann hätte ich meine Ruhe!"

Wenn ich ehrlich bin, will ich gar nicht, dass sie mitkommt. Ferien mit ihr wären purer Stress, und wieder müssten alle darunter leiden.

Auf der Heimfahrt denke ich über eine Bibelstelle nach, die ich am Morgen gelesen habe:

„Noch trägt der Feigenbaum keine Blüten, und der Weinstock bringt keinen Ertrag, noch kann man keine Olive ernten, und auf unseren Feldern wächst kein Getreide; noch fehlen Schafe und Ziegen auf den Weiden, und auch die Viehställe stehen leer. Und doch will ich jubeln, weil Gott mir hilft, der Herr selbst ist der Grund meiner Freude! Ja, der Herr macht mich stark, er beflügelt meine Schritte! Wie eine Gazelle kann ich über Berge springen!" (Habakuk 3, 17–19) Beschreibt dieser Bibeltext nicht genau unsere Situation? Wir sehen noch kein Eingreifen Gottes, auch wenn wir schon so lange beten und hoffen. Können wir durch all das Leiden lernen, unsere Hoffnung auf Gott zu richten und nicht auf Sichtbares? Gibt es eine Freude im Herzen, die unabhängig von den äusseren Umständen ist? Vielleicht gelingt das Heiligen, für mich Normalsterbliche ist das zu hoch, und doch erahne ich etwas von der tiefen Wahrheit, die in den Worten von Habakuk steckt.

SONNTAG, DEN 23. JULI 06

Wir sind unterwegs in die Ferien und machen auf dem Gotthardpass einen Halt. Obwohl es bereits Mitte Juli ist, liegt noch ziemlich viel Schnee. Schon pfeift mir ein Schneeball um die Ohren. Das lasse ich nicht auf mir sitzen, und bald jauchzt Marco in den höchsten Tönen, weil ich ihm Schnee ins T-Shirt stopfe. Unvorstellbar, dass wir in wenigen Stunden auf der Fähre nach Sardinien stehen werden und uns mit 30 Grad herumschlagen müssen!

SONNTAG, DEN 30. JULI 06

Auch wenn immer ein kleiner, versteckter Schmerz am Herzen nagt, geniesse ich die Ferien. Bei David sieht man, dass ihm die Situation auf den Magen geschlagen hat: Die Badehose schlottert ihm um die Hüfte. Jeden Morgen joggt er zu einem vier Kilometer entfernten Turm, legt dort einen Stein ab und denkt dabei an Andrina. Das hilft ihm, die Sehnsucht nach ihr zu ertragen. Andrina telefoniert nur mit mir. David will nicht. Er denkt, dass er total in ein Loch fallen würde, wenn er ihre Stimme hört. Mir wird es einfach zugemutet. David gebe ich die Neuigkeiten ganz dosiert mit. Warum schone ich ihn eigentlich so? Wäre es nicht einfacher, das Leid zusammen zu tragen? Auf der anderen Seite geniesse ich es auch, die Starke zu sein.

Ich habe ihm auch noch nicht weitererzählt, was mir Martina kurz vor der Abfahrt anvertraut hatte: Sie hat ihre Ausbildung zur Pflegefachfrau geschmissen. So werde sie noch krank, hat sie mir erzählt. Ob dieser Entscheid auch mit ihrem Freund zusammenhängt, der auch vor ein paar Jahren die Lehre abgebrochen hat und sie mit seinem freien Lebensstil beeindruckt?

Ich werde David nichts davon sagen, sonst sind die Ferien total im Eimer. Das kann Martina selber machen.

Da der Platz im Wohnwagen sehr beschränkt ist, habe ich zwischen den Pfosten der Veranda Seile befestigt, damit wir die Badetücher zum Trocknen aufhängen können. David murmelt, dass er etwas suchen gehe und verschwindet hinter dem Wohnwagen. Plötzlich taucht sein Kopf über den Badetüchern auf: „Tra tra trallala, dä Chaschperli isch wieder da!", singt er und beginnt das Märchen vom Rotkäppchen zu spielen. Naemi springt in die Bresche und übernimmt die Rolle des Rotkäppchens. Kabarett pur! Mein Bauch schmerzt, so muss ich lachen. Alles Schwere, Traurige fällt ab und macht einer grossen Leichtigkeit Platz. Ich geniesse diesen Moment und wäre froh, wenn er ewig halten würde. Manchmal bin ich schon erstaunt, dass wir trotz der Leidensgeschichte mit Andrina so Spass haben können und das Lachen noch nicht ganz verloren haben.

Immer noch Station 1

SONNTAG, DEN 7. AUGUST 06

Auf der Rückkehr aus den Ferien besuchen wir Andrina. Als wir zu ihr in die Wohnstube kommen, klammert sie sich wie eine Ertrinkende an mich. Ihr Gesicht zeigt keine Spur von Freude, nur ihre Umarmung zeigt, wie sehr sie uns vermisst hat. Unsere Mitbringsel nimmt sie entgegen, packt sie aus, betrachtet sie und flüstert kaum hörbar ein Dankschön.

Die ganze Schwere ihrer Krankheit ist auf einen Schlag wieder da. Die durch die Distanz genährte Hoffnung auf Besserung dahin. Traurigkeit erfüllt mein Herz. Auf dem Heimweg schweigen alle vor sich hin. Plötzlich ertönt Naemis Stimme von hinten: „Auch wenn Andrina immer noch so krank ist, irgendwann wird sie wieder gesund! Ich will mir die schönen Erlebnisse der Ferien nicht rauben lassen." Recht hat sie!

Zu Hause werden wir von Martina erwartet. Sie hat während unserer Abwesenheit das Haus gehütet und die Tiere gefüttert. Als wir einen Moment alleine sind, fragt sie mich, ob ich dem Papa von ihren Plänen erzählt hätte. „Nein", antworte ich, „das musst du selber machen."

Als das Auto leergeräumt ist, setzt sie sich zu David und erzählt ihm, dass sie die Lehre geschmissen hat.

David bleibt stumm. Nach einer endlosen Pause meint er: „Ist das schon total fix oder kann ich noch etwas dazu sagen?"

„Nein", antwortet Martina, „ich habe mich bereits abgemeldet."

„Wovon willst du denn leben?", will David wissen.

„Ich suche mir einen Job", entgegnet sie ihm mit trotziger Stimme. Eine hitzige Diskussion entsteht. Beide werden lauter und lauter. Ich verziehe mich in den Keller, um die Wäsche zu sortieren. Plötzlich stürmt David die Treppe herunter.

„Warum hast Du mir nichts gesagt? Dann hätte ich das Ganze vielleicht verhindern können."

„Ich hatte schlicht und einfach keine Lust, für Martina den Kopf hinzuhalten und deinen ganzen Frust abzubekommen. Das war ganz klar ihre Sache."

„Und doch hättest du es mir sagen sollen."

„Du kannst es drehen und wenden, wie du willst. Martina hätte so oder so ihren Kopf durchgesetzt. Du kchännsch ja ihrä stuuri Grind."

Als sich die Wogen geglättet haben, erzählt uns Martina noch einmal, warum sie sich so entschieden hat. Sie habe den ganzen Druck in der Pflege und die schwierigen Arbeitsbedingungen während der Praktika einfach nicht mehr ausgehalten. Mehr und mehr sei ihr bewusst geworden, dass sie wieder in die Magersucht zurückfallen könnte, wenn sie an der Situation nichts ändere. Aber auch Cédric, ihr Freund, spiele eine Rolle. „Er hat auch die Lehre abgebrochen und trotzdem kann er bestens leben. Ich finde es halt toll, wie er sich aus den Zwängen der Gesellschaft befreit hat und sein eigenes Leben führt." Davids Einwände wie: „Du brauchst doch eine Ausbildung" oder „Wie willst du die Wohnung, die AHV und die Krankenkasse bezahlen?" verhallen ungehört. Martina lässt sich nicht mehr umstimmen. Sie ist überzeugt, dass ihre Entscheidung richtig ist.

Als wenn wir mit Andrina nicht schon genügend Sorgen hätten!

MITTWOCH, DEN 10. AUGUST 06

Drei Tage später – Martinas Entscheidung haben wir einigermassen verdaut – treffen wir bei Andrina ein. Wir werden die Ferien und den weiteren Behandlungsplan besprechen.

„Was? Wir hatten Ferien?", denke ich. Mir kommt es gar nicht so vor, eher als wäre ich aus einem schönen Traum erwacht und direkt in einem Albtraum gelandet.

Die Ärztin berichtet uns, dass Andrina eins-zu-eins betreut werden muss, weil sich die Selbstverletzungen und suizidalen Handlungen dermassen angehäuft haben. Das könne aber bald in Sichtkontakt geändert werden, wenn sie wieder mehr Eigenverantwortung übernehme.

„Wie funktioniert das, eine Eins-zu-eins-Betreuung?", fragt David.

„Während der Zeiten zwischen den Mahlzeiten ist immer jemand bei Andrina. Das wird zum Teil durch die Pflege abgedeckt oder aber auch aus einem Pool von Fachleuten, die speziell für solche Situationen ausgebildet wurden."

Andrina sitzt da. Total in sich gekehrt. Nimmt sie überhaupt wahr, dass wir über sie reden?

„Andrina, willst du noch etwas sagen?" Keine Reaktion. „Gut, dann kannst du hier unterschreiben." Die Ärztin hält ihr den Behandlungsvertrag vor die Nase.

Andrina hebt den Kopf und murmelt: „Ich will wieder auf die Therapiestation zurück."

„Du weisst ja, was von dir erwartet wird, damit du wieder zurückgehen kannst." Doch Andrina ist bereits wieder in sich selbst verschwunden.

Wir haben diese Woche Besuch aus Amerika: Naemis Gasteltern, bei denen sie ein ganzes Jahr verbracht hat. Eine überaus angenehme Familie! Die Eltern, Richard, the good old fellow, und Patty, eine einfühlsame Frau; ihr Sohn Mike, mit Schuhgrösse 47, der am liebsten Nudeln mit „red socks", also mit Tomatensauce, essen würde, und Laura, lieb und umgänglich. Gestern gab es Fondue. Naemi hatte alles vorbereitet. Auch Marco war da. Ich freute mich auf den Abend, da in ihrer Gesellschaft alles Schwere in den Hintergrund treten kann. Patty, Richard und Laura schmeckte das Fondue sehr. Bei Mike brauchte es viel Überredungskunst, bis er es wagte, einen Brocken Brot auf die Gabel zu stechen und sie in die geschmeidige Masse zu tauchen. Er rührte und rührte und endlich hob er sie heraus. Lange Fäden zogen sich. Skeptisch betrachtete er den Klumpen auf seiner Gabel.

„I don't want to eat this thing![1]", sagte er.

„Doch, du musst!", befahl sein Vater.

Mike steckte den Bissen in den Mund, kaute und kaute und kaute und spülte ihn mit einem Schluck Wasser hinunter. Dann drehte er sich zu mir um und fragte: „Do you have some spaghettis left from yesterday[2]?"

---
[1] „Das will ich nicht essen!"
[2] „Hast du noch Tomatenspaghetti von gestern übrig?"

FREITAG, DEN 12. AUGUST 06

„Grüezi Frau Hofer, da ist die Betreuerin von der Station 1. Als Andrina beim Ankleiden allein im Zimmer war, hat sie die Hand auf die Nachttischkante geschlagen. Zuerst dachten wir, es sei nur eine Prellung, aber die Hand ist geschwollen und schmerzt sehr. Die Hand muss geröntgt werden. Könnten Sie heute Nachmittag kommen und mit Andrina und einer Pflegeperson ins Kinderspital fahren?"

Nach kurzem Überlegen sage ich: „Ja, ich kann kommen, aber erst um halb drei."

„Das ist gut so", sagt die Betreuerin.

Rasch koche ich noch Spaghetti für Marco und stelle ihm eine Fertigsauce hin. Auf einem Zettel informiere ich ihn, wohin ich gehe. Während der Zugfahrt überlege ich hin und her, warum Andrina sich wehgetan hat. Wie kann man sich selber Schmerzen zufügen? Das verstehe ich nicht. Was soll das Ganze?

Wurden die Spannungen zu gross? Neben Traurigkeit und Hoffnungslosigkeit steigt auch eine grosse Wut in mir auf. Wut, weil ich einmal mehr alles stehen- und liegenlassen musste und mein Plan über den Haufen geworfen wurde. Manchmal getraue ich mich gar nicht mehr etwas abzumachen, da ich ja sowieso wieder absagen muss.

Auf der Station werde ich erwartet. Vor der Tür steht bereits ein Taxi, das uns zum Spital fahren wird. Ich frage Andrina, warum sie sich wehgetan hat. Doch sie meint nur: „Ich has eifach nümme uusghalte." Tatsächlich entdecken die Ärzte auf dem Röntgenbild einen Riss im Handknochen. Mit einem Gipsverband wird die Hand ruhiggestellt, Andrina ein Schmerzmittel in die Hand gedrückt, und schon sind wir wieder entlassen. Auf dem Rückweg murmelt sie, dass sie das gemacht habe, weil sie uns zeigen wollte, dass es ihr nicht besser gehe. Verärgert schaue ich sie an: „Ja, meinst du denn, dass du nach Hause kommen musst, wenn du es schaffst, dir einen Tag lang nicht weh zu tun?" Sie schaut mich nur an. Heisst das Ja oder Nein?

Als ich zu Hause ankomme, steht Patty in der Küche. Sie fragt mich, wie es gegangen sei. Als ich ihr mit Tränen in den Augen und in meinem dürftigen Englisch erzähle, was los war, nimmt sie mich einfach in die Arme. Sie sagt nicht viel, aber ihr Verständnis und Mitgefühl wärmen mich bis ins Herz hinein.

Abends im Bett denke ich darüber nach, wie unterschiedlich Menschen auf unsere unendliche Geschichte reagieren. Die einen verständnisvoll, andere erschlagen uns mit Ratschlägen oder erkundigen sich nach der Ursache, und so weiter.

Ich erinnere mich, dass ich nach einem Besuch bei Andrina total erschöpft in Zürich in den Zug stieg. Eine Bekannte aus unserem Dorf entdeckte mich und lud mich ein, mich zu ihr zu setzen. Mir war nicht nach Small Talk zumute. Ich bedankte mich und sagte zu ihr, dass ich gerne allein sein möchte. Sie zog eine beleidigte Miene und wandte sich ab. Ich durchquerte den Wagon, und nochmals sassen zwei Frauen da, die ich kannte. „Warum gerade heute! Lasst mich einfach in Ruhe!", stöhnte es in mir. Ich erklärte auch ihnen, dass es mir nicht gut gehe und ich für mich sein müsse. „Das gibt es. Ist schon okay. Ein anderes Mal vielleicht", gaben sie mir zur Antwort. Diese schlichten, verständnisvollen Worte erlösten mich.

Häufig stellen mir Mütter mit Töchtern die Frage: „Wisst Ihr, warum Andrina magersüchtig geworden ist? Kennt Ihr die Ursachen?" Ich merke aus ihrer Fragestellung, dass sie am liebsten eine Liste mit Gründen erhalten würden. Eine Liste, auf der sie einen Punkt nach dem anderen abhaken und dann das Fazit ziehen können, dass für ihre Töchter keine Gefahr besteht. Diese Liste besitze ich immer noch nicht, auch nach all den Familiengesprächen, Büchern und nach vielem Nachdenken.

Eine andere Mutter mit drei erwachsenen Kindern fragte mich beim Einkaufen, wie es Andrina gehe.

„Nicht gut", gab ich ihr zur Antwort.

„Aber deine Tochter lebt wenigstens noch. Nicht wie der junge Mann im Nachbarsdorf, der sich vor einen Zug warf, weil er mit dem Leben nicht mehr zugange kam."

Dieser Satz kommt mir hie und da in den Sinn, wenn ich kaum mehr weiter weiss und ohne Hoffnung bin: Andrina lebt.

Verzichten kann ich aber auf folgenden Trost: „Ja, ihr habt es schlimm. Aber andere haben es noch viel schlimmer! Kennst du die Geschichte von …"

Viele Mitmenschen sind nach unserem Erzählen erschüttert und versprechen für uns zu beten. Das ermutigt.

Schwieriger auszuhalten sind die Vorschläge, was wir noch machen könnten, damit alles besser würde.

Einmal fing mich eine Frau nach dem Gottesdienst ab und fragte mich, wie es unserer Tochter gehe. Ich erzählte ihr offen, wie es stand, und gab auch zu, dass wir fast am Verzweifeln seien, weil es einfach keine Besserung gäbe. „Ursula, du weisst ja, dass Gott uns nie mehr auflädt, als wir tragen können." Und dann setzte sie dem Ganzen noch die Krone auf: „Alles, was ihr erlebt, dient zu eurem Besten. Alles hat einen Sinn!" Dieses fromme Geschwätz! Erstens ist mir das Paket schon lange zu schwer und zweitens sehe ich nicht ein, was an dieser furchtbaren Geschichte für uns gut sein soll! Auf ihr nächstes Nachfragen werde ich mich hüten, etwas anderes zu sagen als: „Es geht schon."

Einmal setzte sich eine Bekannte im Zug neben mich. Sie fiel aus allen Wolken, als sie hörte, dass Andrina immer noch in der Klinik war. Sofort begann sie nach den Ursachen zu suchen und fragte: „Habt ihr alles abgeklärt?"

„Was meinst du damit?"

„Ja, habt ihr in der Vergangenheit geforscht, auch bei euren Eltern und Grosseltern? Vielleicht sind Belastungen oder Flüche vorhanden. Oder jemand hat Pendler oder Heiler aufgesucht, und sich so okkult belastet." Sie liess mich gar nicht zu Wort kommen und fuhr fort: „Vielleicht hat Andrina etwas ganz Schreckliches erlebt, das sich immer noch auf ihren Zustand auswirkt. Ein Trauma? Eine andere Möglichkeit ist, dass sie als Kind bei dir zu kurz gekommen ist. Dann müsstest du dich bei ihr entschuldigen. So kann sich die Blockade lösen und sie kann gesund werden."

Dann begann sie zu erzählen, welche Wunder sie nach Gebeten erlebt hatte. Krebskranke, Gelähmte und Depressive wurden geheilt.

Wenn ich heute an dieses Gespräch zurückdenke, werde ich wütend und frage mich, warum ich ihr nicht sagen konnte: „Jetzt hebsch eifach d

Schnörre. Äs langet." Oder warum ich nicht das Abteil wechselte. Damals lasteten ihre Worte schwer auf meinem Herzen. Seit über einem Jahr lebten wir mit all den schmerzhaften Erlebnissen und Schwierigkeiten, häufig am Rande unserer Kräfte. Und dann gesagt zu bekommen, dass wir vielleicht nur noch nicht richtig gebetet oder etwas übersehen hätten?

Was uns wirklich hilft, sind die Menschen, die das Leid zulassen und mit uns unsere Ohnmacht aushalten. Wie eine Bekannte, die mir sagte: „Es tut mir so leid. Ich habe erst vor kurzem erfahren, dass auch Andrina Magersucht hat und im Spital ist, sonst wäre ich schon lange auf euch zugekommen. Wie geht es dir, Ursula?" Das war Balsam für meine Seele: Da wollte jemand wissen, wie es mir zumute war und wie ich mit der Situation umging. Noch so gern schüttete ich ihr mein Herz aus.

Oder eine Seelsorgerin gehört zu diesen Menschen. Ich schrieb ihr einmal aus lauter Verzweiflung eine Mail: „Es will und will bei Andrina nicht vorwärtsgehen. Es fällt mir immer schwerer, zu vertrauen und auszuharren. Letzte Woche bekamen wir so viele liebe, gut gemeinte Ratschläge. Ich mag nichts mehr hören! Ich merke mehr und mehr, dass es für unsere Umwelt schwer auszuhalten ist, dass es scheinbar nicht vorwärts geht. So, jetzt hani dä Chratte gläärt! Danke fürs Zuälose!"

Ihre Antwort kam postwendend: „Es ist so: Die ‚Umwelt' – auch die christliche! – kann Leiden kaum aushalten. Wir sind leidensscheu. Auch mit-leidensscheu! Ich bitte für dich, dass Gott dir immer wieder Kraft zum Vertrauen und Hoffen gibt, und dass er selbst euch tröstet, wo Menschen es nicht vermögen."

Unterstützung geben uns auch Menschen, die uns sanft auf den hinweisen, der immer noch alles in der Hand hält. Wie es in einer Mail steht: „Danke für dein Anteilgeben an der Leidensgeschichte deiner Tochter. Ach, es ist eine Leidensgeschichte für die ganze Familie. Was Andrina wirklich fehlt – das weiss letztlich nur Gott. Und er hat ein grosses Herz, ein grosses Herz für alle Bedürftigen, für die, die ihr Leben nicht einfach so im Griff haben."

Da ist auch meine Freundin, zu der ich jederzeit gehen kann, bei der ich erzählen, klagen, schimpfen und lachen kann. Die mir zuhört, mich aushält und mich manchmal einfach in die Arme nimmt oder mit mir betet, wenn ich schon lange nicht mehr beten kann.

Oder ein achtzigjähriger Mann aus unserer Gemeinde, der mich fragte, wie es Andrina gehe, und nach dem Erzählen meine Hand ergriff und mit Tränen in den Augen ganz schlicht sagte: „Wir beten weiter!"

MONTAG, DEN 21. AUGUST 06

Meine Gedanken sind heute Morgen alles andere als positiv. Mein Geburtstag naht. Wieder ohne Andrina. Das schmerzt und macht mich traurig. Ich sehne mich so sehr nach einem Leben in Normalität.

Das Telefon klingelt: „Frau Hofer, ich habe Andrina kurze Zeit im Wohnzimmer aus den Augen gelassen, weil mich ein anderes Mädchen gerufen hatte. Sie hat sich einen Plastiksack über den Kopf gestülpt, aber es ist nichts passiert. Jetzt ist sie im ISO in Sicherheit." Ich muss mich hinsetzen, meine Beine sind ganz schwach.

Ich flüchte in meinen Gemüsegarten, hacke, jäte und tobe mich mit der Stechgabel aus. Die Erde spüren, die Blumen riechen, meinen Körper brauchen, das hilft mir, wieder ruhig zu werden. Ein heftiges Zwiegespräch mit Gott beginnt in meinem Herzen. Am liebsten würde ich ihn anschreien und ihm die Meinung sagen. Aber ich bleibe anständig. Verstehen kann ich die ganze Geschichte schon lange nicht mehr. Heute Morgen habe ich zwar in der Bibel gelesen, dass Gott auch im dunkelsten Tal bei mir ist, dass er mich tröstet. Ich erlebe nur noch dunkles Tal. Von Trost und Gottes Gegenwart spüre ich im Moment überhaupt nichts.

DIENSTAG, DEN 22. AUGUST 06

Mein Geburtstag war wunderschön. David verwöhnte mich beim Frühstück und den Nachmittag verbrachte ich mit lieben Frauen bei Kaffee und Kuchen. Die Grossen schrieben mir liebe Briefchen und auch von Andrina erhielt ich Grüsse.

MITTWOCH, DEN 2. SEPTEMBER 06

Wie erlebten wir die letzten Wochen? Häufig erhielten wir Anrufe, was Andrina wieder gemacht hatte, und als Folge davon wurden unsere Besuche gestrichen. Neuerdings versucht sie abzuhauen und sich vor ein Auto zu werfen.

Manchmal erlebe ich im täglichen Bibellesen, wie ich gestärkt und ermutigt werde, manchmal bleiben nur Fragen. Heute Morgen las ich in der Bibel in einem Brief, den Paulus während seiner Gefangenschaft in Rom geschrieben hatte: „Aber das Versprechen, dass von Abraham ein grosses Volk abstammen werde, gab Gott nicht, weil Abraham die Gesetze erfüllte, sondern weil er Gott unerschütterlich vertraute." (Römer 13,4) Als Abraham diese Verheissung bekam, war er schon fast 100 Jahre alt. Und Gott versprach ihm Nachkommen? Ich staune, dass Abraham ihm trotz dieser Umstände vertraute. Er wurde dafür mit einem Sohn belohnt. Kann ich das auch, an Gottes Hilfe glauben, auch wenn Andrinas Entwicklung dagegen spricht? Möchte Gott unser Vertrauen in jeder Situation?

Beim Frühstücken erzähle ich David, was ich gelesen habe und frage ihn: „Kann es sein, dass Gott erst dann eingreift, wenn wir bereit sind, loszulassen und zu vertrauen?"

Er überlegt und meint: „Dann wäre Gott wie eine Maschine, manipulierbar: Ich füttere die Maschine mit dem richtigen Verhalten und bekomme so das Gewünschte. In unserem Fall hiesse das: Ich lasse los, vertraue und dann greift Gott ein. Passiert nichts oder nicht so, wie ich es mir vorgestellt habe, habe ich halt zu wenig losgelassen. So zu denken, würde mich noch mehr verzweifeln lassen, weil dann Andrinas Heilung von mir abhängig wäre." Dazu kann ich nichts mehr sagen. Er hat recht.

Beim heutigen Elterngespräch wurde besprochen, dass sich Andrina unseren Besuch immer noch mit einem Verhalten ohne Suizidversuche und Selbstverletzungen verdienen muss. Aber neu dürfen wir alleine mit ihr spazieren gehen. Und das Allerschönste: Ich darf sie während meiner Besuche im Zimmer massieren. Nur Andrina und ich! Wie habe ich das Alleinsein mit ihr vermisst! Die Ärztin begründete ihre Entscheidung damit, dass

Andrina sich wieder an ihr Zimmer gewöhnen sollte. Bis jetzt hat sie sich entweder im Wohnzimmer oder im ISO aufgehalten. Das Team wünscht sich auch, dass sich unsere Tochter wieder mehr nach aussen zu orientieren beginnt. Das Eingesperrtsein auf der Station habe ihre sozialen Ängste massiv verstärkt. Da zeigt sich das Dilemma des behandelnden Teams. Auf der einen Seite wollen sie Andrinas Leben beschützen, auf der anderen Seite verstärkte sich so ungewollt ihre Sozialphobie.

Nach dem Gespräch dürfen wir spazieren gehen. Ich bin aufgeregt! Das erste Mal seit vier Monaten sind wir allein mit Andrina unterwegs! Ein Pfleger schliesst die Stationstüre auf. Wir gehen die Treppe hinunter, Andrina in der Mitte. Die Ausgangstüren öffnen sich automatisch. Wieder ein paar Treppenstufen. Jetzt stehen wir vor dem Haus auf dem Gehsteig. In welche Richtung wollen wir losgehen? Da kauert sich Andrina nieder und schlägt die Hände vors Gesicht. „Es geht nicht!", schreit sie panisch. David und ich schauen uns ratlos an. Was ist jetzt passiert? Ist dieser kleine Spaziergang schon eine Überforderung? Wir kauern neben Andrina und reden auf sie ein. Doch sie beruhigt sich nicht. Erst als David sagt: „Komm, wir gehen wieder zurück", steht sie langsam auf. Wie geschlagene Hunde schleichen wir ins Haus und die Treppe hinauf. Der Pfleger empfängt uns mit fragendem Blick. Als wir ihm die Geschichte erzählen, beruhigt er uns und meint: „Das nächste Mal wird es sicher besser gehen."

FREITAG, DEN 22. SEPTEMBER 06

David hat Geburtstag. Ohne sein Wissen habe ich ein paar Freunde eingeladen. Sie werden so zwischen sieben und acht Uhr eintrudeln. Beim Abendessen sind auch Naemi und Marco da. David hat sich Toast Hawaii gewünscht. Ist mir auch recht. Das gibt nicht viel Arbeit. Als alle genug haben, darf das Geburtstagskind die Geschenke auspacken. Marco schenkt ihm ein kleines Segelschiff aus Holz. Mit den Worten: „Ein kleines Dankeschön dafür, dass du mit mir zusammen segeln lernst", überreicht er es ihm. Mit dem Segelkurs hat sich David einen langersehnten Wunsch erfüllt. Bei jedem See, auf dem er weisse Segel entdeckte, sagte er: „Das wäre mein

Traum, so ohne Motor auf dem Wasser dahinzugleiten. Das muss friedlich und erholsam sein."

Naemi überreicht ihm einen Brief und seine Lieblingsschokolade. Andrina hat ihm ein Briefchen geschrieben und Martina hat ihn gerade kurz vor dem Nachtessen angerufen.

Während wir noch gemütlich beisammensitzen, klingelt es an der Tür. Ich schicke David, um zu öffnen. Ein Nachbar steht da, gratuliert ihm und überreicht ihm eine Flasche Wein. Schnell zaubere ich die Bruschette und das Knabberzeug hervor, das ich versteckt hatte, und stelle die Schwarzwälder Torte auf den Wohnzimmertisch. „Wer soll denn das alles essen?", staunt David. Das Klingeln an der Tür gibt ihm Antwort. Sein Schulfreund hat den weitesten Weg unter die Räder genommen, um ihm zu gratulieren. Bald ist die Stube gefüllt mit fröhlichen Männern. Als auch noch der Tierarzt auftaucht, wird mein Mann endlich eine Frage los, die ihm schon lange auf der Zunge brennt: „Christof, stammen wirklich alle Hunde vom Wolf ab?" Alle lachen schallend.

„Klar, das ist so."

„Aber du willst doch nicht behaupten, dass auch ein Rehpinscher denselben Stammbaum hat?"

Christof bleibt bei seiner Überzeugung und David muss sich geschlagen geben.

Es wird spät, bis sich der letzte Freund verabschiedet hat. David umarmt mich und bedankt sich für den schönen Abend: „Das hat so gut getan! Alles Schwere ist für ein paar Stunden völlig in den Hintergrund getreten."

Tunnel ohne Ende

MITTWOCH, DEN 4. OKTOBER 06

Andrina hat sich in letzter Zeit bei jedem Besuch und bei jedem Anruf beklagt, dass sie es im Zentrum nicht mehr aushält. Uns geht es genau gleich. Wir überlegen uns sogar, ob wir sie nach Hause nehmen sollen. Wir haben auch unsere Freunde gebeten, dass sie für die richtige Entscheidung beten. Erstens ist es wichtig, dass Andrina wirklich will, zweitens, dass auch die Verantwortlichen im Zentrum einverstanden sind und drittens, dass Andrinas ehemalige Psychologin bereit ist, sie ambulant zu betreuen. Ich bin hin und her gerissen, da ich noch nicht abschätzen kann, was das für mich bedeuten würde.

Tatsächlich wird unser Anliegen in Zürich im Gespräch ernst genommen und diskutiert. Je länger das Gespräch dauert, umso klarer wird mir, dass ich mit Andrina zu Hause sehr schnell überfordert wäre. Neben ihren Essproblemen bestehen ja auch noch die grossen Ängste. Und doch wäre es so schön, Andrina wieder zu Hause zu haben, sie am Abend ins Bett zu bringen und mit ihr zu beten. Ob sie das überhaupt noch will? Sie ist doch bereits dreizehn Jahre alt. Aber ich möchte so gern Mami sein. Es fällt mir nicht immer leicht, sie den Leuten im Zentrum zu überlassen. Die Ärztin meint, dass es für unsere Tochter noch viel zu früh sei, um auszutreten.

Kaum haben wir das Haus verlassen, überfällt mich David mit Vorwürfen: „Warum hast du nicht mich, sondern die Ärztin unterstützt? Wolltest du es ihnen recht machen? Ich habe mich sehr allein gefühlt."

Seine Worte treffen mich. Während der ganzen Fahrt schweigen wir. Aber meine Gedanken wirbeln herum: Andrina hat ja öfters gesagt, dass sie vor allem nach Hause kommen will, um zu sterben. Würden wir uns nicht ein Leben lang Vorwürfe machen, wenn wirklich etwas geschähe? Bin ich überhaupt bereit, all das Neue, das sich in letzter Zeit bei mir entwickeln konnte, wieder loszulassen? Gewonnene Freiheiten, interessante Aufgaben? Müssen wir die Hoffnung begraben, Andrina noch einmal als Kind zu Hause zu haben? Wird sie erst als junge, selbstständige Frau zurückkommen? Ist es nicht so, dass Andrina endlich selber das Ruder für ihr Leben in die Hand nehmen sollte? Vielleicht wird sie nie mehr ganz gesund und wird lernen müssen, mit dieser Störung zu leben. Kann es sein, dass es Normalität für sie, aber auch für uns, nie mehr geben wird?

DONNERSTAG, DEN 5. OKTOBER 06

Beim Frühstück sprechen David und ich uns aus und versöhnen uns. Er lässt mir einen Brief zurück, den er dem Team schicken möchte. Er bittet mich, ihn zu lesen und – wenn ich dahinterstehen kann – zu unterschreiben.

„Liebes Team,
Ich muss nochmals auf unser Gespräch von heute Nachmittag zurückkommen. Meine Frau und ich haben das Haus zerschlagen und entmutigt verlassen. Beim ersten Teil des Gespräches haben wir uns verstanden und ernst genommen gefühlt. Der zweite Teil mit dem Vertrag war wie eine Ohrfeige. Vor allem die Abmachung, dass Andrina unter Umständen die ganze Zeit im Zimmer eingesperrt bleibt! Ich kann es nicht fassen. Wie soll sie so Fortschritte machen und gesund werden? Wie soll sie so gegen ihre Angststörung oder Sozialphobie kämpfen? Als sie auf der Therapiestation war, konnte ich mit ihr ohne Probleme in der ganzen Stadt herumlaufen. Diese Ängste haben sich während der Wochen des Eingesperrtseins entwickelt.
Immer wieder wird betont, wie wichtig unsere Zusammenarbeit mit Ihnen ist, aber die Verträge sind jeweils fix und fertig ausgearbeitet. Wir kennen unsere Tochter am besten und möchten unsere Erfahrung gerne einbringen. Vor allem beim Überwinden der Angststörung würden wir gerne mithelfen. Wenn Selbstverletzungen weiterhin mit dem Entzug von Besuch bestraft werden und die Spaziergänge ausfallen, werden ihr die Trainingsmöglichkeiten genommen. Unser Vorschlag ist es, genau das Gegenteil zu machen: Egal, wie sie handelt,

sie muss nach draussen! Meine Frau und ich übernehmen gerne Verantwortung für die Spaziergänge, wenn wir zu Besuch sind.
Ich will Andrina nach Hause nehmen, wenn die autoaggressive Phase vorbei ist. Meine Frau ist da etwas zurückhaltender und wünscht sich, dass wir mit kurzen Urlauben beginnen können, sobald Andrina die Eins-zu-eins-Betreuung nicht mehr hat. Oder auch schon vorher. Wir möchten ihr die Gelegenheit bieten, sich langsam wieder einem „normalen" Leben anzunähern, vielleicht sogar wieder Kontakt zu Freundinnen aufzunehmen.
Nochmals zum neuen Vertrag: Warum kann Andrina nicht im Schulzimmer am Unterricht teilnehmen? Bei der Ergotherapie dabei sein oder sonst mehr Gemeinschaft pflegen? Das würde ihr gut tun. So wie die Regeln jetzt sind, würde ich auch suizidal. Ehrlich gesagt, der Vertrag hat mich aus dem Boot geworfen und ich weiss nicht, ob ich es schaffen werde, wieder einzusteigen.

Freundliche Grüsse
David Hofer

Ich unterschreibe und bringe den Brief auf die Post.

MONTAG, DEN 11. OKTOBER 06

Unser Brief hat eine Elefantenrunde ausgelöst: die Oberärztin, die Therapeutin, die Bezugsperson, David und ich und natürlich Andrina. Die Oberärztin nimmt Bezug auf den Brief und drückt ihr Verständnis für unsere Wünsche aus. Sie erklärt uns die Gründe, warum sie als Team so und nicht anders handeln. Noch einmal betont sie, wie wichtig unsere Mitarbeit sei und dass wir bei zukünftigen Planungen mehr einbezogen werden. Sie bittet David, wieder ins Boot zu steigen. Schöne Worte, wir wollen Taten sehen!

Während des Gesprächs kristallisiert sich immer mehr heraus, dass Fortschritte und Genesung von Andrinas Haltung abhängen. Sie muss den ersten Schritt tun und wieder Ja zum Leben sagen. Aber hat unsere Tochter das Gesprochene überhaupt mitbekommen? Teilnahmslos sitzt sie da. Endlich ist die Monsterrunde zu Ende. David und ich gähnen um die Wette, schleichen zum nächsten Restaurant und versuchen uns mit Kaffee aufzuputschen.

Um fünf Uhr können wir Andrina besuchen. Sie sitzt in ihrem Zimmer und streckt uns einen Brief entgegen:

„Liebes Mami, lieber Papi und liebe Geschwister,
Es tut mir leid, dass es so weit kommen muss. Aber ich halte es nicht mehr aus. Bitte, seid nicht traurig, das Leben geht auch ohne mich weiter. Ich habe euch alle unendlich lieb, aber ich mag nicht mehr. Ich will sterben. Andrina"

Ist das ihre Entscheidung? Unsere Tochter will nicht mehr leben. Tiefe Enttäuschung und Traurigkeit breiten sich in mir aus. Wir nehmen Andrina in die Arme und sagen ihr, dass wir sie nicht verlieren wollen. Oder sollten wir besser auf den Tisch hauen und ihr alle Schande sagen? Ich weiss es nicht.

David fährt nach Hause und ich gehe um sieben Uhr noch einmal zu Andrina. Sie weint bitterlich, als ich ihr Zimmer betrete.

„Was ist los, Andrina?", frage ich sie.

„Mami, jetzt ist es schon wieder Herbst und alles ist so schnell vorbeigegangen. Ich habe so viel verpasst!"

„Das stimmt. Das ist so. Komm, wir schreiben auf, was du verpasst hast!"

Eine lange Liste entsteht: Maitliriegentag, Schulreise, Sommerferien am Meer, Baden gehen, Besuche bei Nonna, Geburtstage, Cevilager, Klavierstunden, Markt-Besuch. Beim Aufschreiben merken wir beide, dass sich die meisten Ereignisse jedes Jahr wiederholen. So notieren wir auf einem anderen Blatt, was alles auf sie zukommen wird: „Schau mal, Andrina, was alles auf dich wartet! So vieles wird wieder möglich sein", versuche ich sie zu trösten. „Komm, lass uns das Vergangene beseitigen und uns auf die Zukunft ausrichten." Sie nimmt den ersten Zettel, zerreisst ihn in kleinste Stücke und versenkt sie im Papierkorb. Den anderen hängt sie an die Pinnwand.

Wir spielen noch Rummy. Nach einer Weile schaut sie mich nachdenklich an: „Mami, eigentlich hatte ich schon lange ein Essproblem. Häufig lag ich abends im Bett und habe darüber nachgedacht, was ich alles gegessen hatte. Dann packte mich das schlechte Gewissen, weil es viel zu viel war. Ich fühlte mich megadick." Ich frage sie, wann das Ganze begonnen habe, und gemeinsam finden wir heraus, dass das im Jahr 2002 war.

Auf dem Heimweg studiere ich dem Jahr 2002 nach. Ich weiss, dass wir mit Martina nochmals eine schwierige Zeit erlebt hatten, die in einem erneuten Spitalaufenthalt endete. Ich kam damals mehr und mehr an die Grenzen meiner Kraft, darunter musste vor allem Andrina leiden. Sie war am meisten um mich herum.

Einmal hatten wir Gäste und assen draussen. Die Kinder lieferten sich eine Wasserschlacht. Andrina verschwand im Haus und kehrte im Badeanzug zurück. Ich betrachtete sie und erschrak zutiefst. Andrina war dünn. Die Wirbelsäule, die Schulterknochen, die Rippen, alles stach hervor. Ich hatte nicht gemerkt, dass sie so abgenommen hatte, so war ich von Martinas Geschichte besetzt gewesen. Ich achtete nun auf Andrinas Essverhalten und stellte mit Entsetzen fest, dass sie wirklich nicht viel ass und manche Speisen wegliess, die sie vorher mit Vergnügen verschlungen hatte. Die Vorstellung, nochmals eine magersüchtige Tochter zu haben, erschlug David und mich. Wir suchten Rat bei Martinas Psychologin. Sie riet uns, Andrina viel Aufmerksamkeit zu geben, aber nicht indem wir mit ihr ums Essen kämpfen sollten. Sondern mit ihr spielen, Ausflüge machen, Geschichten erzählen und einfach Zeit mit ihr verbringen. Das nahmen wir uns zu Herzen. Und tatsächlich: Andrinas Essverhalten normalisierte sich und sie hatte bald wieder ein paar Kilos mehr auf den Rippen.

Wenn ich ehrlich zu mir bin, kommen mir verschiedenste Geschichten in den Sinn, die darauf hinwiesen, dass Andrina weiterhin Mühe mit ihrem Gewicht und ihrer Figur hatte. Einmal erhielt sie eine Einladung zu einem Eselsritt. Abends kam sie völlig enttäuscht nach Hause. Sie habe nur auf dem grossen Esel reiten dürfen, für den kleinen sei sie zu schwer und zu gross gewesen. Sie werde nie mehr mitgehen. Damals dachte ich, dass sie einfach übertrieben hatte und dass das doch nicht schlimm war. Für mich war das eine logische Folgerung: gross gleich grosser Esel; klein gleich kleiner Esel. Jetzt weiss ich, dass Andrina in ihren magersüchtigen Gedanken bestätigt wurde: Du bist zu dick. Du bist zu schwer.

Ein anderes Mal besuchten sie mit der Schule das Technorama in Winterthur. Kaum zu Hause, begann Andrina plötzlich zu weinen.

„Was ist los, Andrina?"

„Es gab eine Waage, da konnte man sich daraufstellen und dann sagte die Waage etwas. Bei mir hat sie gesagt, ich solle nicht mehr so viel Süssigkeiten essen."

Ich glaubte mich verhört zu haben und fragte nochmals:

„Wie bitte, was hat die Waage gesagt?"

„Ich bin zu schwer und soll nicht mehr so viel Süssigkeiten essen."

„Was musstest du denn machen?"

„Ich musste meine Grösse angeben, und mich auf die Waage stellen."

„Da ist doch etwas falsch gelaufen und berechnet worden. Andrina, du weisst doch ganz genau, dass du nicht zu schwer und überhaupt nicht dick bist."

Aber all mein Reden nützte nichts. Die Aussage dieser vermaledeiten Waage hatte sich tief in ihr Herz gegraben. Mit eisernem Willen verbot sie sich von diesem Moment an jegliche Süssigkeiten.

Auch die dritte Geschichte hatte mit ihrem Gewicht zu tun. An einem Herbstfest wurde ein Trampolin-Springen angeboten. In einer Vorrichtung, die an Gummiseilen befestigt war, konnten die Kinder auf und ab hüpfen und sich hoch in die Luft schleudern lassen. Etwas, was Andrina sehr gern machte. Bevor sie aufs Trampolin steigen konnte, sollte sie sich auf eine Waage stellen. Der Besitzer wollte ihr das passende Trampolin zuweisen. Andrina erschrak fürchterlich:

„Das machi nöd!"

„Gut, dann gehen wir wieder."

„Aber ich will doch! Kannst du nicht mit dem Mann reden? Du kannst ihm doch mein Gewicht sagen."

„Entweder du stellst dich auf die Waage oder wir gehen."

So ging das eine Weile hin und her. Irgendwann war es mir zu peinlich. Ich begann mit dem Besitzer zu verhandeln. Er war ziemlich genervt, weil wir den ganzen Betrieb aufhielten. Endlich liess sich Andrina wiegen und bald sprang sie quitschfidel auf dem Trampolin auf und ab. Ich stand mit sehr komischen Gefühlen daneben und fragte mich, was das zu bedeuten hatte. Gedanken an eine Magersucht liess ich damals nicht zu. Leider. Vielleicht wäre die Erkrankung zu verhindern gewesen. Ich will mich aber nicht mit dieser schweren Frage belasten und mich mit Schuldgefühlen herumschlagen, die doch nichts – ausser noch mehr Schmerzen – bringen.

MITTWOCH, DEN 18. OKTOBER 06

Ich sitze im Zug nach Zürich. Mein Handy klingelt. Martina! Ich habe schon ziemlich lange nichts mehr von ihr gehört. „Hoi Mami", sagt sie, „willst du das Neuste hören? Ich ziehe zu Cédric ins Toggenburg. Er wohnt dort in einer Wohngemeinschaft mit zwei anderen Männern. Mich nehmen sie auch auf."

Aha, dann ist diese Beziehung nun doch etwas Ernsthaftes!

Wir machen ab, dass wir uns bald wieder einmal treffen, und verabschieden uns. Martina hat sich von uns abgenabelt. Sie geht ihren Weg und steht im Leben. Auch wenn es nicht unbedingt der Weg ist, den wir uns für sie gewünscht hätten. Ein Lehrabbruch ist nicht gerade das Optimale. Aber lieber so, als dass sie vor lauter Stress wieder in die Magersucht geraten wäre.

Mit Andrina kann ich nach dem Zvieri einen Spaziergang machen. Ich bin froh, dass wir wenigstens für ein paar Minuten aus dem Haus kommen. Andrinas Bezugsperson hat mir erzählt, dass Andrina manchmal Anstalten mache, auf die befahrene Strasse zu laufen. Dass das bei den Betreuern vorkommt, kann ich mir vorstellen, aber wenn ich sie an der Hand halte, wird sie das nicht machen. Ich bin doch ihre Mutter. Wir werden einmal ums Quartier laufen. Weil Andrina schweigt, erzähle ich ihr von zu Hause. Vor einem Fussgängerstreifen halten wir einen Moment, weil gerade ein Auto kommt. Durch Andrinas Körper geht ein Ruck. Sie macht einen Schritt auf die Strasse und will sich von meiner Hand losreissen. Die Bremsen des Autos quietschen, der Fahrer hält an und steigt aus. Er ist bleich. Nachdem er festgestellt hat, dass nichts passiert ist, fährt er weiter. Erst jetzt merke ich, dass meine Beine zittern. Hätte ich sie nicht an der Hand gehalten, würde sie unter dem Auto liegen. Diese Vorstellung erschüttert mich bis ins

Mark. Mein Kind will nicht mehr leben! Wie tief muss ihre Verzweiflung sein! Tränen steigen mir in die Augen. Ich nehme Andrina an der Hand und führe sie auf dem schnellsten Weg ins Zentrum zurück. Nachdem ich erzählt habe, was geschehen ist, wird sie ins Isolationszimmer gebracht und mein Besuch ist vorbei. Ich werde verabschiedet. Warum spricht niemand mit mir über das Vorgefallene? Warum kann ich niemandem erzählen, welche Not und Angst Andrinas Handeln in mir ausgelöst hat? Ich fühle mich alleingelassen.

Zwischenhalt: Unsere Tochter lebt

4. DEZEMBER 2014

Eigentlich will ich mit Schreiben weiterfahren. Aber es geht nicht mehr. Meine Hand ist wie gelähmt. Mein Herz auch. Der ganze Schmerz, die Ohnmacht und Hilflosigkeit, die wir während Andrinas Aufenthalt in der Jugendpsychiatrie in Zürich erlebt haben, steigt wieder in mir hoch. Es war ja damals im Oktober 2006 noch lange nicht vorbei. Im Ganzen dauerte es sicher anderthalb Jahre, bis unsere Tochter wieder Ja zum Leben sagen konnte. Unsagbar lang waren die Monate, in denen sie nie mehr lachte und nur noch sterben wollte. Wie haben wir das nur ausgehalten?

Jetzt ist Adventszeit. Auf dem Tisch brennt eine Kerze. Die Wohnung ist weihnachtlich geschmückt. Draussen vor dem Fenster bewacht ein Engel aus Ton das Geschehen auf der Strasse. Ein anderer schwebt mit zufriedenem Lächeln in der Küche und ruft jedem zu: „Schau mal den schönen Stern an, den ich in meinen Händen halte!" Damals vor acht Jahren herrschte nur noch Dunkelheit. Andrinas Zustand hatte sich mehr und mehr verschlimmert. Sie begann sich zu ritzen. Nein, nicht ritzen: Sie schnitt sich zum Teil so tief, dass man die Pulsadern pochen sah. Immer wieder musste sie ins Spital, um die Wunden nähen zu lassen. Nicht nur wir waren ohnmächtig, auch das ganze Behandlungsteam wusste nicht mehr weiter. Jetzt im Rückblick erkenne ich erst, wie verzweifelt sie versuchten, Andrina zu helfen. Mit verschiedenen Verhaltenstherapien, Behandlungsverträgen, Abmachungen, Ermutigungen, Bestrafungen und so weiter. Sie hofften auf Medikamente und mussten auch dort frustriert feststellen, dass die Nebenwirkungen oft stärker waren als die positiven.

Eine Freundin schlug mir damals vor, ein schwarzes Blatt aufzuhängen und immer, wenn bei Andrina auch nur der Hauch einer Besserung zu erkennen sei, einen goldenen Stern aufzukleben. Wir beherzigten ihren Ratschlag, und tatsächlich war das schwarze Blatt an Weihnachten mit Sternen übersät und weckte Hoffnung in unseren Herzen.

Und jetzt? Acht Jahre später? Bald ist es Mittag und Andrina wird zur Tür hereinkommen, die Arbeitskleidung ausziehen und sich an den Tisch setzen. Eine hübsche, junge Frau wird mir gegenüber sitzen und von ihren Erlebnissen erzählen. Manchmal sage ich scherzhaft zu ihr: „Hallo, Wunder!" So erleben wir die Tatsache, dass sie noch lebt, dass sie nun die Magersucht im Griff hat, dass sie eine Ausbildung machen kann; und dass sie wieder lacht und fröhlich ist. Wer hätte das vor acht Jahren für möglich gehalten? Je länger ich von der Gegenwart erzähle, umso mehr beseelt mich der Wunsch, unsere Geschichte weiterzuerzählen.

Andrina lacht wieder

SONNTAG, DEN 25. FEBRUAR 2007

Fast drei Monate sind vergangen, seitdem ich das letzte Mal Tagebuch geschrieben habe. Andrina ist seit Anfang Februar auf einer anderen Station. Die Betreuer der Station 1 kamen so an die Grenzen ihrer Kräfte, dass Andrina wechseln musste. Als Abschluss gab es ein Familiengespräch. Tatsächlich fanden wir einen Termin, an dem alle unsere Kinder kommen konnten. Die Ärztin begrüsste uns und erklärte, wie das Gespräch ablaufen werde.

Zuerst mussten wir uns alle so hinstellen, wie wir Andrinas Krankheit und unsere Situation bis jetzt erlebt hatten.

David begann. Er schaute suchend im Raum herum und stellte sich dann an die Wand, die Andrina gegenüber lag. Einen Arm trug er so, als hätte er ihn in einer Schlinge. „Ich fühle mich behindert", sagte er. „Aber ich habe mich daran gewöhnt. Ich merke es gar nicht mehr." Martina lehnte sich an eine andere Wand und fragte mich, ob sie meine Brille haben könne. Sie setzte sie auf die Nase und sagte: „Ich sehe das Ganze aus Distanz und eher von aussen." Marco hatte seine Jacke über die eine Schulter gehängt. Er versuche sich gegen die Krankheit abzugrenzen. Vieles verstehe er nicht.

Naemi schloss sich ihm an und erklärte, dass es ihr ähnlich gehe. Sie nahm ihren Rucksack, stellte ihn neben sich und sagte: „Das ist mein eigenes Leben, das trotz allem weitergeht." Auch ich musste mich hinstellen. Wie sollte ich meine Gefühle und mein Erleben zum Ausdruck bringen? Auf der einen Seite war da meine Ohnmacht in Bezug auf Andrinas Zustand, auf der anderen Seite hatte ich auch gelernt, mein eigenes Leben weiterzuführen und mich nicht nur von der Krankheit dirigieren zu lassen. Ich stellte mich mit ausgebreiteten Armen hin. Das sollte meine Ohnmacht zeigen. In eine Hand nahm ich eine Blume, als Zeichen für mein eigenes Leben.

Zuletzt kam Andrina an die Reihe. Sie kauerte sich in der Mitte hin, versteckte das Gesicht in den Händen und schaute zwischen den Fingern hindurch. „Ich habe Angst", sagte sie kaum hörbar. „Aber wenn ich aufblicke, kann ich meine Eltern und Geschwister sehen."

Es erstaunte mich, wie präzise unsere Kinder ihre Situation und ihre Gefühle darstellen und zeigen konnten. Besonders bei Martina war ich erleichtert, dass sie sich von Andrinas Magersucht distanzierte. Aber auch, dass Naemi und Marco doch noch ein eigenes Leben führen konnten, erleichterte mich. Die Ärztin nahm unsere Aufstellung kommentarlos zur Kenntnis.

Jetzt musste Andrina uns als Familie aufstellen. Sie überlegte eine Weile. Dann nahm sie meine Hand, zog mich hoch, führte mich zwei, drei Schritte in den Raum und liess mich dort stehen. Marco und Naemi stellte sie neben mich. Martina wurde etwas ausserhalb der Familie platziert. Andrina schaute den Papi an, dann uns, und schliesslich führte sie ihn neben mich und hiess ihn, mir den Arm um die Schulter zu legen. Andrina stellte sich am Schluss zwischen mich und Marco.

Die Ärztin: „Wie fühlen Sie sich? Ist es Ihnen wohl auf Ihrem Platz?"

David meinte, dass es ihm so gut gehe.

„Ich fühle mich auch wohl", sagte ich.

Marco machte einen Schritt von Andrina weg und sagte mit Tränen in den Augen: „Mir ist es so zu eng. Ich muss herumlaufen können und mich nach dem, was draussen läuft, orientieren." Die Ärztin befreite ihn mit den Worten, er dürfe und müsse sich diese Freiheit nehmen. Er lief zu Martina und sagte: „Ich ha di gern!" Das Gleiche machte er bei Naemi und Andrina. Uns schaute er nur kurz an und sagte: „Eu hani sowieso gern."

Naemi meinte, dass sie schon das Bedürfnis hätte, die Familie wieder einmal zusammen zu erleben, so wie jetzt gerade. Aber nicht andauernd, sondern einfach hie und da. Ich verstand ihren Wunsch gut. Sie war ein Jahr lang in Amerika gewesen, und kaum war sie zurückgekehrt, hatte die Familie sich aufgelöst.

Auf Naemis Worte hin ermutigte uns die Ärztin, dass wir uns umarmen sollten. Jetzt liefen die Tränen. Plötzlich sprengte Andrina den Kreis, lief weg und rief: „Ich will sterben, dann nerve ich niemanden mehr!"

„Oh, Andrina", sagte ich, „lieber ä Andrina, wo nervt, als ä toti!" Alle, ausser Andrina, lachten laut heraus.

Mir hat das Familiengespräch gut getan. Zu hören, was unsere grossen Kinder zur Situation dachten, war befreiend.

Andrina zu besuchen fällt mir leichter, seitdem sie die Station gewechselt hat. Die Atmosphäre ist dort heiterer. Auch die Betreuer strömen mehr Lebensfreude aus. Oder haben sie einfach noch mehr Hoffnung und Zuversicht in Bezug auf Andrina?

Sie darf nun in Begleitung im Mehrzweckraum Zeit verbringen. Sie kann dort Einrad fahren, Ball und Pingpong und sogar Klavier spielen. Wir können auch unseren Kater mitbringen. Nicht nur Andrina, alle Jugendlichen haben Freude an seinem zutraulichen Wesen.

MITTWOCH, DEN 28. FEBRUAR 07

Heute findet noch die Auswertung des Familiengesprächs mit der Ärztin statt. Sie zeigt uns zwei, drei Ausschnitte aus dem Film. Dann fragt sie David: „Haben Sie auch bemerkt, dass Sie zuletzt an die Reihe kamen bei der Familienaufstellung? Und dann standen Sie so, dass Andrina Sie nicht deutlich sehen konnte. Ich frage mich, ob wir das nicht ins reale Leben übertragen könnten? In dem Sinne, dass Andrina Sie auch da nicht klar erkennt und Mühe hat, Ihre Haltung zu verstehen?"

David sagt nicht viel dazu, aber ich sehe seiner Miene an, dass ihn diese Aussage nervt. Aber ich bekomme auch noch meinen Teil ab. Ich hätte bei der ersten Aufgabe gezaudert. Sie habe den Eindruck bekommen, dass wir Eltern generell eher Mühe hätten, uns zu entscheiden.

„Wie treffen Sie sonst Ihre Entscheidungen? Können Sie mir das beschreiben?", fragt sie.

„Wenn einer von uns eine Idee hat oder Anfragen an uns gerichtet werden, reden wir darüber, wägen das Für und Dagegen ab und entscheiden uns irgendwann. Es kann genauso vorkommen, dass wir völlig impulsiv handeln und erst nachher genauer überlegen", sage ich.

„Da kann ich mir vorstellen, dass das für Andrina und die anderen Kinder nicht immer einfach ist. Impulsive Entscheidungen verunsichern Kinder, weil sie nicht wissen, was kommt und ob das Abgemachte gilt!"

Da muss ich ihr recht geben.

„Gibt es auch Situationen, in denen es für Sie schwirig wurde, eine Entscheidung zu treffen?", fragt sie weiter. Es bleibt still.

Dann getraue ich mich zu sagen: „Schwierigkeiten tauchen vor allem in Bezug auf unsere Kinder auf. Da haben wir öfters verschiedene Meinungen und das führt zu Spannungen. Im Moment besonders bei Situationen, die Andrina betreffen. David fühlt sich dann von mir im Stich gelassen, wenn ich ihn nicht unterstütze, und ich fühle mich im Gegenzug mit meinen Gedanken nicht ernst genommen."

Davids Gesicht verfinstert sich, aber er entgegnet nichts.

„Ich denke, es wäre gut, wenn Sie in nächster Zeit beobachten, wie Sie Entscheidungen treffen und wie der Prozess verläuft. Dann können Sie mit dem neuen Therapeuten weiter darüber reden."

Kaum sind wir im Auto, fährt mich David an: „Warum hast du mich blossgestellt vor der Ärztin?"

„Oh, das wollte ich nicht. Ich war doch einfach ehrlich."

„Immer diese Frauenherrschaft! Ich habe es so satt. Ich freue mich, dass der neue Therapeut ein Mann ist!"

DIENSTAG, DEN 6. MÄRZ 07

Ich habe mich an meinen Rückzugsort geflüchtet. Hier im Haus der Stille auf dem Sternenberg kann ich wieder zur Ruhe kommen. Am meisten beschäftigt mich, dass ich mich nicht mehr an Gottes Verheissungen festhalten kann und mir das Lesen in der Bibel nichts mehr sagt. Das macht die Tage schwer und hoffnungslos. Heute werde ich noch ein Gespräch mit einer Seelsorgerin haben. Sie kennt mich schon seit sechs Jahren und hat auch die schwere Zeit mit Martina erlebt. Bei ihr kann ich mir alles von der Seele reden. Ich erzähle ihr von meiner Müdigkeit, dass mir alles schwer fällt und ich manchmal kaum mehr aufstehen mag. Auch, dass Gott weit entfernt ist. Sie tröstet mich und meint: „Für dich ist Gott weit entfernt und du kannst vielleicht im Moment nicht mehr glauben, aber er ist dir dafür umso näher, auch wenn du nichts spürst. Das hat er uns versprochen. Erzähl ihm einfach alles. Auch von deinen Sehnsüchten. Wegen deiner Müdigkeit wäre es vielleicht gut, wenn du dir überlegst, welches in deinem Leben die Energiefresser und welches die Energiespender sind. Damit du da eine gesunde Balance finden kannst."

Ich nehme mir vor, auf dem Spaziergang darüber nachzudenken. Es fällt mir gar nicht schwer, die Energiefresser aufzuzählen: Telefonate mit Andrina, Besuche und Gespräche in Zürich, Schule halten, Begegnungen mit Familien mit gesunden Mädchen, Unstimmigkeiten mit David, Selbstmitleid und Schuldgefühle.

Bei den Energiespendern muss ich zuerst einen Moment studieren, dann flutscht es nur noch so: Tagebuch schreiben, mit dem Hund meiner Freundin spazieren gehen, singen, allein sein, lesen, einen Film schauen, genügend schlafen, Zeit mit David oder meiner Freundin verbringen, einen guten Kaffee oder Tee trinken oder in der Natur spazieren gehen. Während ich dem schmalen Weg folge und in der Ferne die Berge bestaune, steigt in mir ein Gefühl auf, das so gar nicht zu dieser friedlichen Stimmung passt: Wut! Wut auf Andrina, Wut auf ihr ewiges Sterben-Wollen, Wut auf die zermürbenden Telefongespräche, Wut, dass sie sich einfach nicht helfen lassen will! Wut, dass ich mich immer wieder einschränken muss. Wow, tut das gut! Hinter der Wut kommt Kraft zum Vorschein. Energie, um weiterzugehen, aber auch Kraft, um Andrina loszulassen und mich von ihr abzugrenzen. Sie muss selber wieder Ja zum Leben sagen. Das kann ich ihr nicht abnehmen.

Ich gerate ins Träumen, was ich gerne machen würde, wenn ich die Zeit und Kraft dazu hätte: Ich möchte Vorträge über verschiedene Themen halten, ein Buch schreiben, eine Beraterausbildung machen oder Psychologie studieren, vielleicht sogar wieder eine erste Primarklasse übernehmen. Diese Gedanken sind wie ein wohlriechendes Bad, erholsam und entspannend, und ich merke, dass es wirklich noch ein Leben neben unserer Tochter geben muss und kann.

FREITAG, DEN 9. MÄRZ 07

Die Tage auf dem Sternenberg haben mir geholfen wieder ins Lot zu kommen. So macht es mir heute nichts aus, dass schon wieder ein Gespräch in Zürich ansteht. Auch die Oberärztin ist dieses Mal anwesend. Was hat das wohl zu bedeuten? Sie überrascht uns: „Sie werden Andrina für zwei Stunden nach Hause nehmen können. Vielleicht schon an Ostern."

Wir sind sprachlos.

„Doch Sie und Ihre Frau werden mit Andrina trainieren müssen. Als ersten Schritt werden Sie beim nächsten Besuch zwei Stunden mit Andrina ohne Betreuer im Mehrzweckraum verbringen. Dann mit ihr auf den Basketballplatz gehen. Sie sollen im Umgang mit Andrina auch ausserhalb des geschützten Rahmens sicher werden."

Wir sagen zu all ihren Forderungen bereitwillig Ja. Alles, was dazu dient, Andrina endlich wieder einmal nach Hause nehmen zu können, ist uns recht.

Nachher bleiben wir noch eine Weile bei unserer Tochter. Wir machen ein Spiel. Nicht mehr Rummy. Wir konnten es durch „Sechs nimmt" ersetzen. Ich werde x-mal von ihr reingelegt und muss viele Karten auf die Hand nehmen. Was sehe ich da? War das ein Lächeln auf ihrem Gesicht? Nein, ich habe mich sicher getäuscht. Seit bald einem Jahr haben wir sie nicht mehr lachen gesehen. Schon wieder! Ihre Mundwinkel zucken, aber sofort verbirgt sie den Mund hinter der Hand. Aber ich habe es gesehen! Mir genügt das. Es ist, als wenn ich nach einer unendlich langen Fahrt durch einen Tunnel ganz weit vorne einen Lichtschimmer sehen würde. Wie einen kostbaren Schatz berge ich das Lächeln in meinem Herzen. Hoffnung beginnt zu keimen.

Das erste Mal zu Hause

SAMSTAG, DEN 24. MÄRZ 07

Bald nach dem Familiengespräch im Februar ist Martina nach Marokko abgereist. Mutterseelenallein. Und das als junge Frau! Ich habe Angst um sie. Aber sie ist 21 Jahre alt, erwachsen und lässt sich nichts mehr sagen. Wieder heisst es loslassen. Unendlich gross ist meine Erleichterung, als die erste Mail eintrifft. Martina schreibt von Fez, der Hauptstadt, vom Gewimmel der Menschen, vom Meer und von den Bergen. Die Marokkaner seien freundlich und offen. Überall werde sie zu einem Pfefferminztee eingeladen. Auch das Essen ohne Besteck sei cool. Sie nehmen das Fladenbrot, brechen ein Stück ab und schaufeln damit das Essen in den Mund. Neben der Freude, etwas von Martina zu hören, sind meine Gefühle eher zwiespältig. Ich muss sie fragen, wie sich die Männer in Marokko ihr gegenüber verhalten, wenn sie allein durch die Gegend gondelt.

Heute startet der erste Versuch, dass wir ohne Betreuer mit Andrina allein sein können. Naemi und Marco sind auch mitgekommen. Einen Stock höher können wir in einem gemütlich eingerichteten Raum Spiele machen, erzählen, lachen und das Zusammensein geniessen. Alle, ausser Andrina. Ihre Anspannung steigt und steigt. Sie kann sich kaum mehr konzentrieren. Ihre Gesichtszüge erstarren und ihre Haltung wird immer verkrampfter. Zwei-, dreimal steht sie auf und will zur Tür hinauslaufen, sich die Treppe hinunterstürzen. Wir versuchen alles, um sie zu beruhigen. Es kann doch nicht sein, dass unser erstes Alleinsein mit ihr scheitert! Nach einer halben Stunde geben wir auf. David und Naemi begleiten Andrina auf die Station zurück und Marco hilft mir aufzuräumen. Ich bin so frustriert. „Sollen wir zusammen beten, dass es doch noch ein gelungener Nachmittag wird?", frage ich Marco. „Ja", sagt er.

Auf der Station entspannt sich Andrina wieder. Dann spielen wir halt hier noch etwas. David hat die Idee, dass wir ohne Betreuer in den Mehrzweckraum gehen könnten. Es braucht ziemlich viel, bis wir eine Zusage erhalten. Zu viert werden wir doch Andrina unter Kontrolle haben!

Im Raum stellen wir den Pingpongtisch auf und machen einen Rundlauf. Wer ins Leere spielt, scheidet aus. Die letzten zwei machen unter sich den Sieger aus. Ich scheide natürlich als Erste aus. Lautes Lachen erfüllt den Raum. Auch Andrina wird davon angesteckt. Es bricht einfach aus ihr heraus. Doch sofort verbirgt sie ihr Gesicht in den Händen. Aber es nützt nichts. Das Lachen ist stärker. Immer wieder perlt es hervor. Ich kann mich an ihr nicht sattsehen. Andrina selber hat grosse Mühe damit und sagt immer wieder: „Das bin nicht ich. Mir geht es doch verschissen." Marco, Naemi und David laufen zur Höchstform auf. Wer schafft es, Andrina nochmals ein Lachen zu entlocken?

Als wir wieder auf die Station zurückkehren, ist die lachende Andrina auf einen Schlag verschwunden. Aber wir schwatzen auf dem Heimweg wild durcheinander: Andrina hat gelacht!

DIENSTAG, DEN 27. MÄRZ 07

Nach diesem fröhlichen Ereignis brachte David zwei Tage später ein Briefchen von Andrina mit: „Liebe Familie, es stimmt überhaupt nicht, dass es mir besser geht, nur weil mir das Lachen rausgerutscht ist, was eigentlich gar nicht sein sollte. Ich will sterben und werde jetzt auch nie wieder lachen. Ich hasse mich. Ich hasse diese Welt. Ich halte es nicht mehr aus auf dieser Welt. Warum lasst ihr mich nicht endlich sterben?" Auf der einen Seite erschreckt mich Andrinas Todeswunsch, aber auf der anderen Seite haben wir durch ihr Lachen so viel Hoffnung auf Besserung geschöpft, dass wir die Botschaft nicht ernst nehmen können.

Die Trainingsbesuche bei ihr sind weiterhin anstrengend. Es scheint, als wolle sie alles daransetzen, um einen Besuch zu Hause zu verhindern. Manchmal kommt sie in so starke Spannungszustände, dass sie nichts anderes mehr weiss, als Türen und Kästen zu malträtieren. Manchmal auch die Schienbeine der Betreuer. Wenn sie sich gar nicht mehr beruhigen kann, muss sie ins Isolationszimmer. Erstaunlicherweise löst sich ihre Spannung dort schnell. Wir haben mit dem Behandlungsteam entschieden, den Besuch zu Hause noch etwas zu verschieben. So macht es keinen Sinn.

Letztes Jahr haben David und Marco zu segeln begonnen. Häufig übten sie im Wohnzimmer mit Polstersesseln, Besenstielen und Tüchern die verschiedenen Segelbegriffe und Techniken. Gestern haben sie die praktische Segelprüfung auf Anhieb geschafft.

Naemi und ich sind heute zu einer Jungfernfahrt eingeladen. Ich freue mich auf das Abenteuer. Das Boot liegt in einem Hafen auf dem Untersee. David und Marco müssen es zuerst von der Blache befreien. Erst jetzt dürfen auch Naemi und ich zusteigen. Auf die Rettungswesten verzichten wir, da die Sonne vom Himmel strahlt. David manövriert das Schiff mit Motorkraft aus dem Hafen. Erst jetzt werden die Segel gesetzt. Jedem Akt geht eine kurze Diskussion zwischen den zwei Seglern voraus. Naemi und ich blinzeln uns zu. So sicher scheinen sich die Anfänger noch nicht zu sein. Wir kreuzen auf dem See hin und her. Marco demonstriert eine Wende, David eine Halse, und als Höhepunkt natürlich eine Mann-über-Bord-Rettung. Aber ganz ehrlich, der Ertrinkende wäre bei diesem Tempo schon lange untergegangen.

Nach einer Stunde bemerkt Naemi, dass wir fast die einzigen sind, die noch auf dem See herumfahren. Gegen Stein am Rhein hat es ein paar dunkle Wolken, doch die sind weit entfernt und beunruhigen uns nicht weiter. Noch eine Wende, noch eine Halse. Der Wind frischt auf. Die Wellen werden stärker und tragen Schaumkronen. Wir beschliessen, Richtung Hafen zu fahren. Fast haben wir es geschafft, da beginnt es auf einen Schlag zu stürmen. Die Segel flattern, das Boot schwankt hin und her und der Regen prasselt wie ein Sturzbach aufs Deck. „Marco", ruft David, „sofort die Segel reffen! Ursula und Naemi, geht in die Kabine, schnell!" Aus seiner Stimme höre ich Panik. Durch die Luke sehe ich, wie Marco nach vorne klettert und den hin und her schlagenden Baum festhält. David hält mit der einen Hand das Ruder und versucht mit der anderen, das Segel herunterzulassen. Marco rafft es notdürftig zusammen und bindet es fest. „Papa, wirf den Motor an!", ruft er mit ruhiger Stimme. Überhaupt steht er wie ein Fels auf dem Vorderdeck. Von Angst keine Spur. Endlich ertönt das Tuckern des Motors und wir fahren Richtung Hafen. Kaum haben wir angelegt, hört der Sturm schlagartig auf. Naemi und ich klettern aus der Kabine, etwas bleich um die Nase. Die beiden Männer sind tropfnass, aber sehr erleichtert, dass nichts passiert ist. Jetzt ist uns klar, warum wir plötzlich alleine auf dem See waren! Wir Anfänger hatten die dunklen Wolken falsch eingeschätzt. Im nächsten Restaurant verdauen wir die Jungfernfahrt bei einer Tasse heisser Schokolade.

DONNERSTAG, DEN 12. APRIL 07

Ostern ist vorbei. Das waren schwierige Tage: Andrina besuchen, Basketball spielen gehen, sie läuft davon, wieder auf die Station zurückkehren, frustriert nach Hause fahren. David ist so müde und enttäuscht. Ich auch. Bei jedem Familiengespräch sitzt Andrina wie ein „Chrugeli" da und spricht kaum. Warum darf es ihr nicht besser gehen? Warum wehrt sie sich gegen jede positive Veränderung? Das ist einfach unverständlich und kaum zum Aushalten. Ich habe so die Nase voll und möchte endlich wieder ein normales Leben mit vier gesunden Kindern führen können.

Heute Morgen sagte ich zu David, dass ich mich frage, wo all unsere Gebete gelandet sind. Gott greife einfach nicht ein.

„Aha", sagte er, „merkst du auch langsam, dass unser Glaube nur eine Illusion ist?" Diese Antwort habe ich nicht erwartet. Eigentlich wünschte ich mir, dass er sagen würde: „Nicht aufgeben, Ursula, vertrau nur weiter. Gott wird handeln, wenn es Zeit ist!"

Am gleichen Tag erhalte ich von einer Bekannten eine SMS mit dem Bibelspruch: „Wirf dein Vertrauen nicht weg. Es wird sich erfüllen, worauf du hoffst." (Hebräer 10,35) Ich will es versuchen.

SONNTAG, DEN 15. APRIL 07

Endlich, nach mehr als drei Wochen, ist wieder eine Mail von Martina gekommen: „Assalamu alaikum, Mama und Papa! Danke für euer Mail und Erzählen, was in der Schweiz alles los ist. Ich bin jetzt in den Bergen und geniesse es sehr. Ich kann bei der Familie eines Marokkaners wohnen, den ich kennengelernt habe. Sie sind Moslems und nehmen es recht genau mit ihrem Glauben. Ich lerne viel über das Land und die Leute. Der Mann zeigt mir interessante Orte. Wenn ich mit ihm allein unterwegs bin, bemerke ich schon, dass mich die Einheimischen schief anschauen. Eigentlich darf man sich als Frau erst mit einem Mann in der Öffentlichkeit zeigen, wenn man verheiratet ist. Du hast mich ja gefragt, Mama, wie das so für mich als Frau ist. Frauen, die alleine herumziehen, werden oft angesprochen und als leichte Beute angesehen. Aber ich sage dann immer ganz klar, was geht und was nicht.

Der Marokkaner hat mir ein Jembee, eine Trommel, verkauft. Das habe ich mir schon so lange gewünscht. Jetzt lerne ich auch noch richtig trommeln. Er hat mich auch zu einer Berberfamilie mitgenommen, die am Rande der Sahara lebt. Sie leben ohne Strom und fliessendes Wasser. Jetzt ist es von der Temperatur her angenehm, Frühling. Die Blumen wachsen, die Vögel singen. Im Sommer soll es aber bis zu 50° heiss werden. Mit den Berbern zusammen habe ich eine Tour auf Kamelen in die nahe liegende Wüste gemacht. Geschlafen haben wir zwischen zwei Dünen in einem Zelt. Ihr könnt euch nicht vorstellen, wie eindrücklich das war! Es war einfach still. Kein Auto, kein Flugzeug, keine Menschenstimme! Ich musste die Augen wieder aufmachen, weil ich plötzlich unsicher war, ob es nicht nur ein Traum ist. Jetzt bin ich doch schon fünf Wochen hier. Bei den Marokkanern ist die Familie das Wichtigste. Es wird mir so richtig bewusst, dass ich auch eine Familie habe und dass sie mir sehr wichtig ist. Besonders euch und natürlich Cédric vermisse ich und ich freue mich aufs Wiedersehen! Aber jetzt geniesse ich die restliche Zeit hier in Marokko. Ich lasse mich treiben und bin gespannt, was ich noch alles erleben werde. Bis bald, eure Martina."

Solch eine Mail ist sehr beruhigend für Mütter- und Vaterherzen!

SAMSTAG, DEN 19. MAI 07

Zwei Monate sind vergangen, seitdem uns versprochen wurde, dass wir Andrina für zwei Stunden nach Hause nehmen können. Heute ist es endlich so weit! Alles wurde geplant:

Naemi, Marco, David und ich werden Andrina abholen.

Im Auto sitzt Andrina hinten in der Mitte.
Das Auto hat eine Kindersicherung.
Zu Hause wird Andrina ins Haus begleitet.
Die Türen werden abgeschlossen.
Sie wird keinen Moment allein gelassen.
Im obersten Stock lassen wir die Rollladen hinunter. (Damit sie sich nicht aus dem Fenster stürzen kann.)
Scharfe Gegenstände lassen wir verschwinden.
Andrina wird ihr Zimmer und das ganze Haus besichtigen.
Treten Spannungen auf, kann sie die Katzen streicheln.
Sie kann Klavier spielen mit Naemi.
Wir haben Beruhigungstee.
Sie kann mit Marco raufen.
Wird es ganz schlimm, gehen wir in den Wald.
Im allerschlimmsten Fall brechen wir die Übung ab und fahren zurück.

Wir versuchen nichts zu erwarten und keinen Druck auf Andrina auszuüben. Alle unsere Freunde sind alarmiert und beten für uns und Andrina um Schutz und Bewahrung.

Als wir ins Zimmer kommen, sitzt Andrina auf dem Bett und umklammert ihre Beine. Sie schluchzt: „Ich will nicht! Das geht sowieso nicht! Und dann seid ihr enttäuscht und traurig."

Ich werde energisch: „Jetzt ziehst du deine Schuhe an!" Sie macht es. Bis auf ein paar halbpatzige Ausbruchsversuche bringen wir sie ohne Probleme zum Auto. Noch zwei-, dreimal während der Autofahrt will sie zurückkehren.

Wir sind angekommen. Nach zwölf Monaten sieht Andrina zum ersten Mal ihr Zuhause. Das muss ganz besonders sein! Naemi hat ein Willkommensplakat gemalt. „Oh!", sagt Andrina tief berührt.

Sie will etwas trinken. Marco gibt ihr ein Glas Wasser. Schon klirrt es. Tausend Splitter fliegen durch die Küche. Sofort führen wir Andrina ins Wohnzimmer. „Es geht nicht. Ich will gar nichts mehr sehen. Ich will zurück!", jammert sie. Mit Engelsgeduld und viel Zureden können wir sie beruhigen. Also ihr Zimmer sollte sie sich schon noch anschauen. Auch die Hasen und Marcos Mäuse.

Nimmt Andrina überhaupt etwas wahr? Oder sind ihre Sinne durch die grosse Anspannung wie verschleiert? Nach weniger als einer Stunde brechen wir die Übung ab und steigen wieder ins Auto. Ich sitze bei Andrina. Sie hält meine Hand. Ohne Zwischenfall kommen wir in Zürich an und liefern unsere Tochter ab. Auf dem Nachhauseweg sind wir alle müde und erschöpft. 200 Kilometer Fahrt für einen Besuch zu Hause von sage und schreibe 50 Minuten! Nicht schlecht!

Schuldig oder nicht schuldig?

SONNTAG, DEN 20. MAI 07

Dass Andrina zu Hause war, hat uns alle ermutigt und wir haben Hoffnung geschöpft. Es geht vorwärts! David ist richtig fröhlich. So habe ich ihn schon lange nicht mehr erlebt. Heute nach dem Gottesdienst haben viele nachgefragt, ob es am Samstag geklappt hat. Das hat mich berührt und gibt mir ein Gefühl von Geborgenheit.

Jetzt bin ich bei Andrina auf Besuch. Ein Häufchen Elend treffe ich an. Andrina beklagt sich:

„Ich bin den ganzen Morgen im Time-out-Zimmer gewesen. Niemand hat mir geholfen. Und ich habe solche Angst vor der neuen Woche. An drei Tagen steht einfach nichts auf meinem Tagesplan. Und wenn ich so viel Freizeit habe, Mami, plagen mich die Stimmen noch viel stärker." Hat sie jetzt auch noch eine Psychose, geht mir durch den Kopf? In einem Tatsachenbericht habe ich einmal so etwas gelesen.

„Welche Stimmen?", frage ich sie.

„Die Magersucht redet mir ein, dass ich zu dick bin und ich mich darum bewegen muss."

„Und was sagt die gesunde Stimme in dir?"

„Die höre ich im Moment fast nicht. Die andere ist so stark."

„Du bist dir schon bewusst, dass beide Stimmen zu dir gehören? Das heisst auch, dass du selber Einfluss nehmen kannst, wenn du willst."

„Ja, ich wäiss es scho, aber es isch so aasträngend!"

Eine Weile lang schweigt Andrina, dann sagt sie: „Mami, meinen jetzt alle, dass es mir gut geht, weil ich gestern zu Hause war? Sie sind so nett zu mir."

Auf dem Nachhauseweg denke ich über Andrinas Aussagen nach und frage später David: „Was kann ich machen? Soll ich einmal einen ganzen Morgen zu ihr gehen, damit sie nicht so allein ist? Warum diese Stimmen? Warum darf sie nicht gesund werden? Wovor hat sie Angst? Vielleicht, überfordert zu werden?" David schaut mich lange an und antwortet: „Schau,

Ursula, wir können Andrina nicht helfen. Sie muss ihren Weg allein finden, sonst lernt sie nie, was für sie wichtig ist. Im letzten Gespräch wurde bestätigt, dass Andrina in den letzten zwei Monaten Fortschritte gemacht hat. Jetzt kann sie den Unterricht im Schulzimmer besuchen; sie ist weniger im Isolationszimmer, sie spricht mehr und deutlicher und kann erzählen, was sie beschäftigt. Versuch doch zu sehen, was ist, und nicht das, was noch fehlt." Davids Worte helfen mir, Andrina loszulassen und mich wieder dem Alltagsgeschäft zuzuwenden.

DONNERSTAG, DEN 28. JUNI 07

Seit meinem letzten Eintrag ist mehr als ein Monat vergangen. Ich bin auf dem Sternenberg und nehme an einem „Stillen Tag" teil. Oh, wäre das wohltuend: Stille! Nur in mir ist es alles andere als still. In mir herrscht Sturm, und die Wellen wogen auf und ab. Wir sollen ganz da sein, meint die Leiterin, die durch den Tag führt. Puh, meine Gedanken sind überall, nur nicht hier. Sie reisen immer wieder nach Zürich zu Andrina und drehen sich um das, was am letzten Wochenende geschehen ist. Andrina für einen Besuch nach Hause zu nehmen, ging inzwischen immer besser. Wir konnten sogar einmal im naheliegenden See baden gehen. Sobald wir dort waren, eroberte Andrina den hölzernen Sprungturm und übte sich im Kopfsprung. Einmal tauchte sie auf und rief: „Mami, bin das wirklich ich, die hier springt, oder träume ich nur?"

Immer häufiger äusserte sie zu Hause den Wunsch, dass sie am liebsten gleich ganz bei uns bleiben möchte. Die Freiheit gefalle ihr so gut. Wir fahren jetzt nur noch zu dritt, um Andrina abzuholen.

Einmal fuhren wir alle zusammen mit den Fahrrädern aufs Feld hinaus. Plötzlich stieg Andrina vom Fahrrad, liess sich ins Gras fallen und begann zu weinen. „Es geht nicht. Ich darf es nicht so schön haben. Ich kann nicht mehr. Ich will überhaupt nicht mehr zurück. Ich will bei euch bleiben!" Ich wusste nicht, was ich sagen sollte. Für David war der Fall klar: „Gut, dann bleibst du da." Wir fuhren zurück. In mir kämpften grosse Zweifel, ob es richtig war, Andrina einfach bei uns zu behalten.

Zu Hause angekommen, telefonierte David mit Zürich und er sagte: „Andrina bleibt hier. Wir bringen sie nicht zurück!" Dann war er eine Weile still. „Doch, es ist so. Sie will bleiben. Das ist das Beste für sie", sagte er und beendete das Gespräch.

Kaum, hatte er den Hörer aufgelegt, rief Andrina: „Nein, Papi, ich will doch zurück!"

Eine heftige Diskussion begann. David blieb bei seiner Meinung. Andrina schrie nur noch. Naemi und Marco hatten sich längst in ihre Zimmer verzogen. Hin und her ging es, bis Andrina entschlossen den Telefonhörer packte, in Zürich anrief und meldete, dass sie doch komme. Jetzt erst gab David nach und wir fuhren sie zurück.

Nach dieser Geschichte wurden wir zu einem Familiengespräch aufgeboten.

Beim Gespräch begrüsste uns die Ärztin und sagte: „Andrina ist sehr durcheinander, und ich höre bei ihren Wünschen stark die Stimme des Vaters heraus. Sie will es Ihnen recht machen. Auch ist es schwierig, wenn Sie als Eltern jeden ihrer Wünsche gleich erfüllen. So verliert Andrina jeden Halt. Dazu kommt, dass sie alles, was ihr Mühe macht, auf die Stimmen in sich schiebt, die ihr verbieten zu leben und nicht zulassen wollen, dass es ihr besser gehen darf. Wenn Sie weiterhin Andrina nach Hause nehmen wollen oder solche Aktionen starten wie letzten Sonntag, müssen wir Ihnen das Sorgerecht entziehen, um Andrinas Leben zu schützen. In unseren Augen ist sie noch weit davon entfernt, wieder bei Ihnen zu Hause zu leben."

Mir wurde es fast schlecht. Hatte ich das richtig verstanden? Das würde ja bedeuten, dass wir als Eltern nichts mehr zu sagen hätten und sie uns Andrina wegnehmen könnten!

David blieb erstaunlich gelassen und begann zu erklären. „Was am Sonntag geschehen ist, war wirklich sehr spontan. Aber Sie müssen uns auch verstehen, unsere Tochter ist schon sehr lange bei Ihnen und als sie so verzweifelt den Wunsch geäussert hat, bei uns zu bleiben, konnte ich einfach nicht anders. Das war wirklich unüberlegt."

Auch über Andrinas Zukunft redeten wir noch. Die Frage tauchte auf, ob ein Wechsel in eine andere psychiatrische Klinik nötig wäre, da das Team langsam an seine Grenzen komme.

„Ein neuer Ort wäre vielleicht eine Chance", sagte David.

Erst dann, nach fast anderthalb Stunden, wurde Andrina zum Gespräch geholt. Sie war in einem totalen Erregungszustand: bleich, die Gesichtszüge verkrampft und die Hände ineinander gekrallt. Die Ärztin fasste unsere Gedanken und Abmachungen zusammen. Als Andrina hörte, dass sie nicht nach Hause kommen musste, atmete sie erlöst auf und entspannte sich.

„Ich habe einfach Angst vor dem Gesundwerden", sagte sie mir nachher beim Besuch, „ich kann doch kein Französisch." Ich musste schmunzeln. Das wäre wohl das kleinste Problem!

So, genug Gedanken gewälzt. Ich möchte meinen stillen Tag auf dem Sternenberg auskosten und gehe an die frische Luft. Draussen vor dem Haus hat jemand ein Labyrinth ins hohe Gras geschnitten. Margeriten und Wiesensalbei blühen, dazwischen vereinzelt ein Mohn. Ich folge dem Weg und werde hin- und hergeführt, bis ich in der Mitte vor einem Kreuz stehe. Ich habe das Bedürfnis, mich anzulehnen. Das Holz ist warm. Ich fühle mich geborgen. Ich stelle mir vor, dass Jesus seine Arme um mich legt. Mir ist, als hörte ich seine Stimme flüstern: „Du darfst müde sein. Du genügst. Lass alles los. Ich halte dich." Tränen laufen mir über die Wangen. Endlich ist es in mir still geworden.

SAMSTAG, DEN 30. JUNI '07

Der Tag vorgestern auf dem Sternenberg hat mir gut getan. Ich bin wieder gelassener und zuversichtlicher. Beim Frühstück sagte David: „Ich habe bei diesen Gesprächen immer eine Zwei am Rücken. Die Behauptung, ich sei mitschuldig an Andrinas Krisen, beleidigt mich. Es denken sowieso alle Leute, dass wir alles falsch gemacht haben. Die eine Tochter hat die Lehre abgebrochen und flippt in der Welt herum, die andere ist schon so lange krank!"

O je, da spricht er Gedanken aus, die ich nur zu gut kenne. Als es bei Martina immer klarer wurde, dass sie in eine Magersucht geraten war, begann ich mich zu fragen, was bei uns schiefgelaufen war. Ich wollte doch eine perfekte Mutter sein und hatte mir bei der Erziehung unserer Kinder solche Mühe gegeben. Ich hatte in Büchern nach der besten Erziehungsmethode geforscht und war doch unsicher. Es kam so weit, dass David mir verbot, diese Bücher zu lesen. Das bringe mich nur durcheinander! Ich solle einfach auf mein Herz hören. Was sagte mein Herz? Vor allem, dass es die anderen alle besser machten als ich. Das half mir auch nicht weiter. Mit der Zeit wurde mir klar, was ich wollte: erstens unsere Kinder gern haben, jedes mit seiner Art; zweitens, ihnen Ehrlichkeit und Achtung gegenüber anderen Menschen wie auch allen Lebewesen vorleben, und drittens, dass sie lernen, Verantwortung für ihr Tun zu übernehmen. Mit jedem Jahr Erziehungserfahrung realisierte ich, dass die Kinder nur die Regeln befolgten, hinter denen ich von ganzem Herzen stehen konnte. Wollte ich Anordnungen durchsetzen, von denen ich nur halbherzig überzeugt war und die auf dem Mist anderer Leute gewachsen waren, merkten es unsere Kinder schnell. So zum Beispiel: „Mami, warum müssen wir plötzlich am Tisch sitzen bleiben? Weil wir Besuch haben?" Peinlich, aber richtig geraten.

Als Martina an Magersucht erkrankte, plagten mich immer wieder die gleichen Fragen: Hätten wir die Krankheit verhindern können? Was haben wir falsch gemacht? Waren wir zu wenig streng? Haben unsere Kinder zu viel Freiheit erhalten? Haben wir sie verwöhnt?

Wie in einem Hamsterrad kam ich mir vor, und als ich nicht mehr weiterwusste, erzählte ich dem Hausarzt davon. Seine Antwort befreite mich ein Stück weit: „Es bringt nichts, wenn du dich in Schuldgefühlen wälzt. Du musst wissen: Wie bei jeder Sucht, ist es die Magersüchtige selber, die irgendwann die Entscheidung trifft, sich auf diesen Weg zu begeben. Je mehr du dich schuldig fühlst, umso manipulierbarer wirst du für deine Tochter, und Martina kann mit deinem schlechten Gewissen spielen."

Ich lernte damit zu leben, dass auch eine perfekte Mutter Fehler macht. Als dann Andrina auch noch krank wurde, tauchten die Schuldgefühle erneut auf. Aber ich konnte sie schneller wegschieben. Es half ja weder ihr noch mir, wenn ich meine Kraft für diese unnützen Überlegungen aufbrauchte.

Martina sagte mir einmal: „Für mich war es unendlich wichtig, dass ich während der ganzen Krankheit und all dem Schwierigen, das ich euch zugemutet hatte, immer spüren konnte, dass ihr mich trotzdem gern habt."

Diese Aussage bestärkte mich darin, auch Andrina weiterhin Geborgenheit zu geben.

Eigentlich finde ich nicht, dass wir eine Zwei am Rücken haben, wie David behauptet. Es ist auch viel Positives durch die Krankheitszeiten unserer Töchter entstanden. So lernten wir, mit den Kindern über Probleme zu reden. Psychische Krankheit ist kein Fremdwort für uns. Jedes darf auch mal schwach sein. Wir haben gelernt, dass Leid und Schweres zum Leben gehören und dass auch ein Leben mit Gott nicht automatisch Glück und Seligkeit bedeutet. Tief in mir wuchs die Gewissheit, dass mein Leben auf festem Boden steht und Gott mich hält und trägt, egal, wie die Umstände sind. Das ganze Thema könnte man mit der Bemerkung einer Bekannten abrunden: „Also, alles habt ihr nicht falsch gemacht. Naemi und Marco geraten doch gut!"

SONNTAG, DEN 8. JULI 07

Heute bin ich aus einem Traum erwacht, der mich verwirrt hat: Wir errichten eine Grabstätte aus Holz für Andrina und wollen noch Fotos von ihr hineinlegen. Diese müssen wir aber in Deutschland abholen. Wir kommen nicht über die Grenze, da wir unsere Ausweise nicht dabei haben. So fahren wir zurück und entscheiden uns, das Grabmal nicht fertig zu machen, da Andrina ja noch lebt.

Ich hatte sogar im Traum ein schlechtes Gewissen, dass ich an so etwas gedacht hatte. Warum träume ich solche Sachen? Es geht Andrina doch viel besser. Die Telefonanrufe sind einfacher geworden. Andrina jammert kaum mehr und redet auch nicht mehr vom Sterben. Sie ist aufmerksamer geworden und öffnet sich immer mehr. Werden wir sie bald nach Hause nehmen können? Ich getraue mich kaum, an so etwas zu denken.

DONNERSTAG, DEN 10. AUGUST 07

Unsere Sommerferien waren ausgebucht: Andrina besuchen, Andrina nach Hause holen, Gespräche in Zürich führen, Kurzurlaub in Montreux und hie und da einfach nichts machen. Einmal durfte ich Andrina sogar schon um acht Uhr morgens besuchen, sie aufwecken, mit ihr frühstücken und bis zum Mittagessen bleiben. War das wunderschön! Ein anderes Mal wurde mir erlaubt, am Abend zu bleiben. Wir schauten einen Film und ich konnte sie wie früher ins Bett bringen. Klar ist sie schon vierzehn. Aber es tat uns beiden gut. Warum haben sie das erlaubt? Vielleicht lag es daran, dass Andrina immer noch eine Eins-zu-eins-Betreuung braucht. David und ich sind natürlich viel billiger, als wenn sie jemand dafür extra bezahlen müssen. Auch meine Schwester begann, Andrina regelmässig zu besuchen. Sie erzählte mir einmal, dass sie sich nach dem ersten Besuch in der nächsten Beiz bei einem Bier hätte erholen müssen, da ihr Andrinas Zustand so eingefahren sei.

SAMSTAG, DEN 16. AUGUST 07

Heute hat es Andrina tatsächlich geschafft, dem Betreuer ein Fläschchen Beruhigungsmittel zu entwenden und einen zünftigen Schluck daraus zu trinken. Es gehe ihr aber gut, hat es geheissen. „Diä Babä"! Ich nehme die Nachricht zu Kenntnis und mache wie gewohnt meinen Mittagsschlaf. Als ich wieder aufwache, bin ich ganz verwundert. Ich konnte schlafen und das nach einem Versuch von Andrina, sich etwas anzutun? Bin ich schon so abgehärtet? Oder habe ich mich daran gewöhnt, dass unsere Tochter solche Aktionen unternimmt?

Das Telefon klingelt: „Frau Hofer, wir haben Andrina zur Kontrolle auf die Intensivstation ins Kinderspital gebracht. Könnten Sie kommen und die Eins-zu-eins-Betreuung ablösen?" Ich lasse alles liegen und mache mich auf den Weg. Im Spital frage ich bei der Information nach dem Weg. Vor der Intensivstation muss ich mich wieder melden. Ich werde abgeholt und zu Andrina geführt. Ich laufe zwischen piepsenden Apparaten hindurch. Links und rechts liegen die Kinder regungslos in ihren Bettchen, durch unzählige Schläuche und Kabel mit der Aussenwelt verbunden. Zuhinterst sehe ich Andrina liegen. Auch sie hat am Zeigefinger einen Pulsmesser. Ich umarme sie. Sie beginnt zu weinen.

„Warum hast du das gemacht?", frage ich sie.

„Ich habe es einfach nicht mehr ausgehalten. Ich darf mich nicht schneiden, dabei brauche ich es doch so fest. Die Spannungen sind so stark. S verrisst mi amäl fascht."

Ich halte sie einfach fest im Arm. Was soll ich sonst machen?

„Mami, am liebsten würde ich zu Jesus gehen, bei ihm wäre es sicher schön", flüstert mir Andrina zu. Dieser Gedanke erschreckt mich, auch wenn ich ihn verstehe. Auch ich sehne mich nach einer Welt ohne Leid, Not und Schmerzen, so wie ich sie in der Bibel beschrieben finde. Aber dieses Paradies ist uns erst für das Leben nach dem Tod verheissen. Aber wie soll ich das meiner Tochter sagen? Klar wäre es für sie einfacher, wenn sie gehen könnte. Schmerz, Kampf und Leiden wären für sie vorbei. Aber nicht für uns. Die Fragen und Qualen, die Vorwürfe, die ein Selbstmord auslösen würde, der Schmerz und die Trauer über den Verlust könnten uns zerstören.

Ich sage zu Andrina: „Ich verstehe deinen Wunsch, aber wenn du sterben würdest, wäre das für uns schrecklich. Es geht doch vorwärts. Du kannst wieder lachen und hie und da nach Hause kommen. Schritt für Schritt wirst du gesund. Hab Geduld, bitte!"

Andrina legt sich hin und schläft ein. Als sie erwacht, blickt sie völlig verwirrt um sich. Aber nicht lange. Ihr Blick schweift immer wieder zu einem Mädchen, das gleich neben der Tür liegt. Es trägt eine Sonde und ist sehr, sehr dünn. Diese Zeit ist bei Andrina vorbei. Gott sei Dank! Sie hält seit einem Jahr ihr Normalgewicht.

„Mami, ich möchte auch wieder so dünn werden und eine Sonde bekommen!"

„Spinnsch eigätli!", rutscht es mir heraus. „Sicher nöd, chasch grad vergässä! Das machi nöd namäl mit!"

Jetzt ist sie beleidigt. „Du verstehst mich nicht, Mami!"

„Ich will dich gar nicht verstehen. Schlag dir diese Gedanken aus dem Kopf!"

Sie wird doch hoffentlich nicht ernst machen? Nein, auf keinen Fall, denke ich, aber ein Unbehagen bleibt zurück: Ich kenne unsere Tochter nur zu gut.

Nach Littenheid, Bern oder nach Hause?

DIENSTAG, DEN 16. SEPTEMBER 07

Fast einen Monat ist es her, dass ich das letzte Mal das Tagebuch geöffnet habe. Andrinas Körper hat vom Missbrauch des Beruhigungsmittels keine Nachwirkungen gezeigt.

Naemi hat die Matura mit sehr guten Noten bestanden. Jetzt geniesst sie ihre neuen Freiheiten, keine Schule und kein Lernen mehr. In der ersten Woche nach dem Abschluss begann sie in der Migros zu arbeiten, ging zweimal ins Fussballtraining und auch noch in eine Turngruppe, erlebte die Maturfeier mit anschliessendem Ausgang, war an einer Geburtstagsparty und am Samstag im Kino, besuchte am Sonntag unausgeschlafen den Gottesdienst und hatte anschliessend noch einen Fussballmatch. Am Abend war sie nur noch „en Pfludder".

Marco überlegt sich, ob er vom Januar bis Juni als Austauschschüler ein Gymnasium in Lausanne besuchen soll. „Ich brauche Abwechslung", begründet er seine Idee. Die letzte Herausforderung liegt ja noch gar nicht lange zurück, denke ich. Er hatte sich entschieden, die zweisprachige Matura zu machen: Englisch und Deutsch. Dieser Wechsel fand erst vor kurzem statt. Und jetzt will er nicht seine Englisch-, sondern seine Französischkenntnisse vertiefen?

Martina ist Ende Juli um viele Erfahrungen reicher aus Marokko heimgekehrt und arbeitet und lebt vor sich hin. Cédric und sie wollen im Herbst Richtung Süden reisen, am liebsten nach Spanien. Ich bin gespannt, wie das funktionieren soll: Ihr Auto ist mehr kaputt als ganz und Geld haben sie auch keines. Aber die Wohnung im Toggenburg haben sie bereits gekündigt. Sie sind überzeugt, dass sie schon irgendwo Unterschlupf finden werden.

Ein Höhepunkt im August war mein Geburtstag: Alle waren zu Hause, sogar Andrina! David und Naemi hatten freigenommen und Marco die

Schule geschwänzt. Andrina weinte vor Freude, weil die ganze Familie zusammen war. Ich auch.

Auch Andrinas vierzehnten Geburtstag feierten wir alle zusammen bei uns zu Hause. Wir bauten unserer Prinzessin einen Thron in der Küche. Da sass sie nun und packte genüsslich ein Päckchen nach dem anderen aus. Die Geburtstagstorte aus Schokolade verschlang sie mit den Augen und ass dabei ihren trockenen Kräcker. Andrina schafft es leider noch nicht, sich etwas Süsses zu gönnen. Sie hält sich stur an ihren Speiseplan. Und wenn da steht, dass es zum Zvieri ein Päckchen Kräckers und eine Frucht gibt, dann ist das in Stein gemeisselt.

Am Abend brachten David und ich Andrina zurück nach Zürich, und beschlossen, noch eine Pizza essen zu gehen. Schon lange waren wir nicht mehr so gelöst: Es geht Andrina besser! Und dann geht es uns auch besser. Wir erleben, dass eine positive, starke Kraft in ihr wächst. Manchmal spielen wir draussen eine halbe Stunde Basketball, ohne dass Andrina wegrennt. Auch wenn sie zu Hause ist, müssen wir keine Angst mehr haben. Andrina lacht oft, allerdings auf der Station immer nur im Versteckten. Die Betreuer dürfen ja nichts merken!

„Schade, Ursula", sagte David plötzlich, „dass der Therapeut gegangen ist. Andrina hat ihn gemocht. Er hat es geschafft, zu ihr durchzudringen und sie in ihrer Welt abzuholen. Seine Abschiedsworte haben mich ermutigt. Wir sollen uns bewusst sein, dass wir einen speziellen Weg gehen. Vielleicht nicht den ‚normalen', aber auch unserer sei gut."

FREITAG, DEN 19. SEPTEMBER 07

Heute ist ein spezieller Tag. Nach mehr als einem Jahr darf ich mit Andrina ohne Betreuer nach draussen gehen. Wir haben uns vorgenommen, in die zehn Minuten entfernte Papeterie zu gehen. Kaum sind wir in der Nähe der befahrenen Strasse, klammert sich das grosse kleine Mädchen an meine Hand. Der Verkehr, die Passanten, alles scheint ihr Angst zu machen. Wir erreichen ohne Zwischenfall das Geschäft. Es dauert mindestens eine halbe Stunde, bis Andrina sich sattgesehen hat und sich entscheidet, eine

Wundertüte zu kaufen. Auch ich bin fündig geworden: ein neues Tagebuch! Für mich ein Zeichen, dass etwas Neues beginnt. Ich weihe es gleich mit einer Aussage von Andrina ein, die darauf hinweist:

„Ich habe so neue Gefühle. Schöne Gefühle. Das ist komisch. Die habe ich jetzt zwei Jahre lang nicht mehr gehabt."

DONNERSTAG, DEN 11. OKTOBER 07

David und ich sind für eine Woche im Tessin: Ferien! Ausruhen! Schlafen! Gut essen! Zeit zusammen geniessen! Aber über allem Genuss liegt ein dunkler Schatten. Ich kann einfach nicht verstehen, was geschehen ist. Andrinas Entwicklung verlief doch so positiv. Aber vor zwei Wochen begann sie, nur noch einen Teil ihrer Mahlzeiten zu essen. Als es bemerkt wurde, gab es sofort einen neuen Behandlungsvertrag. Wir durften sie nur noch besuchen, wenn sie alles gegessen hatte. Das löste zuerst genügend Druck aus, so dass sie die Teller wieder leerte. Aber nicht lange. Nachdem wir sie am Dienstag besuchen konnten, ass sie am Mittwoch und am Donnerstag nichts mehr.

Wenn jemand die Nahrung verweigert, ist man als Eltern und Behandelnde einfach ohnmächtig. Zum tausendsten Mal fragte ich mich, woher Andrina diesen Willen und diese Sturheit hat!

Für den Freitagnachmittag wurde eine Krisensitzung anberaumt. Andrina war von Anfang an dabei. Was sagte diese „Schesä"?

„Ich will wieder abnehmen und an die Sonde!"

Die Ärztin machte ihr klar, dass das nicht geht.

Andrina sagte: „Ich musste hier essen. Das war Zwang und richtig damit umgehen lerne ich erst, wenn es von mir aus kommt. Darum will ich wieder an die Sonde zurück. Vielleicht könnte ich einfach wieder trinken."

Die Diskussion ging hin und her. Wir waren uns alle einig, dass Andrina nicht abnehmen darf, sonst würde sie auch die gewonnene körperliche und seelische Stärke verlieren. Auch die schönen Gefühle wären wieder weg. Schliesslich gingen wir auf ihren Vorschlag ein und machten ab, dass sie die Mahlzeiten wieder in Form von Flüssignahrung zu sich nehmen kann.

Im Behandlungsvertrag hielten wir fest, welche Regeln jetzt galten: Unser Besuch war weiterhin davon abhängig, ob Andrina alles getrunken hatte oder nicht. Sport wurde gestrichen, auch das Training auf dem Hometrainer entfiel. Andrina unterschrieb sogar!

Ganz spannend war auch die Sequenz, als wir uns über die Magersucht unterhielten.

Die Ärztin fragte: „Wie erleben Sie als Eltern die Magersucht?"

Da mussten wir nicht lange studieren: „Für uns ist diese Krankheit ein Feind, den es mit allen Mitteln zu bekämpfen gilt!"

Aber Andrina sagte: „Für mich ist die Magersucht eine Freundin, die mir Halt und Sicherheit gibt."

Heute ist unser vierter Tag im Tessin. Wir sitzen auf unserem Balkon, geniessen die Aussicht und trinken ein Glas Rotwein.

Ein Anruf. Diese Nummer kenne ich auswendig. Mein Herz rutscht in die Hose. Ich gebe David mein Handy. Er meldet sich. Sein Gesicht verfinstert sich zunehmend. Dann legt er auf und sagt: „Andrina hat gestern keine Flüssignahrung zu sich genommen und heute auch kein Wasser mehr getrunken. Jetzt haben sie sie auf die Notfallstation des Kinderspitals gebracht, um ihr über eine Infusion einen Liter Flüssigkeit zuzuführen. Nachher werden sie Andrina wieder zurückholen. Sollte sie morgen wieder alles verweigern, geht die Prozedur von vorne los. Wir haben bis auf weiteres Besuchsverbot."

Der Abend ist gelaufen. Ich kann nicht einschlafen. Meine Gedanken fahren Karussell. Wie geht das weiter? Wie weiter? Wie weiter? Beginnt nochmals alles von vorne? David und ich sind einmal mehr ohnmächtig. Jetzt müssen die in Zürich helfen. Doch durch die lauten Stimmen, die in meinem Kopf herumschwirren, dringt auch eine sanfte Stimme: „Ursula, mir musst du vertrauen. Ich werde helfen." Wenn Gott selber eingreift, dann habe ich keinen Grund mehr, mir Sorgen zu machen. Tatsächlich, der Stress löst sich und Ruhe breitet sich in mir aus.

MONTAG, DEN 15. OKTOBER 07

Andrina hat angerufen und ganz klar ihren Fahrplan deklariert: „Ich will eine Sonde und mit der Sonde zunehmen bis 46 Kilo, und dann wieder mit Essen beginnen." Diese Frau weiss genau, was sie will und hat auch den „Grind" dazu, es durchzusetzen! Jeden Tag fahren sie mit ihr ins Spital. Dort wird eine Infusion für die Flüssigkeit und eine Sonde für die Nahrung gesetzt. Also mir würde das stinken: Jedes Mal einen Stich für die Infusion und dann erst noch die Sonde, die sie durch die Nase den Schlund hinunter bis in den Magen stossen. Das ist doch höchst unangenehm! Meine Zuversicht, dass Gott eingreifen wird, ist wieder verschwunden. Jetzt soll noch jemand kommen und mir sagen, dass alles, was wir erleben, zu unserem Besten geschieht. „Dä würdi grad ungschpitzt in Bodä hauä!"

MONTAG, DEN 29. OKTOBER 07

War das ein Hin und Her die letzten zwei Wochen. Andrina hat ihre Nahrungsverweigerung durchgezogen.

Vom Zentrum aus suchten sie verzweifelt nach Lösungen, wo sie Andrina hinbringen könnten. Aber nirgends wird sie genommen, weil sie noch die Eins-zu-eins-Betreuung braucht. Noch immer sind unsere Besuche gestrichen. David hält es fast nicht mehr aus. Ich habe Angst, dass er zusammenklappt. Dazu kommt, dass wir verschiedener Meinung sind. In den Gesprächen sei ich immer auf der Seite der Betreuer, klagt er. Er fühle sich so allein. Er möchte, dass ich seine Wünsche unterstütze. Er will Andrina nach Hause nehmen. Aber was ist wirklich gut für Andrina? Gut für uns? Ich bin eher dafür, dass wir Andrina gegenüber streng sind, wenn sie solch einen Blödsinn macht und uns regelrecht tyrannisiert. Ich habe Angst, dass unsere Beziehung Schaden nimmt. Dann würde die Welt wirklich untergehen.

Ich bin auch unheimlich wütend auf Andrina. Wütend, dass sie nichts mehr isst; wütend, dass sie uns Kummer bereitet; wütend, dass sie uns unsere Ferien versaut hat!

Andrina hat realisiert, dass sie nicht in eine andere Institution wechseln kann, wenn sie weiterhin solch eine engmaschige Betreuung braucht. So hat sie Schritt für Schritt ihre Eins-zu-eins-Begleitung abgebaut. Jetzt darf sie sich allein in ihrem Zimmer oder im Wohnzimmer aufhalten. Sie schläft nicht mehr im ISO, sondern zum ersten Mal seit siebzehn Monaten in ihrem Bett im Zimmer.

Aber noch immer wird sie jeden Tag ins Kinderspital kutschiert. Das Besuchsverbot haben wir durchbrochen. David hat es einfach nicht mehr ausgehalten, quasi als Belohnung zu funktionieren. Das Behandlungsteam war gar nicht begeistert und hat uns deswegen auch zur Rede gestellt. Aber David geht es wieder viel besser.

Ein Gedanke wird immer stärker: Könnte Andrina nicht zu uns nach Hause kommen?

FREITAG, DEN 9. NOVEMBER 07

Jetzt ist der Entscheid gefallen: Andrina kommt nach Hause. Das ist unheimlich schön, aber auch unheimlich beängstigend. Erstaunlicherweise sind auch die Ärztin und die Betreuer einverstanden. Ihre einzigen Bedingungen sind, dass wir eine ambulante Betreuung aufgleisen und uns vorher noch jungendpsychiatrische Kliniken anschauen. Einfach für den Fall, dass es zu Hause nicht klappen würde. Heute werden wir bereits die dritte Klinik besuchen. Die anderen zwei waren ungeeignet.

Wir werden um zehn Uhr in der Jugendpsychiatrie in Bern erwartet. Also um sechs Uhr aufstehen, Andrina abholen, mit dem Tram zum Hauptbahnhof, dann nach Bern, nach Ittigen und zu Fuss bis zur Klinik. Als wir an einem Bauernhof vorbeikommen, ruft Andrina: „Mm, da schmöckts fein nach Chuefläde!" Nach dieser langen Zeit im Zentrum riechen sogar Kuhfladen fein!

Da Andrina ja bald nach Hause kommt, haben sie die Sonde nicht mehr entfernt. Sie zieht mit dem Rüssel im Gesicht immer wieder Blicke auf sich. Der Stationsleiter begrüsst uns und führt uns in sein Besprechungszimmer.

Er mustert Andrina aufmerksam und fragt: „Andrina, kannst du mir ein wenig erzählen, warum du hier bist?"

Sie schaut rasch auf und sinkt wieder in sich zusammen: „Ich bin schon so lange krank. Ich habe Depressionen und Angst." Ihre Stimme ist kaum hörbar.

Fragend schaut der Leiter uns an. Wir fassen kurz zusammen, was die letzten zweieinhalb Jahre geschehen ist.

„Andrina, möchtest du gerne hierher kommen?"

„Nein, ich möchte nach Hause zu meinen Eltern und Geschwistern. Ich bin schon so lange weg von ihnen", sagt sie. Auch wir bestätigen diesen Wunsch.

David fügt hinzu: „Aber wenn es bei uns zu Hause nicht klappen würde, wären wir froh, wenn unsere Tochter einen Platz in Bern hätte. So ähnlich wie ein Sicherheitsnetz."

„Wie gehen Sie mit der Distanz zwischen Bern und Ihrem Wohnort um? Wäre dies ein Hindernis für regelmässige Elterngespräche? Uns ist die Zusammenarbeit mit Ihnen sehr wichtig, da sie eine Voraussetzung für eine gelingende Behandlung ist."

David und ich schauen uns an: „Das wäre kein Problem. In drei Stunden sind wir ja hier. Aber unser Wunsch wäre es, dass wir Eltern sein können und nicht als Belohnungen für Andrina eingesetzt werden. So, dass zum Beispiel unser Besuch nicht von ihrem Essverhalten abhängig gemacht wird."

Der Arzt bestätigt uns, dass sie das nicht machen würden. Andrina getraut sich zu fragen, ob sie die Sonde behalten darf.

„Ja, das darfst du, aber das Ziel wäre schon, dass du wieder essen lernst."

„Das will ich ja auch."

Andrina ist während des Gesprächs sichtlich aufgetaut. Sie sagen, dass wir uns melden können, wenn wir einen Platz für Andrina brauchen, und verabschieden uns. Draussen vor der Tür atmet Andrina tief durch und sagt: „Da in Bern chönnt mer glaub gsund wärde!"

Endlich zu Hause

FREITAG, DEN 16. NOVEMBER 07

Nach 30 Monaten in verschiedenen Kliniken ist unsere Tochter wieder zu Hause! Seit einer halben Stunde liegt sie auf dem Sofa, den Kater auf dem Bauch, und streichelt ihn mit einem seligen Lächeln. Ich muss immer wieder nachschauen, ob sie noch da ist. Es ist einfach zu schön, um wahr zu sein.

MONTAG, DEN 19. NOVEMBER 07

Andrina geniesst das Zuhausesein von ganzem Herzen. Sie pilgert von den Mäusen zu den Meerschweinchen, besucht die Hasen im Garten und kuschelt mit den Katzen. Noch mehr gefällt es ihr, wenn Naemi, Marco, David und ich gemeinsam etwas unternehmen: Spielen, essen – also wir essen und sie schaut zu –, spazieren gehen oder fernsehen. Heute wollen wir ihr Zimmer entrümpeln. Neues soll Platz finden. Manchmal kommt Andrina in Spannungen oder ein starker Bewegungsdrang packt sie. Aber sie kann gut damit umgehen und sich ablenken. David ist überglücklich. Er strahlt nur noch. Am Sonntag hat er im Gottesdienst erzählt, dass für ihn bereits Weihnachten geworden sei und er am liebsten jetzt schon einen Weihnachtsbaum aufstellen und schmücken würde. Ein Geschenk habe er auch schon bekommen: Andrina.

Am Nachmittag fuhr ein Traktor mit Anhänger – beladen mit einer drei Meter langen Nordmannstanne – vor unser Haus. Ruck, zuck stand der Baum im Garten. David schmückte ihn mit allen Lämpchen, die er finden konnte, und bald erstrahlte die Tanne in vollem Glanz. Die Nachbarn fragen sich sicher, warum wir schon im November einen Christbaum aufgestellt haben.

Ehrlicherweise muss ich gestehen, dass mein Leben im Moment sehr anstrengend ist. Es kommt mir vor, als hätten wir wieder ein Kleinkind zu Hause, welches ohne Unterbruch Betreuung braucht. Klar können wir

Andrina auch mal einen Moment allein lassen. Aber irgendwo im Hinterkopf steckt die Angst, dass sie sich etwas antun könnte. Sie schläft auf einer Matratze neben meinem Bett und muss von mir gefüttert werden. Nur Windeln wechseln muss ich nicht. Am Abend kümmern sich auch Marco und Naemi rührend um ihre Schwester, oder David übernimmt die Aufpasserrolle. Auch Martina oder meine Schwester Maja werden vorbeikommen, um mich zu unterstützen. Es bleibt aber trotzdem sehr viel an mir hängen.

MITTWOCH, DEN 21. NOVEMBER 07

Heute gehen wir neue Möbel kaufen. Andrina möchte ihren Neustart mit einer neuen Zimmereinrichtung unterstreichen. Dafür Platz geschaffen haben wir ja schon. Die orange Phase ist Vergangenheit, jetzt gilt blau! Andrina hüpft durch das Einkaufszentrum und füllt unseren Wagen mit blauen Vorhängen, blauen Kissen, blauen Decken, blauen Kerzen und vielen kleinen blauen Gegenständen. Als alles im Auto verstaut ist, fahren wir noch zu Andrinas Götti. Neue Freiheiten tun sich vor uns auf. Wir können machen, was wir wollen. Niemand redet uns drein. Die Frage taucht auf, wie wir beim Götti sondieren sollen. Aber es ist gar kein Problem. Andrina und ich verschwinden in einem Zimmer und ruck, zuck ist die Sache erledigt. Auf dem Heimweg sagt Andrina: „Das war so schön beim Götti!"

FREITAG, DEN 7. DEZEMBER 07

Seit dem letzten Eintrag sind zwei Wochen vergangen. Erst heute finde ich genügend Ruhe, wieder einmal zu schreiben. Andrina ist nicht mehr bei uns. Ich bin gleichzeitig traurig und froh. Vielleicht hilft mir das Aufschreiben besser zu verstehen, was wir erlebt haben.

Die erste Woche mit Andrina unter einem Dach war einfach schön. Naemi und Marco genossen es, mit der kleinen Schwester Spiele zu machen oder einen Film zu schauen. Wir waren alle so glücklich, wieder zusammen zu sein. Doch im Laufe der zweiten Woche wurde es immer schwieriger. Die regelmässige Ernährung durch die Sonde brachte es mit sich, dass Andrina stetig zunahm. Jedes Gramm löste Stress aus. Sie sah sich bereits als Kugel durch die Gegend rollen. Ihre Spannungen wurden immer heftiger. Sie kam mir manchmal vor wie ein Dampfkochtopf, der jederzeit explodieren könnte. Auch Begegnungen mit ehemaligen Schulkolleginnen, die sich im Gegensatz zu Andrina in allen Bereichen weiter entwickelt hatten, beschäftigten sie. Andrina realisierte, dass sie durch die Magersucht das Wachstum ihres Körpers gestoppt hatte. Irgendwann hielt sie die Spannungen nicht mehr aus und suchte in Selbstverletzungen Erlösung.

Am Dienstag geschah es das erste Mal. Da sie den Schnitt am Handgelenk nicht quer zur Ader, sondern längs machte, war für uns Alarmstufe Rot. Das war mehr als ein Hilferuf, da so die Gefahr des Verblutens viel grösser ist. Wir mussten notfallmässig zum Arzt, um die Wunde zu nähen. Ich hatte ein schlechtes Gewissen und beschuldigte mich, nicht genug aufgepasst zu haben. Am Donnerstag beim Elterngespräch war diese Verletzung natürlich Hauptthema. Die Psychologin rang Andrina das Versprechen ab, sich nichts mehr anzutun. Sogar schriftlich wurde das festgehalten. So ging es ein paar Tage gut. Andrina war beim Coiffeur und freute sich über die neue Frisur. Wir besuchten eine Nachbarin, mit deren Hund Andrina den ganzen Nachmittag spielte.

Doch erneut verstärkten sich die Spannungen, die Andrina mit tiefen Schnitten zu lösen versuchte. Theoretisch weiss ich ja von einer Weiterbildung zum Thema Borderline, dass durch das Verletzen der Haut Beta-Endorphine freigesetzt werden; Stoffe, die ähnlich beruhigend wirken wie Morphium. Die rasende Spannung wird gehemmt und die innere Leere aufgefüllt. Die Mädchen oder Jungs spüren sich wieder. Diese Erlösung dauert nicht lange, und bald ist der Drang, die beruhigenden Momente wieder zu erleben, erneut da, führt zur nächsten Verletzung und zur Sucht. Trotzdem verstehe ich nicht, wie man sich selber Schmerzen zufügen kann.

Am Dienstag in der dritten Woche rief uns die Psychologin nach der Einzeltherapie an und sagte, dass sie sich grosse Sorgen um Andrina mache. Sie hatte sie im Gespräch sehr depressiv und suizidal erlebt. Sie lud uns für den Freitag zu einem Krisengespräch ein. Zwei Wochen war Andrina erst zu Hause und jetzt schon ein Krisengespräch?

Am Freitag waren wir pünktlich um elf Uhr in Winterthur. Auch der Oberarzt war anwesend. Die Psychologin hatte unsere Tochter so gefährdet eingeschätzt, dass sie für Andrina einen Platz in einer Klinik gesucht und gefunden hatte. Wir waren schockiert und wehrten uns gegen diesen Entscheid. Erst als wir versprachen, die Verantwortung für Andrinas Leben zu übernehmen und uns um einen Platz in Bern zu bemühen, liessen sie uns gehen.

Den Nachmittag verbrachten Andrina und Naemi zusammen. Plötzlich gellte ein Schrei durchs Haus: „Mami, Papi, chömmet! Schnäll!" Naemi stand mit einer heftig blutenden Andrina im Badezimmer. Der Schnitt musste genäht werden. Wir brauchten lange, bis wir Naemi überzeugen konnten, dass sie keine Schuld traf.

Der Sonntag ging einigermassen über die Bühne. Am Montag war in Winterthur das nächste Gespräch angesagt. Ich konnte nicht mitgehen, da ich am Nachmittag unterrichten musste. Als ich wieder zu Hause war, machte ich das Abendessen bereit und wartete auf Andrina und David. Das Gespräch hatte ungefähr bis halb sechs gedauert, dann noch eine halbe Stunde Autofahrt. Sie würden also bald eintreffen. Viertel nach sechs, niemand, halb sieben, immer noch nichts, sieben, kein Mensch! Was war da los? Ich versuchte David auf dem Handy zu erreichen, auch Andrina, nichts! Was war passiert? War Andrina etwas geschehen?

Endlich ein Anruf. „Mami!", schluchzte Andrina, „ich muss nach Zürich ins Burghölzli. Papi fährt jetzt nach Hause, um ein paar Sachen zu packen. Er darf mich nicht fahren. Die Polizei ist sogar da. Mami, das war so ein schreckliches Gespräch." Ich versuchte sie zu beruhigen. Aber was konnte ich schon sagen? Endlich kam David zur Türe herein. Sein Gesicht sprach Bände. Er war totenbleich.

„Ursula, sie haben Andrina so suizidal eingeschätzt, dass sie keine andere Lösung mehr als die Zwangseinweisung sahen. Wir hätten uns nicht an die Abmachung gehalten. Ich habe schon gesagt, dass wir für einen Termin in Bern gesorgt haben. Keine Chance. Ich bin ausgeflippt und habe sie beschimpft. Da haben sie sogar die Polizei gerufen, weil sie Angst hatten, ich würde Andrina einfach mitnehmen." Jetzt war das schlimmste Szenario, das wir uns je vorgestellt hatten, eingetroffen. Sie hatten uns einfach unsere Tochter weggenommen. Aber Andrina in einer Psychiatrie für Erwachsene? Und ohne, dass sie sich vom Zuhause, von den Tieren, von den Geschwistern verabschieden konnte? Das geht doch nicht!

Mechanisch packten wir Kleidungsstücke und Toilettenartikel ein, fuhren nach Zürich und fanden dort eine schockierte, eingeschüchterte und weinende Andrina vor. Am nächsten Tag würden wir sie wieder besuchen können.

Nach einer schlaflosen Nacht stand ich um neun Uhr vor der Abteilungstür.

„Wir haben noch keine Besuchszeit. Erst um zwölf Uhr", hiess es.

Ich begann zu weinen. Das war doch so abgemacht? Die Stationsleiterin führte mich in ein Zimmer und tröstete mich. Sie erklärte mir, dass alles in Bewegung gesetzt worden sei, damit ein geeigneter Platz für Andrina gefunden werde. Ich müsse jetzt einfach warten, bis ich Bescheid erhalte. Ich wartete und wartete. Gegen elf Uhr erhielt ich endlich den Anruf:

„Andrina kann nach Bern, und wenn Sie jetzt nicht spuren, wird Ihnen die Obhut für Andrina entzogen und ihr ein Beistand gegeben. Sie haben gar nichts mehr zu verhandeln. Nur noch Ja zu sagen!"

Ich versuchte zu erklären, dass wir doch mit Bern einen Termin abgemacht hätten. Nichts, alles wurde abgeschmettert. Ich brach zusammen und konnte nur noch schluchzen. Die Stationsschwester kam zu mir, legte den Arm um mich, hörte meinem Gestammel zu und meinte betroffen, ich soll nur weinen, das tue mir gut. Ich war müde, müde, müde …

Am Mittwoch wurde Andrina mit einer Ambulanz nach Bern gefahren, da David und ich sie hätten entführen können … Also stiegen wir in unser Auto und tuckerten hinter dem Krankenwagen her.

Das Gespräch in Bern war auf vier Uhr angesagt. Wir waren zu früh dort und tranken im Klinikrestaurant einen Kaffee. Fünf vor vier standen wir vor der Eingangstür: „Phönix" stand darauf. Phönix? Gibt es da nicht eine Geschichte, in der diese Vogelgestalt verbrennt und aus der Asche verjüngt wieder aufersteht? Ein wunderschönes Bild, das Hoffnung macht. Mal luege …

Eine Pflegerin öffnete und Andrina fiel uns in die Arme. „Wo seid ihr auch geblieben? Wir hätten zusammen noch einen Kaffee trinken können, haben sie hier gesagt!" Das Eintrittsgespräch verlief harzig. David und ich waren nach der Erfahrung mit der Zwangseinweisung zutiefst verunsichert und von der Angst geplagt, dass sie uns das Sorgerecht nehmen könnten. Wir stellten keine Fragen und waren mit allem einverstanden.

Einigermassen zuversichtlich und mit dem Eindruck, dass Andrina gut aufgehoben war, fuhren wir nach Hause.

Die vergangenen drei Wochen haben mich völlig ausgelaugt. Ich bin mutlos und habe resigniert. Wird Andrina jemals wieder gesund? Oder zieht sich diese Geschichte bis ins Unendliche weiter? Auch mag ich nicht mehr beten oder bibellesen. Verliere ich auch noch meinen Glauben?

Es kommt mir vor, als hätten wir ein Kind verloren.

Zwischenhalt: Waren wir so blauäugig?

MONTAG, DEN 9. FEBRUAR 2015

Wenn ich heute – acht Jahre später – an diese drei Wochen, die Andrina zu Hause war, zurückdenke, steigen viele Fragen auf. Waren wir wirklich so naiv zu glauben, dass das gehen würde? Dass Andrina bei uns gesund werden könnte? Sie hing an der Sonde. Nur schon der Übergang zur Flüssignahrung wäre eine Herausforderung gewesen, oder nachher wieder feste Nahrung zu sich zu nehmen. Was hätten wir gemacht, wenn sie nicht gegessen hätte? Dazu kam, dass Andrina 24 Stunden am Tag Betreuung brauchte, die David und ich abdecken mussten. Sie war ja auch nicht fähig, alleine irgendwohin zu gehen, geschweige denn die Schule zu besuchen. Waren wir so blauäugig? Dachten wir wirklich, wir könnten dort weitermachen, wo wir aufgehört hatten, als Andrina ins Spital kam?

Und doch verstehe ich unser Verhalten. Andrina kam mit knapp zwölf Jahren ins Spital. Wir waren so überzeugt, dass sie bald wieder nach Hause kommen würde. Dass es dreissig Monate werden und sie drei verschiedene Institutionen durchlaufen würde, das hatten wir nicht erwartet. Wir waren einfach nicht bereit, sie nochmals einer neuen Klinik anzuvertrauen, und Bern war so weit entfernt.

Die drei Wochen mit Andrina zu Hause haben alle unsere Illusionen – sie selber betreuen zu können – zerstört. Und doch waren sie notwendig gewesen, damit wir Andrina nochmals loslassen und neuen Betreuern und Ärzten anvertrauen konnten.

Neubeginn in Bern

MITTWOCH, DEN 12. DEZEMBER 07

Andrina ist seit einer Woche in Bern. Das ist auf der einen Seite eine grosse Erleichterung, weil ich wieder durchatmen kann und die Verantwortung für sie in anderen Händen liegt. Auf der anderen Seite schmerzt es mich sehr, dass das Nach-Hause-Nehmen nicht geklappt hat und Andrina erneut in einer psychiatrischen Klinik gelandet ist.

Heute Morgen lasen David und ich in der Bibel. „Ich sehne mich nach dir, Herr. Wann wirst du mich trösten?" (Psalm 119,81) Ja, genau. Ich sehne mich nach Dir, Gott. Wo ist der Frieden geblieben, der mich in jeder Situation gelassen bleiben lässt und mir die Zuversicht schenkt, dass es trotzdem gut kommt? In mir ist eine offene Wunde, die immer wieder blutet. So zum Beispiel heute, als mich eine Nachbarin zum Mittagessen einladen wollte. Aber nur schon der Gedanke, ihre drei gesunden Töchter zu erleben, brachte mich zum Weinen. Meine Nachbarin umarmte mich und verabschiedete sich. Eine halbe Stunde später stand sie wieder vor der Tür und streckte mir einen Blumenstrauss entgegen: „Da hast du etwas für deine geplagte Seele." Erneut wurden meine Augen nass, weil mich ihre Anteilnahme berührte.

Auch ein Traum zeigt, wie stark meine Seele mit dem Verarbeiten des Geschehenen beschäftigt ist: Andrina ist bei uns zu Hause. Ich bin in der Küche beschäftigt. Mir kommt in den Sinn, dass ich sie endlich sondieren sollte. Ich mache alles bereit. Auch in Bern will ich noch anrufen, um zu fragen, wann wir Andrina zurückbringen sollten. Ich weiss nur noch, dass die Betreuer die Polizei alarmieren würden, wenn wir zu spät kämen. In diesem Moment fährt ein Polizeiauto vor unser Haus. Panik ergreift mich und ich rufe nach David. Einer der Polizisten poltert an die Tür und tritt ein. In diesem Moment erwachte ich. Mein Herz brauchte lange, bis es sich wieder beruhigt hatte. Die Ohnmacht, die ich im Traum erlebt habe, als die Polizei ins Haus einbrach, entspricht der Ohnmacht, die ich seit der Zwangseinweisung von Andrina in die psychiatrische Klinik in Zürich habe. Das Gefühl, den Ärzten ausgeliefert zu sein, steckt David und mir tief in den Knochen und begleitet uns auch an die Gespräche in Bern. Wir sind verunsichert und wissen nicht mehr recht, was wir sagen dürfen und was wir vermeiden müssen. Die Angst, entmündigt zu werden, hängt wie ein Damoklesschwert über uns.

David hat in einem Brief an die Verantwortlichen in Winterthur sein Unverständnis über das Vorgehen ausgedrückt. Die mitfühlenden Worte in ihrer Antwort halfen uns, das Geschehen und ihre Haltung besser zu verstehen.

Auch meine Schwester schickte uns eine Mail mit tröstenden, ermutigenden Worten: „Liebe Ursula, lieber David, ihr habt fürsorglich, liebevoll und super gut zu Andrina geschaut. Ihr wart mutig und stark. Doch auch ihr braucht einen Garten für euch selber, ihr braucht Zeit für eure anderen Kinder, ihr braucht Zeit, um Kraft und Energie zu tanken. Vergesst euch selber nicht. Ich hoffe, dass sich Andrina in Bern wohl fühlt und sie ihre Lebensfreude zurückgewinnen wird. Obwohl sie bei meinen Besuchen viel gelacht hat, spürte ich verborgene Ängste. Versucht den weiteren Weg positiv zu sehen und macht euch stark dafür, sei es im Gebet oder im Beisammensein mit den anderen Kindern. Auch aus den Steinen, die einem in den Weg gelegt werden, kann man eine Brücke bauen. Ich glaube, dass Andrina grosse Fortschritte gemacht hat. Sie kann sich wieder mitteilen, sie lacht, sie hat ihre Meinung und sie wird ihre Krankheit besiegen. Lasst ihr die nötige Zeit. Ich weiss, es ist für euch ein Triathlon der Gefühle, der Ohnmacht und der Hilflosigkeit. Und dafür habt ihr schon lange die Goldmedaille, einen Oskar und mehr verdient.

Ich wünsche euch ermutigende Gespräche in Bern, positive Gedanken, gute Gefühle, Zuversicht und Erleichterung. Andrina schicke ich einen lieben Gruss, und sagt ihr, solange ich nicht in dem Flieger sitzen muss, um sie zu erreichen, werde ich sie gerne besuchen."

SONNTAG, DEN 16. DEZEMBER 07

Ich bin auf dem Weg in den Gottesdienst. Ich freue mich auf die Lieder, die wir sicher vor der Predigt singen werden. Nach der Begrüssung stellt sich die Lobpreisband vorne auf und legt los. Das erste Lied kann ich noch aus voller Kehle singen. Beim zweiten wird es schwieriger: „Du siehst die Wunden und heilst mein Herz. Beugst dich in meine Not herab und trocknest meine Tränen ab. In mir wächst dein Lob, steigt wie auf Flügeln auf und es gleitet hin zu deinem Herzen, Herr." In mir steigt kein Lob auf, sondern eine Tränenflut. Irgendjemand hat mich in meinem Innersten berührt und einen tiefen Schmerz ausgelöst. Ich halte es nicht mehr aus und will nur noch weg. Tränenüberströmt laufe ich einer Frau, die beim Ausgang steht, in die Arme. Ich heule und schluchze. Sie begleitet mich nach draussen und wir spazieren durch die Rebberge, bis ich mich etwas beruhigt habe. Als ich wieder zu Hause bin, lege ich mich hin. Ich will nur noch schlafen.

MITTWOCH, DEN 19. DEZEMBER 07

David und ich sind unterwegs zu einem Gespräch in Bern. Was werden sie wohl zu Andrina sagen? Wie hat das Team sie erlebt? Ich habe Angst. Viertel nach eins besteigen wir den Zug und drei Stunden später stehen wir vor der Jugendpsychiatrie. Mit den knorrigen Bäumen im Garten wirkt das Gebäude fast wie ein Schloss. Die Holztür knarrt beim Aufstossen und die Steintreppe ist ausgetreten.

Wir werden willkommen geheissen und sogar mit einem Kaffee verwöhnt. Da wir noch etwas Zeit haben, zeigt uns Andrinas Bezugsperson das neue Zuhause. Es gibt zwei Wohnungen für Jugendliche mit psychischen Problemen. Sie führt uns durch hohe, grosszügige Zimmer, ein behaglich eingerichtetes Wohnzimmer und eine gemütliche Küche. Auch das angrenzende Schulzimmer schauen wir an. Einzelpulte stehen da, in der Ecke ein Klavier und eine Kiste mit Schlaginstrumenten. Die Wandtafel ist übersät mit Hinweisen für die Schüler, und auch die Wandkästen sind mit Zeichnungen geschmückt. Einen Stock tiefer, angrenzend an die andere

Wohnung, befindet sich die Holzwerkstatt. Ein paar Werkbänke stehen da, und überall ist Material gelagert. Ich entdecke auf einem Gestell eine Schale aus einem wunderschön gemaserten Holz. Der Werkstattleiter erklärt uns, dass die Jugendlichen alles von Grund auf selber herstellen. Sie können sich entscheiden, was sie machen möchten. Sei es ein Kästchen, ein Gestell, eine Schale, usw. Er hilft bei der Auswahl des Holzes und zeigt ihnen, wie sie vorgehen sollen. An der Schale, die mir aufgefallen ist, fehle nur noch der Feinschliff, dann sei das Kunstwerk vollendet.

„Ich bin überzeugt, dass den Klienten das Arbeiten mit den Händen hilft, sich selber besser zu spüren und sich wieder etwas zuzutrauen. Wenn sie ein fertiges Produkt in den Händen halten, stärkt das ihr Selbstvertrauen. Ebenso werden die Konzentrationsfähigkeit und das Durchhaltevermögen trainiert", erklärt uns der Fachmann. Auch in der Metallwerkstatt wird gebastelt, geschliffen, geschweisst und gebohrt. In einer Vitrine sind Schmuckstücke ausgestellt. Von der Decke baumeln Klangspiele, und auf den Gestellen stehen halbfertige Schalen und Kerzenständer. Es wird aber noch eine Weile dauern, denke ich für mich, bis Andrina hier oder auch in der Holzwerkstatt arbeiten kann. Da liegen zu viele scharfe Gegenstände herum.

Wir sind eigentlich schon sehr beeindruckt, aber das Tüpfelchen aufs i kommt noch: Vor dem Haus gibt es ein Kleintiergehege mit Hasen, Enten, Hühnern, Meerschweinchen und Ziegen. Andrinas Augen beginnen zu leuchten. „Sie haben mir versprochen, dass ich hier helfen darf, sobald ich stabiler bin!" Sie betreute auch zu Hause ihre Meerschweinchen mit viel Liebe und Hingabe. Immer wieder baute sie ihnen abwechslungsreiche Gehege oder suchte ihnen die besten Kräuter auf der Wiese. Sie versuchte sogar, die Meerschweinchen zu dressieren. Schön, wenn sie an diese guten Erinnerungen anknüpfen kann.

Das Gespräch findet ohne Andrina statt, da sie mit uns alleine reden möchten. Der leitende Arzt begrüsst uns und die Bezugsperson erzählt, wie sie unsere Tochter erlebt haben. Es tut weh, erneut zu hören, dass Andrina noch einen langen Weg vor sich hat.

Der Therapeut spricht Andrinas Selbstverletzungen an: „Uns macht ihr starker Drang, sich zu schneiden, grosse Sorgen. Die Wunden sind zum

Teil so tief, dass sie genäht werden mussten. Solche Verletzungen können gefährlich werden, wenn Sehnen oder Nerven betroffen sind. Manchmal entzündet sich die Wunde und wüste Narben bleiben zurück. Wir versuchen, Andrina Hilfen anzubieten, sogenannte Skills. Wenn sie merkt, dass Spannung aufkommt, erhält sie zum Beispiel ein wenig Wasabipaste auf die Zunge. Die Schärfe lässt sie ihren Körper spüren und lenkt so von der Spannung ab. Das gleiche geht auch mit einer Brausetablette, die sie im Mund zergehen lassen muss. Es ist wichtig, dass Andrina die Skills auch zu Hause anwendet, um darin Übung zu bekommen. Bitte, erinnern Sie sie in schwierigen Momenten daran!" Ich höre nur „zu Hause". Diese Frage brennt mir schon lange auf der Zunge. Weihnachten steht ja vor der Tür.

„Ja, darf Andrina denn nach Hause kommen?", frage ich.

„Ja, für eine Nacht über Weihnachten", sagt der Therapeut. Mehr höre ich nicht mehr. Mir kommen die Tränen. Das ist zu schön, um wahr zu sein!

Auf dem Heimweg feiern wir das Gespräch mit einem Nachtessen in einer gemütlichen Gaststube im Berner Zentrum. Das könnte eigentlich zur Tradition werden.

MONTAG, DEN 24. DEZEMBER 07

Weihnachten mit allen Kindern zu feiern, ist einfach wunderschön! David hat Andrina in Bern abgeholt, und nun sitzt sie bei uns am Tisch und geniesst das Zusammensein. Tatsächlich steht sie manchmal auf, geht zum Kühlschrank und nimmt ein wenig Wasabipaste in den Mund. Was lässt wohl die Spannungen entstehen? Als David und die anderen Kinder Andrina beobachten, wollen sie die Paste auch probieren. Sie verziehen die Gesichter zu den lustigsten Grimassen. David macht sofort einen Wettbewerb daraus: „Wer zuerst eine Reaktion zeigt, muss den Tisch abräumen. Mami spielt die Schiedsrichterin."

Alle nehmen ein wenig Paste auf den Finger und auf mein Kommando stecken sie ihn in den Mund. Mit versteinerten Gesichtern sitzen sie da. Ihre Gesichter röten sich langsam und sie müssen alle Kraft aufwenden, um keine Miene zu verziehen. Endlich! Naemi stöhnt laut auf, packt ihr Glas und stürzt das Wasser in einem Zug hinunter. Erlöst machen es die anderen ihr nach. Wir ziehen uns ins Wohnzimmer zurück, um die Schöggeli vom Weihnachtsbaum zu pflücken, damit Naemi in der Küche genug Platz hat, um aufzuräumen.

Morgen werde ich mit Andrina wieder nach Bern reisen. Ich freue mich auf die Fahrt, aufs Plaudern und Erzählen. Noch mehr werde ich die Rückfahrt mit meinem Krimi geniessen.

SONNTAG, DEN 6. JANUAR 08

Komisch, dass ich in letzter Zeit nicht mehr gut schlafe. Ich erwache häufig mitten in der Nacht, und meine Gedanken drehen und drehen. Wird Andrina wirklich noch lange brauchen? Nimmt das Ganze nicht endlich ein Ende? Kann sie überhaupt gesund werden? Ist die Magersucht chronisch? In mir ist ein brennender Schmerz, der in der Dunkelheit noch stärker wird. Heute Nacht erinnerte ich mich plötzlich an einen Vers, den ich einmal in der Bibel gelesen hatte: „Doch unsere Krankheit, er hat sie getragen, unsere Schmerzen, er lud sie auf sich." (Jesaja 53,4) Ich wusste, dass da von Jesus die Rede ist. Ich nahm das Ganze wortwörtlich. „Also, Jesus, dann nimm bitte auch meine Schmerzen auf dich", betete ich. Kaum hatte ich die Worte gedacht, kam es mir vor, als würde jemand kühlende Salbe auf meine Wunde streichen, und der brennende Schmerz in meiner Seele war verschwunden. Hoffentlich bleibt das so, war mein letzter Gedanke, bevor ich wieder einschlief.

MITTWOCH, DEN 10. JANUAR 08

Wir hatten noch kein weiteres Gespräch in Bern. Telefonisch haben wir aber unseren Wunsch deponiert, dass wir Andrina gerne an den Wochenenden nach Hause nehmen würden. Heute werden sie unser Anliegen im Team besprechen und uns dann informieren. Mitbestimmen können wir nicht.

Erst um fünf ruft die Bezugsperson an: „Grüezi Frau Hofer, wie geits?", fragt sie. Das muss ich noch lernen: Bei den Bernern wird zuerst ein wenig

Small Talk gemacht, bevor man zur Sache kommt. Nachdem wir so ein paar Allgemeinplätze ausgetauscht haben, sagt sie: „Andrina kann jedes zweite Wochenende nach Hause gehen. Vom Samstagmorgen bis Sonntagabend. Wir haben gemerkt, dass Andrina die Zeit mit Ihnen gut tut, und es ging ja auch bestens über Weihnachten."

„Das ist ja wunderschön! Das war ja gar nicht so geplant. Beim ersten Gespräch hiess es ja, dass sie am Anfang nur ausnahmsweise nach Hause dürfte, wie zu Weihnachten oder so!"

Die Antwort haut mich fast vom Stuhl: „Wüsset dr, Frou Hofer, bi üüs geits um Möntsche und nid um Plän!"

SONNTAG, DEN 13. JANUAR 08

Was hat jetzt Hitler in meinem Traum zu suchen? Ich bin in einem Zimmer. In einem anderen Raum sind noch mehr Menschen. Wir sind Gefangene von Hitler. Wir werden bald deportiert. Da entdecke ich einen Frosch. Er ist grün. Den möchte ich retten. Ich gehe in den Garten hinaus. Da sind wunderschöne, knorrige Bäume. Romantisch. Den Frosch lege ich in einen Weiher. Es sitzen auch Kröten da. Der Frosch verliert seine grüne Farbe und wird braun wie die anderen. Ich gehe zurück und sage Hitler, womit ich nicht einverstanden bin, und setze so mein Leben aufs Spiel. Der Frosch ist wieder zurück. „Es ist schon schön gewesen, aber die anderen haben mich geplagt", sagt er.

Und im nächsten Traum taucht auch noch Blocher auf! Eine Menschenversammlung. Die Fotografen machen sich bereit. Ich gehe auch hin, da ich als Architektin am Projekt beteiligt bin. Blocher schickt mich weg. Alle sind fein gekleidet, nur ich trage Wanderhosen und -schuhe. Ich ärgere mich, und als sie sich zum letzten Bild aufstellen, dränge ich mich dazwischen.

„Ich habe auch mitgearbeitet", rufe ich.

„Ja, warum sind Sie denn nicht richtig gekleidet?"

„Ich habe die entsprechenden Infos betreffend Kleiderkodex nicht erhalten!"

Sie lachen mich aus, aber machen doch ein paar Fotos mit mir in der Mitte. Mir ist klar, dass ich es nun mit Herrn Blocher verdorben habe, weil ich mich ihm widersetzt habe. Aber ich bin stolz auf mich, weil ich mich gewehrt habe.

Gut, dass ich heute zu meiner Psychologin gehen kann. Sie wird mir helfen, meine Träume zu verstehen und einzuordnen. Sie denkt, dass der Traum mit Hitler nochmals mit der Zwangseinweisung zu tun haben könnte. Der Frosch sei eventuell Andrina. Da, wo sie war, konnten sie ihr nicht helfen. Ich wollte sie in ihre alte Umgebung (also nach Hause) bringen, das ging auch nicht. Sie konnte dort nicht sie selber sein. Sie passte sich den anderen an, aus Grün wurde Braun. Hitler stehe vielleicht für die Macht, die die Ärzte haben. Auch beim Traum mit Blocher sieht sie eine Parallele zu meiner Position. Die eleganten Leute könnten die Fachleute sein. Ich, als Mutter, die auch an der Erziehung von Andrina beteiligt ist, passe nicht ins Konzept. Und trotzdem hätte ich mich getraut, mich dazuzustellen. Die Psychologin sieht das sehr positiv: Ich hätte in Bezug auf meine Aufgabe und Rolle mehr Selbstvertrauen gewonnen.

Spannend, was da alles in meinem Unterbewusstsein los ist.

MITTWOCH, DEN 16. JANUAR 08

Manchmal fragen wir uns, ob Andrinas Krankheit anders verlaufen wäre, wenn wir sie von Anfang an nach Bern gebracht hätten. Vielleicht frage ich die Ärzte einmal danach. Aber erst, wenn wir uns besser kennen.

Bei den Gesprächen, die wir hier bereits hatten, fiel mir auf, dass die Betreuer viel Raum erhalten, um von ihren Erfahrungen und Beobachtungen zu erzählen. Der Oberarzt erkundigt sich auch, wie es uns geht und ob wir Fragen haben. Auf dem Informationszettel, den wir das letzte Mal erhalten haben, lasen wir etwas von einem Skilager. David fragt, ob auch Andrina mitgehen kann.

„Kaum", antwortet der Arzt, „Andrina ist noch weit entfernt von der Selbstständigkeit, die dafür erforderlich wäre. Sie braucht noch sehr starke Betreuung und ist auch häufig im Time-out-Zimmer, weil sie starke Spannungen erlebt."

Auch der Besuch der Schule ist noch nicht möglich, da Andrina zu starke Medikamente nehmen muss. Sie möchte sowieso zuerst mit Werken beginnen oder bei den Tieren arbeiten. Wir freuen uns, dass ihre Wünsche ernst genommen werden und nicht einfach über sie verfügt wird.

Sie entlassen uns aus dem Gespräch mit der Bitte, Geduld für den bevorstehenden Gesundungsprozess unserer Tochter zu haben, auch wenn wir bereits eine sehr lange und schwere Geschichte hinter uns hätten.

Wir können noch ein wenig Zeit mit Andrina verbringen, bevor es wieder auf die Heimreise geht. Eine Frage muss ich noch loswerden: „Andrina, denkst du manchmal, dass wir dich nicht ernst nehmen und meinen, du seist schon gesünder, als du es in Wirklichkeit bist?" Sie schaut mir rasch in die Augen, dreht sich weg und murmelt: „Ja, so ischäs!"

SAMSTAG, DEN 26. JANUAR 08

Diese Woche hatte ich eine richtige „Kinderwoche". Mit Naemi verbrachte ich am Mittwoch Zeit. Wir sprachen über ihre Arbeit als Skilehrerin, den kommenden Sprachaufenthalt in England und ihre geplanten Sommerferien in Amerika. Wir plauderten noch eine ganze Weile und am Ende unseres Gespräches meinte sie: „Es ist cool, so mit dir als Mutter zu reden."

Am Donnerstag wartete ich um zwölf Uhr vor dem Gymnasium auf Marco. Er hatte mich und unser Auto bestellt, weil er unbedingt in der Stadt Autofahren üben wollte. Er setzte sich hinters Steuer und kurvte sicher durch die Stadt. Nur beim Rückwärts-Parkieren konnte er die Distanz nicht richtig einschätzen, und schon krachte es. Dem Auto hatte es nichts gemacht, dafür war der Holzzaun ziemlich ramponiert. Ich schaute mich um. Niemand hatte uns beobachtet. Also schnell einsteigen und wegfahren. Während wir nach Hause fuhren, meinte Marco plötzlich: „Ich finde es schön, dass du Zeit für mich hast und nicht arbeiten gehen musst. Weisst du, auch am Morgen, wenn ich höre, dass du bereits in der Küche am Rumwerken bist, dann freue ich mich, aufzustehen." Und das sagt mein Sohn, der mich noch vor nicht allzu langer Zeit am liebsten auf den Mond geschossen hätte, weil ich ihn mit zu vielen Fragen löcherte!

Und zu guter Letzt kam am Freitag Martina vorbei. Sie hat mit Cédric, ihrem Freund, in einem besetzten Haus Unterschlupf gefunden. Das Wasser haben sie beim Nachbarn angezapft und auch den Strom beziehen sie aus undurchsichtigen Quellen. Ich will es gar nicht so genau wissen. Martina erzählt mir von ihrem Leben, was sie so macht, was sie arbeitet, wie sie sich fühlt und so weiter. Es ist spannend, ihr zuzuhören. Aber sie nimmt auch Anteil an unserer Geschichte und fragt nach Andrina.

Da sie ziemlich viele Sachen von zu Hause mitnimmt, fahre ich sie nach Affoltern. Als wir in der Nähe des Gebäudes sind, meint Martina: „Aso muesch nöd inecho, dä Schock wäri zgross für dich. Eui und mini Wält sind vill z verschidä. Aber danke, dass du dir Zeit genommen hast. Ich bin froh, dass du und Papi mich trotzdem gern habt, auch wenn ich einen speziellen Weg gehe." Ja, wenn das so ist, kann ich ihr ja auch sagen, dass sie schon etwas streng riecht und dass sie vielleicht wieder einmal mit Wasser und Seife Bekanntschaft machen sollte. Wenn sie mit ihren Leuten zusammen ist, wird der Geruch wohl kaum auffallen, da alle gleich stinken. Aber wenn sie so zur Arbeit geht? Nicht wirklich optimal.

Am meisten hat mich diese Woche aber mein Mann erstaunt. Eines Morgens nach dem Bibellesen hielt er mir eine Predigt. „Ursula, ich habe jetzt längere Zeit nicht mehr gebetet, weil ich es Gott einfach nicht mehr zutraute, dass er mich überhaupt hört. Ich war so verbittert, dass er uns so leiden lässt. Nun ist mir bewusst geworden, dass ich ihm wieder glauben kann. Er hat es mir einfach geschenkt." Mir kommen fast die Tränen. Es berührt mich zutiefst. Weg ist das Murren und Hadern. An deren Stelle ist etwas Neues getreten: „Es ist gut so, Gott!"

All diese Begegnungen und Gespräche haben mich reich beschenkt. Unser Leben besteht nicht nur aus Andrina und Problemen, sondern es hat auch sehr schöne Seiten.

Ein einschneidender Entscheid

MITTWOCH, DEN 30. JANUAR 08

Im heutigen Gespräch wird es um das Thema Ernährung gehen, hat uns Andrinas Betreuerin am Telefon erzählt. Unsere Tochter kann ja nicht ewig an der Sonde hängen bleiben, sondern muss auf irgendeine Art davon loskommen. Sie ist beim Gespräch auch dabei. Nach dem normalen Austausch von Neuigkeiten und Veränderungen kann Andrina erklären, wie sie zu fester Nahrung wechseln möchte: zuerst eine Mahlzeit um die andere mit Flüssignahrung ersetzen, und wenn das klappt, Schritt für Schritt zu normalem Essen wechseln.

Ihr Vorschlag wird von Oberarzt und Betreuerin erfreut aufgenommen und sie versichern ihr, dass er umsetzbar ist.

„Ich brauche aber Zeit, viel Zeit. Bekomme ich die?", fragt Andrina.

„Ja, sicher", antwortet die Betreuerin, „da du bereit bist für dein Essverhalten Verantwortung zu übernehmen, wollen wir deine Ideen unterstützen."

Ich bin beeindruckt. Es würden sicher genügend Theorien bestehen, wie Magersüchtige von der Sonde weggebracht werden könnten. Aber sie lassen alle links liegen und gehen auf Andrinas Vorschlag ein.

Am Ende des Gespräches erwähnt der Therapeut, dass sie beim nächsten Gespräch eine Familienanamnese machen möchten. Ein Seufzer entflieht mir.

„Was lässt Sie seufzen, Frau Hofer?"

„Ach, das wäre dann ungefähr das fünfte Mal, dass wir unsere Familiengeschichte aufrollen sollen. Ich habe so keine Lust dazu." Sie schmunzeln alle und der Oberarzt erklärt, dass ihnen das eine Hilfe wäre, um unsere und Andrinas Situation besser kennenzulernen und zu verstehen. Dann werden wir wohl in den sauren Apfel beissen müssen. Aber zuerst haben wir zwei Wochen Sportferien.

MITTWOCH, DEN 13. FEBRUAR 08

Heute wollen die Fachleute in unserer Familiengeschichte „umäguslä". Henu, das wird auch vorbeigehen.

Der Oberarzt eröffnet das Gespräch mit einem Paukenschlag:

„Wir möchten die Fürsorgerische Unterbringung aufheben und Sie als Eltern mit ins Boot nehmen. Wir versprechen uns keinen Erfolg, wenn Sie nur aus Angst vor einem Fürsorgentzug zu unseren Behandlungsvorschlägen Ja sagen. Eine Grundlage für eine gute Zusammenarbeit muss aus Vertrauen bestehen und nicht aus Angst vor Konsequenzen."

Erleichterung durchflutet mein Herz. David bedankt sich herzlich.

„In der Behandlung von Andrina merken wir, dass wir so, wie es bis jetzt gelaufen ist, nicht weiterkommen. Durch ihre Selbstverletzungen und Fluchtversuche erhält sie wohl Zuwendung und Aufmerksamkeit, aber nur auf negative Art. So können die Betreuenden keine positiv geprägte Beziehung aufbauen. Wir haben lange überlegt, wie es weitergehen könnte und möchten Ihnen einen Behandlungsplan vorstellen.

Wir haben mehr und mehr realisiert, dass Sie und Ihre Tochter sich in einem Teufelskreis befinden. Andrina wurde in ihrer Entwicklung zur Autonomie und zum Erwachsenwerden durch die Magersucht blockiert. Diese Blockade verstärkte sich durch die schweren Depressionen, die sie erlebte. Die lange Krankheitszeit machte Sie verständlicherweise ungeduldig. Andrina möchte es Ihnen recht machen und gesund werden und doch ist sie davon weit entfernt. Mit Schneiden oder Davonlaufen versucht Andrina Ihnen das zu signalisieren. Sie als Eltern bemerken dann, dass es ihrer Tochter nicht besser geht, überlegen, wie sie helfen könnten und machen Vorschläge und wollen handeln. Diese Pläne lösen wieder Druck aus. Andrina verletzt sich erneut und so weiter. Können Sie die Abwärtsspirale entdecken, in der Sie und Andrina sich befinden?"

In mir rumort es. Haben wir mit unserer Ungeduld und unserem Verhalten Andrinas Leidenszeit verlängert? Schon fährt der Oberarzt fort:

„Aber das sind keine Vorwürfe an Sie! Das ist eine Entwicklung, die wir immer wieder beobachten, wenn eine Krankheit über Jahre hinweg dauert.

Mit unserem Therapieplan könnte Andrina in Ruhe die Schritte machen, zu denen sie bereit ist, und Sie könnten sich wieder mehr auf sich, Ihre Ehe und auf die anderen Kinder konzentrieren."

Sie geben uns eine Woche Zeit, um über den Vorschlag nachzudenken. Die Alternative dazu wäre, dass wir Andrina nach Hause nehmen oder einen anderen Platz suchen müssten. Ha, ha, denke ich. Haben wir überhaupt eine Wahl? Nach Hause nehmen geht sicher nicht. Nur schon der Gedanke daran schnürt mir die Brust zu. Und einen anderen Ort suchen? Null Bock.

Auch Andrina muss bereit sein, auf den Therapieplan einzugehen. David und ich sind uns schon auf der Heimreise im Klaren, was wir wollen: Mitmachen! Eigentlich sind diese langen Zugfahrten gar nicht so übel. Wir haben Zeit, unsere Ehe zu pflegen. Wir reden, jassen, lesen, und hie und da gönnen wir uns einen feinen Kaffee im Speisewagen.

MITTWOCH, DEN 20. FEBRUAR 08

Andrina war vier Tage zu Hause. Sie ist auch bereit ins Programm einzusteigen.

Jetzt sind wir in Bern und sitzen im Besprechungszimmer. Wie immer zuerst ohne Andrina. Der Oberarzt freut sich, als er von unserem Ja hört. Andrina werde in ein strenges Konzept eingebunden, das positive Begegnungen möglich machen und negative Aufmerksamkeit verhindern soll, erklärt er uns. Durch diese klare Strukturierung könne Andrina vielleicht auch den nötigen Halt bekommen, um zur Ruhe zu kommen. Ich muss schon schlucken, als ich höre, dass unser Kontakt zu Andrina auf zwei Stunden Besuch am Wochenende reduziert wird. Ebenso sind die Telefonanrufe bis auf weiteres gestrichen. Das wird mir komisch vorkommen, wenn die regelmässigen Gespräche mit meiner Tochter abends um halb sechs ausfallen werden.

Damit wir trotzdem auf dem Laufenden bleiben, wird uns Andrinas Bezugsperson Mitte Woche anrufen und informieren.

„Wollen Sie sich das Gesagte nochmals überlegen?", fragt der Oberarzt.

Überlegen? Nein, das müssen wir nicht mehr. Der Fall ist klar. Wir klammern uns an jedes Fetzchen Hoffnung und wenn diese Therapieform helfen kann, dann wollen wir einfach Ja sagen.

Andrina wird geholt. Als ihr das Programm erklärt wird, flippt sie total aus und beschimpft alle. Sie springt auf und rennt zur Tür hinaus. Mit Mühe und Not können wir sie überreden, zurückzukommen und sich noch den Rest anzuhören. Wir umarmen uns zum Abschied und schon ist sie mit ihren Betreuern verschwunden. Mit schwerem Herzen machen wir uns auf den Heimweg. Viel reden wir nicht mehr. Wir sind beide todmüde.

DONNERSTAG, DEN 21. FEBRUAR 08

Ich erwache nach einer unruhigen Nacht mit einer riesengrossen Sehnsucht nach Normalität. Aufstehen am Morgen, Frühstück zubereiten für die Kinder und David, mein Hausfrauen-Programm abspulen, Mittagessen kochen, Mittagsschlaf halten, im Garten arbeiten, Abendessen kochen, singen gehen, mit Andrina streiten, weil sie ihr Zimmer nicht aufräumt und schon wieder in den Ausgang gehen will …

Jetzt sitze ich frustriert am Küchentisch und Tränen rollen mir übers Gesicht.

SAMSTAG, DEN 1. MÄRZ 08

Heute werden wir unseren ersten Besuch in Bern machen. Ich bin gespannt, wie wir unsere Tochter antreffen werden. Die Betreuerin bringt sie ins Wohnzimmer. Eine gelöste und fröhliche Andrina kommt auf uns zu und springt mir um den Hals. Eigentlich habe ich eine Andrina erwartet, die „jammeret und täubelet"; die uns bestürmt, dass sie nach Hause kommen will. Nichts dergleichen! Ein Stein fällt mir vom Herzen. Die zwei Stunden sind im Nu vorbei und schon wird unsere Tochter wieder entführt. Als wir noch kurz mit der Betreuerin reden und unser Erstaunen über Andrinas Verhalten ausdrücken, bestätigt sie unsere Beobachtung. Auch sie haben bemerkt, dass es ihr besser geht. Eine Hoffnung, dass es nun wirklich anders kommt, wächst in meinem Herzen. Ebenso die Frage, ob man die lange Leidenszeit von Andrina verhindern hätte können, wenn sie gleich in Bern gelandet wäre? Aber die Betreuerin meint dazu nur: „Wenn Andrina zuerst bei uns gewesen wäre, dann wäre sie jetzt in Zürich, um gesund zu werden."

Eigentlich haben David und ich die letzten Tage mehr und mehr geniessen können. Alle Kinder sind aus dem Haus. Naemi in Sils, Marco im Welschland und Martina in Zürich. Wir erhalten von Andrina keine belastenden Telefonate mehr. Wir wissen sie gut aufgehoben und versorgt. Manchmal kommt es mir vor, als würden David und ich uns nach der langen Zeit, in der wir häufig nur noch nebeneinander funktionierten, wieder neu begegnen, und bereits spüre ich vereinzelt Schmetterlinge im Bauch, wenn er abends um halb sieben von der Arbeit nach Hause kommt …

Zwischenhalt: Das Leben siegt

APRIL 2015

Gestern habe ich die letzten zwei Kapitel überarbeitet und dabei Gedanken versucht einzubinden, die mir von den Frauen meiner Schreibgruppe – wir treffen uns alle sechs Wochen – mitgegeben worden sind. Es hat sie unter anderem erstaunt, dass Andrina ganz genau sagen konnte, wann sie sich entschieden hatte, wieder gesund zu werden.

David hatte sie damals in der Jugendpsychiatrie abgeholt und war mit ihr zum Bahnhof gelaufen. Später einmal, als ich mit ihr auf dem gleichen Weg unterwegs war, zeigte sie im Waldstück auf einen Baum und sagte: „Da habe ich mich entschieden, dass ich leben und gesund werden will."

Ja, es vergingen noch viele Monate und Jahre, bis es wirklich so weit war, aber der Grundstein dazu wurde in diesem Moment gelegt. Was hatte Andrina die Kraft gegeben, diese Entscheidung zu treffen? Eigentlich weiss ich es. Als sich im Mai 2005 herausstellte, dass sie magersüchtig war, hatte ich immer wieder gebetet: „Gott, ich will darauf vertrauen, dass Deine Kraft in Andrina stärker ist als die todbringende Kraft der Magersucht." In der Bibel stehen im Brief an die Epheser im ersten Kapitel Verse, die uns verheissen, dass die gleiche Kraft, die Jesus auferstehen liess, auch in uns am Wirken ist. Auf dieser Zusage beruhte mein Gebet. Die göttliche Kraft hatte in Andrina den Willen geweckt, wieder Ja zum Leben zu sagen und den Kampf aufzunehmen. Ein Kampf war und ist es heute noch.

Wenn ich an diese Tage zurückdenke, empfinde ich Gott gegenüber grosse Dankbarkeit. Mein Glaube ist durch dieses Erlebnis stärker geworden. Die tiefe Überzeugung, dass es einen gibt, der alles in den Händen hat und der uns trägt, kann mir niemand mehr nehmen. Aber damals war ich nur noch müde und erschöpft. Seit drei Jahren steckten wir in einer unsäglichen Leidensgeschichte. Wir hatten so vieles versucht und über unsere Kraft gelebt. Jetzt war Andrina in Bern. Wir wurden getrennt. Unsere Besuche und telefonischen Kontakte wurden eingeschränkt und wir mussten loslassen. Eine *grosse Müdigkeit übertönte alles. Meine erschöpfte Seele vermochte kein Loblied mehr zu singen. Dankbarkeit Gott gegenüber zu empfinden wurde erst später möglich, als ich mich wieder erholt hatte.*

Ein Gedicht, das ich auf einer Osterkarte fand, passt bestens zum Erlebten:

> *Ein Kreuz wird*
> *zur Rettung*
> *Licht durchbricht*
> *die Nacht*
> *Ostern verheisst:*
> *das Leben siegt*

Ein zweites Leben

MITTWOCH, DEN 19. MÄRZ 08

Im heutigen Gespräch in Bern erzählt uns die Betreuerin, wie sie unsere Tochter auf der Gruppe und im Werken erlebt haben. Es sind durchwegs positive Rückmeldungen. Das hören wir sehr gerne! Das tut bis in die kleinsten Zehen gut!

Trotzdem wird an unserem Setting mit Andrina nichts geändert. Es bleibt bei zwei Stunden Besuch und ohne telefonischen Kontakt.

Ganz scheu fragt David:

„Wenn Andrina solche Fortschritte macht, könnten wir nicht unseren Besuch auf drei oder vier Stunden ausdehnen?"

„Schauen Sie, Andrina übernimmt noch zu schnell Verantwortung für Ihr Befinden als Eltern. Davon wollen wir sie entlasten und darum bleiben wir bei der knappen Besuchszeit. Aber diese Zeit ist dafür positiv gefüllt, oder? Andrina macht jetzt in wenigen Wochen die Entwicklung einer 12-Jährigen zu einer 15-Jährigen durch. Das kostet sie alle Kraft, die sie hat. Zu mehr ist Andrina noch nicht fähig."

Mir leuchtet das ein, meinem Herrn Gemahl weniger. Das sehe ich seiner Miene an.

Andrina löst sich von uns ab. Und auch wir sind gezwungen, loszulassen.

Ich muss ehrlich gestehen, dass mir Andrina sehr fehlt. Manchmal komme ich mir vor, als wenn mir ein Arm oder ein Bein amputiert worden wäre. Die letzten Jahre waren wir beide symbiotisch verflochten. Auch wenn ich mein eigenes Leben führte, beeinflusste Andrinas Ergehen meinen Gemütszustand. Jetzt muss ich mich wieder neu definieren. Ich bin am Ende meiner Karriere als Mutter angekommen. Falsch! Mutter bleibe ich immer, aber die Erziehung der Kinder ist abgeschlossen. Aber ich vermisse sie einfach: Martina in Spanien, Naemi in England, Marco im Welschland und Andrina in Bern. In mir ist eine starke Trauer. Eine Trauer um den Verlust unseres Familienlebens, alle unter demselben Dach und unter meinen Fittichen.

Von einer klugen Frau hörte ich einmal in einem Vortrag, dass ausgelebte Trauer die Voraussetzung dafür ist, loslassen zu können. Sie riet uns, diese Gefühle nicht zu unterdrücken, sondern ihnen Raum zu geben. Sie malte uns das Bild einer Brücke vor die Augen und ermutigte uns, über diese Brücke in die Vergangenheit zu gehen und dort in Erinnerungen zu schwelgen. Wenn wir genug gesehen hatten, sollten wir uns verabschieden und wieder in die Gegenwart zurückkehren. Das könnte ich doch jetzt gleich machen!

Als ich in der Vergangenheit angekommen bin, in der wir noch alle zusammen unter einem Dach lebten, tauchen viele Erinnerungen auf: die ganze Familie beim Osternester-Suchen; die Hütten im Wohnzimmer, die die Kinder aus allem Möglichen gebaut haben und in denen wir zusammen Zvieri essen; die grosse Kinderschar im Garten, die Feuerwehr spielt, inklusive Rettung ins Sprungtuch; Wanderungen mit Würste-Braten, Hängebrücke-Bauen und Pfeilbogen-Schnitzen; Martinas erste Backkünste und nachher das Chaos in der Küche; oder vor dem Schlafengehen: die drei Grossen auf dem Sofa, eng an David gekuschelt, während er aus der Roten Zora vorliest; die vierjährige Naemi, die um zehn Uhr abends mit verstrubbeltem Lockenkopf im Wohnzimmer erscheint und murmelt: „Chan nöd schlafe, döfi i diis Bett gaa?"; oder der dreijährige Marco, der immer wieder klarstellen muss: „Du muesch mir Guetzli gee. Ich bin en Bueb!"

Mein Herz ist mit Wärme und Freude gefüllt. So ist es gut. Ich verabschiede mich von diesem Ort der Erinnerungen. Während ich über die Brücke in die Gegenwart zurückkehre, wird mir bewusst, dass auch die jetzige Zeit Gutes und Schönes beinhaltet: Unsere drei Grossen haben ihr Leben in die Hand genommen und stehen auf eigenen Füssen. Und Andrina? Sie ist auf dem Weg zurück ins Leben! So komme ich zufrieden in der Gegenwart an und bin bereit für das, was kommen wird.

Auch früher erlebte ich solche Phasen, in denen ich mich neu orientieren musste. Zum Beispiel, als unsere Kinder zwischen ein und acht Jahre alt waren. David arbeitete auf einer Suchtberatungsstelle und machte nebenbei eine Ausbildung zum Sozialarbeiter, und ich war zu 150 Prozent als Mutter, Ehefrau und Hausfrau beschäftigt. Ich kam an meine Grenzen und fühlte mich zusehends unfähiger, meinen Aufgaben gerecht zu werden. Die Therapeutin, die ich aufsuchte, erkannte bald, dass ich in einer typischen Mutterkrankheit steckte: einer Erschöpfungsdepression. Sie riet mir, schnellstens Hilfe zu organisieren. Am besten wäre es, wenn ich jede Woche einen Tag frei hätte. Gesagt, getan: Meine Mutter war bereit, regelmässig zu uns zu kommen und den Laden zu schmeissen.

Als ich das erste Mal weggehen konnte, fuhr ich nach Zürich. Da stand ich nun am Hauptbahnhof und wusste nicht mehr weiter. Ich hatte keine Ahnung mehr, wer ich eigentlich war und was mir Freude machen würde. Ich stand da und spürte nur Leere. Plötzlich erfasste mich eine unbändige Lust: Ich kann ja tun und lassen, was ich will! Ich muss auf niemanden Rücksicht nehmen. Soll ich auf den Üetliberg fahren oder eine Schifffahrt machen? Ich könnte etwas Feines essen gehen, eine Freundin überraschen, oder soll ich ins Kino gehen? Was ich unternahm, weiss ich nicht mehr. Auf alle Fälle kam ich gegen Abend nach Hause und war zufrieden und glücklich.

Meine Mutter hatte die ganze Schar verpflegt, und die Wäsche lag in schönen Stapeln auf dem Wohnzimmertisch. Kaum hatte mich Marco entdeckt, baute er sich vor meiner Mutter auf und sagte: „'S Mami isch wieder da. Jetzt chasch heigaa, Nonna!"

MITTWOCH, DEN 27. MÄRZ 08

Die Betreuerin berichtet beim wöchentlichen Telefon nur Positives. Ich freue mich. Zu früh!

„Ja, aber bei allen Fortschritten ist da doch noch ein Problem. Ihr Mann hat Andrina Hoffnungen auf Änderungen des Settings gemacht: Er wünscht sich längere Besuche, Pfingsten will er einen ganzen Tag mit ihr verbringen. Auch die Geschwister sollen sie besuchen kommen. Als ich Andrina sagte, dass noch nichts geändert wird, war sie sehr enttäuscht. Können Sie Ihrem Mann sagen, dass er in Zukunft solche Ideen und Themen ins Gespräch tragen und nicht vorher mit Andrina besprechen soll? Das belastet Ihre Tochter sehr, weil sie es ihm ja recht machen will. Wir möchten so weiterfahren wie bis anhin: nur die Schritte machen, die angemessen sind, und Andrina nicht überfordern."

Ich verspreche, mit David zu reden, und verabschiede mich.

Als ich am Abend über den Telefonanruf rede, wird David sauer und sagt: „Ich sehe keine Schuld bei mir und überhaupt werde ich auch weiterhin offen mit Andrina reden. Und du solltest nicht immer die Meinung des Teams übernehmen, sondern dir eine eigene Meinung bilden!" Ich verstand es eher so: „Am liebsten hätte ich es, wenn du meine Meinung übernehmen würdest."

Ich habe so genug davon, immer das Berner Sprachrohr zu spielen. Solche Situationen gab es schon öfters: Ich erhalte einen Anruf mit einer schwierigen Botschaft und muss sie David übermitteln. Er wird wütend und macht mir Vorwürfe. Sollen die in Bern das nächste Mal gefälligst gleich ihn anrufen!

DIENSTAG, DEN 6. MAI 08

Zwei Monate sind vergangen. In Bern hat sich nicht viel verändert.

Heute Morgen erhielt ich einen Anruf von meiner Mutter. Bei meinem Vater, der dieses Jahr dreiundachtzig wird, wurde Krebs festgestellt. Schon länger leidet er an Parkinson, hört kaum mehr etwas und ist zuckerkrank.

„Weisst du, Ursula, der Arzt hat gemeint, dass es noch drei Wochen, drei Monate oder drei Jahre dauern könne, bis er stirbt. Also ich halte mich an die drei Jahre."

Die traurige Nachricht beschäftigt mich. Wenn mein Vater vielleicht nicht mehr lange lebt, sollten sich unsere Kinder doch noch von Nonno verabschieden können. Ich werde beim Gespräch morgen in Bern fragen, ob Andrina ausnahmsweise einen Besuch beim Nonno machen kann. Martina schreibe ich eine Mail und hoffe und bete, dass sie es liest. Sie ist so schwer zu erreichen.

MITTWOCH, DEN 7. MAI 08

Mamma mia! Das Gespräch in Bern ist vorbei. Heute habe ich David in seinen Anfragen unterstützt. Es geht mir jetzt auch zu langsam vorwärts.

Ich glaube, die Berner haben uns nicht mehr so gern. Immer wieder kommen diese Eltern und stürmen für das Gleiche: mehr Besuchszeit, Telefonate mit Andrina, Besuch zu Hause usw. Aber den Besuch bei meinem kranken Vater haben sie bewilligt. Super! Sonst wäre ich auf die Barrikade gestiegen.

Mit David mache ich ab, dass ich am nächsten Tag den Oberarzt anrufen werde, weil wir uns in der Behandlung von Andrina mehr und mehr als Statisten erleben und unsere Vorschläge in der Regel abgeschmettert werden.

DONNERSTAG, DEN 8. MAI 08

Ich habe nach langem Zögern angerufen. Jetzt habe ich wieder Klarheit über unsere Rolle und verstehe die Entscheidungen des Teams besser. Am Schluss des Gespräches meinte der Oberarzt sogar, dass Andrina vielleicht noch dieses Jahr nach Hause kommen kann, wenn sie weiterhin solche Fortschritte macht.

Ich tanzte durch die Küche und sang in den höchsten Tönen: „D' Andrina chunnt wieder hei! Dä Oberarzt häts gseit!" In Gedanken sah ich sie bereits mit Sack und Pack vor der Haustüre stehen und rufen: „Ich bi wieder da, Mami!"

MITTWOCH, DEN 21. MAI 08

Heute ist mein „Nonna und Nonno"-Tag. Da meine Mutter durch ihre Hüftbeschwerden keine Hausarbeiten mehr machen kann, fahre ich ungefähr alle zehn Tage zu ihnen. Mein Job ist das Waschen; meine ältere Schwester putzt und kauft ein und die jüngere Schwester kümmert sich um den Schrebergarten, den meine Eltern auch noch bewirtschaften.

Als ich zur Tür hereinkomme, begrüsst mich mein Vater mit: „Hoi Ursula!" Das freut mich sehr, weil er mich nicht immer erkennt. Der Tag geht schnell vorbei. David kommt mich am Abend abholen. Als ich nach dem Adieu-Sagen bei der Tür stehe, höre ich, wie mein Vater zu meiner Mutter sagt: „Du, wär isch die Frau gsii? Isch das wieder ä neui vo dä

Spitex?" Einen Moment lang zieht sich mein Herz vor Schmerz zusammen, dann versuche ich mich daran zu halten, dass er mich am Morgen ja noch gekannt hat.

Auf der Heimfahrt reden wir einmal mehr über unser zweites Sorgenkind: Martina. Seit bald drei Monaten sind Cédric und sie in Spanien und wir hören nur ganz selten etwas von ihr. Das macht uns Sorgen. David drückt seine Enttäuschung darüber aus, dass sie so einen speziellen Weg eingeschlagen hat: zuerst in besetzten Häusern leben, Gelegenheitsjobs machen, und jetzt leben sie in Höhlen in der Nähe von Granada.

„Ich habe so viel Zeit und Kraft investiert, als die Kinder klein waren, da darf ich doch auch etwas von ihnen erwarten", sagt er. Hat er recht? Schulden die Kinder uns etwas?

„Meinst du damit, dass sie so leben sollten, wie du es dir vorstellst? Ich glaube nicht, dass sie uns etwas zurückzahlen müssen. Aber ich erwarte von ihnen, dass sie lernen, auf eigenen Beinen zu stehen und für ihre Handlungen Verantwortung zu übernehmen. Und das machen doch alle. Auch Martina!"

David gibt keine Antwort. Aber ich bin so im Schuss, dass ich gleich weiterpredige: „Überhaupt will ich mir keine Kraft mehr durch Martina rauben lassen. Ich will mich nicht mehr um sie sorgen und auch keine Erwartungen mehr haben, die dann vielleicht doch enttäuscht werden. Ich will diese Kraft in unser Leben und unsere Beziehung investieren."

„Jetzt sei doch ehrlich. Du hast genauso Mühe damit, dass Martina die Lehre abgebrochen hat, auf der Strasse lebt und nun in Spanien herumvagabundiert."

„Klar. Aber ich habe einfach genug von diesen Diskussionen!"

Wir diskutieren noch eine Weile weiter und kommen beide zum Schluss, dass wir unsere Kraft für das einsetzen wollen, was jetzt in unserem Leben wichtig ist, und nicht mehr dort, wo wir eh nichts verändern können.

„Ursula, ich habe doch noch Material für einen Heissluftballon. Den könnte ich basteln und dann lassen wir ihn als Ritual steigen, um unsere Kinder bewusst loszulassen!"

Da bin ich sofort dabei.

Als wir zu Hause angekommen sind, liegt ein Brief von Martina im Briefkasten. Ich reisse ihn auf und lese David vor: „Hallo Mama, hallo Papa, ich sitze gerade auf einem schönen Platz in Granada, und sehe direkt zur Alhambra hinüber, zu diesem uralten, arabischen Palast. Ein richtiges Postkartenbild! Wir leben uns hier in Spanien immer mehr ein. Langsam beginne ich zu verstehen, warum eine Siesta notwendig ist. Bereits haben wir schon 35 Grad Hitze und es ist noch lange nicht Hochsommer. Wollt ihr wissen, wo wir leben? Wir sind Nachfahren von Sklaven und Zigeunern, die hier ausserhalb von Granada in Höhlen lebten. Wir haben es uns gemütlich gemacht. Eine Höhle dient zum Schlafen, die andere ist unser Wohnzimmer. Wasser holen wir bei einem Brunnen. Bäume und Büsche haben wir auch schon gepflanzt. Cédric will sich an jedem Ort so einrichten, als würde er immer da bleiben. Ich merke, dass das auch meiner Seele gut tut. Nicht nur so halbfertige Sachen machen, sondern ganz da sein. Hie und da können wir selbstgebastelten Schmuck verkaufen oder wir machen eine Feuerschau und verdienen so etwas Geld. Sonst gehen wir den Containern nach und suchen nach Essbarem. Das ist hier noch erlaubt. Häufig hat es auch Fleisch und Knochen für unsere drei Hunde. Ich habe einen Welpen gefunden, der einfach vor einer Höhle zurückgelassen wurde. Es ist ein Weibchen und langsam, langsam vertraut sie mir ein bisschen. Sie hat ein helles Fell. So nenne ich sie Nevia, was auf Spanisch Schnee heisst. Zecki, ein von Zecken überhäufter Dackel, hat sich auch zu uns gesellt. Loki, Cédrics Hund, ist der Chef der Meute. Ich will mir ein Natel besorgen, damit ihr mich doch hie und da anrufen könnt. Ihr fehlt mir sehr und ich bin froh, euch als Eltern zu haben. Vielleicht bis bald, eure Martina."

SONNTAG, DEN 25. MAI

Heute wollen wir den Ballon steigen lassen. Es ist wunderschönes Wetter. Wir fahren mit dem Leiterwagen aufs Feld hinaus. Auf die Ballonhülle haben wir die vier Namen unserer Kinder geschrieben. Ich halte den Ballon an der Spitze; David befestigt die mit Sprit getränkte Watte am Drahtgestell und zündet sie an. Bald beginnt sich die Hülle mit erwärmter Luft zu füllen und bläht sich immer mehr auf. Ich darf den richtigen Zeitpunkt nicht verpassen, um den Ballon loszulassen, sonst könnte er in Flammen aufgehen. „Jetzt!", ruft David. Ich lasse los und der Ballon hebt sich schwankend in die Luft. Immer höher fliegt er. Bald sehen wir ihn nur noch als kleinen Punkt. David und ich stehen eng umschlungen da und schauen, bis wir nichts mehr sehen. Irgendwo ist der Ballon noch. Aber wir müssen uns nicht mehr um ihn sorgen. Unsere Aufgabe ist getan. Jetzt soll der Schöpfer unserer Kinder, Gott selber, sie behüten und begleiten. Er kann das überall und jederzeit. Mit diesen Gedanken breitet sich ein tiefer Frieden in meinem Herzen aus und ich spüre etwas von der Befreiung, die im Loslassen liegt.

SAMSTAG, DEN 31. MAI 08

Heute können wir das erste Mal vier Stunden mit Andrina verbringen. Sie möchte unbedingt wieder einmal neue Kleider kaufen. Sie gerät in einen Kaufrausch. Sie deckt sich mit Leibchen, Hosen und Pullover ein. Alles in knalligen Farben: rot, gelb, pink und grün. Nach drei Geschäften ist Andrina erledigt – und ich auch. Aber die Taschen sind voll, dafür unser Konto leer.

Andrina sagte letzthin einmal, dass sie das Gefühl habe, als hätte sie in Bern ein zweites Leben geschenkt bekommen. Heute haben wir dieses neue Leben eingekleidet.

Die Türen öffnen sich immer weiter

SONNTAG, DEN 1. JUNI 08

Da es bei Andrina immer besser lief und es mir richtig gut ging, hatte ich mich entschieden, mit den Antidepressiva aufzuhören. Wie lange nehme ich die nun eigentlich schon? Ich weiss es nicht mehr. Aber war das ein guter Entscheid? Ich schlafe erst nach langer Zeit ein. Meine Gedanken drehen sich. Grundlose Schuldgefühle tauchen auf. Es kommt mir vor, als hätte meine Seele keinen Filter mehr – alles kann eindringen. Die Schutzhülle, die das Medikament gegeben hat, ist weg. Soll ich es wieder nehmen? Nein, noch nicht! Neben allem, was schwieriger geworden ist, geniesse ich es, dass meine Gefühle nicht mehr gedämpft sind: Freude und Schmerz sind intensiver. Ich fühle mich lebendiger.

Doch kann es geschehen, dass Lieder über Gott und seine Liebe in meinem Innersten eine tiefe Trauer auslösen. So geschah es heute im Gottesdienst. Als die Tränen über mein Gesicht strömten, hatte ich nur noch einen Wunsch: fort, so schnell wie möglich! Margot fing mich ab und schleppte mich in einen Nebenraum. Ich erzählte ihr, dass es mir durch die Absetzung der Antidepressiva nicht mehr gut gehe. Sie begann mir zu erklären, woran das ihrer Meinung nach liege. Ich versuchte ihren Redefluss zu unterbrechen, aber meine Bitte drang nicht bis zu ihr durch. Endlich konnte ich fliehen. Ich rannte nach Hause, völlig verstört.

Jetzt liege ich im Bett und versuche zu schlafen. Aber in meinem Kopf dreht sich ein Karussell. Es dreht und dreht sich, bis jegliche Schläfrigkeit weg ist. Ich stehe wieder auf, setze mich an den Küchentisch und beginne zu schreiben. Was hat Margot mir alles an den Kopf geworfen? Andrinas Leid soll dazu dienen, dass wir etwas lernen? Gaats na? Warum soll sie leiden, damit David und ich etwas lernen? Dieser Gedanken ist unmenschlich.

Was ist schlecht an Medikamenten? Meint sie damit, dass ich nicht genug Hilfe bei Gott suche?

Wir werden zum Segen werden für die Menschen um uns herum? Gott habe ihr aufgetragen, uns das zu sagen. Klar ist es ein schöner Gedanke, und ich wäre gerne ein Segen. So im Sinne, dass meine Gegenwart anderen gut tut und ich ihnen etwas geben kann. Vielleicht Hoffnung, Zuversicht und Trost. Aber das kann ich ja jetzt schon. Ich bin wütend und habe überhaupt keine Lust mehr, dieser Margot jemals wieder zu begegnen. Noch nie ist mir so deutlich bewusst geworden, dass Menschen, die leiden, verletzlich sind und manchmal allen Schutz verloren haben. Auf der einen Seite braucht es Offenheit, um wirkliche Begegnungen zu ermöglichen, auf der anderen Seite werde ich in Zukunft abwägen, was ich wem weitergebe. Es ist sicher besser, wenn ich mich in Krisensituationen nicht allem aussetze, sondern gezielt zu den Menschen gehe, die mich wirklich kennen und verstehen.

SONNTAG, DEN 8. JUNI 08

Unser Haus füllt sich wieder. Naemi ist von ihrem Sprachaufenthalt in England zurückgekehrt und Marco hat sein Austauschsemester in Lausanne beendet. David fuhr gestern hin, um ihn mit Sack und Pack abzuholen. Heute Morgen lag eine Karte auf dem Tisch. „Für euch habe ich nichts aus Lausanne mitgebracht, ausser, dass ich wieder da bin, und das ist auch ein Geschenk! Aber ihr habt mir dieses Abenteuer ermöglicht und dafür bin ich euch dankbar. Es war nicht immer einfach, aber ich habe sehr viel über mich und die Welt ausserhalb unseres Dorfs gelernt. Jetzt bin ich froh, wieder hier zu sein. Euä Buäb."

DIENSTAG, DEN 24. JUNI 08

Zwei Wochen später: Marco hat heute keine Schule, so besuchen wir meinen Vater. Er liegt in einem Pflegeheim, weil meine Mutter die Hüfte operieren musste und ihn nicht mehr betreuen kann. Als wir ankommen, sitzt er im Rollstuhl mit anderen Bewohnern im Garten. Er bewegt sich andauernd und rutscht fast zu Boden. Die Pfleger bitten uns, ihn aufs Zimmer zu bringen, damit er sich hinlegen kann. Wir heben ihn aufs Bett. Vaters Blick ist irgendwo. Er erkennt uns nicht mehr. Marco laufen die Tränen übers Gesicht. „Warum musst du nicht weinen, Mama?", fragt er. Ich weiss es nicht. Vielleicht habe ich bereits alle Tränen für Andrina vergossen.

Auf dem Heimweg besuchen wir auch noch meine Mutter. Sie ist in Hochform und redet ununterbrochen. Oh, wie kann sie sich über Ungerechtigkeiten ereifern! Es tut gut, nach Vaters Abwesenheit ihre Kraft und Lebendigkeit zu spüren.

DONNERSTAG, DEN 26. JUNI 08

Zwei Tage später ruft mich meine ältere Schwester an: „Ursula, Vater geht es gar nicht gut. Er liegt im Sterben. Kannst du kommen?" Ich organisiere alles und setze mich in den Zug. Meine jüngere Schwester holt mich in Dietikon ab und zusammen fahren wir ins Pflegeheim. Ich streiche Vaters Hand. Merkt er das noch? Bald kommt der Arzt vorbei und bestätigt, dass es nicht mehr lange dauern werde. Wir sollen auch Mutter benachrichtigen.

„Ursula, machst du das?", fragen meine Schwestern.

Was soll ich ihr sagen? Aber kaum ist Mutter am Telefon, weiss sie, was los ist. Auch wenn wir nicht wissen, ob sie überhaupt zu Vater kommen kann, fahre ich los. Sie sollte jetzt nicht allein sein. Sie empfängt mich reisefertig, mit von Tränen geröteten Augen. Es braucht Zeit, bis ich sie ins Rollstuhltaxi geladen habe. Als wir endlich in Vaters Zimmer kommen, stehen meine Schwestern am Bett und weinen.

„Vater ist gerade gestorben!"

Ich schiebe Mutter an sein Bett. Sie streicht ihm über den Kopf, küsst ihn und hält lange sein Gesicht in den Händen. „Tschüss, Vaterli. Gäll, gasch mer voruus. Ich chume denn au. Danke für all dini Liebi."

Wir sitzen still um Vaters Bett.

„Vater, chum schnuuf! Mach d Auge äntli wieder uuf!", ruft es in meinem Herzen unablässig. Aber der Tod ist unerbittlich.

Nach einer Weile meint Mutter: „So, Ursula, es ist gut. Lass uns wieder zurückfahren."

MITTWOCH, DEN 2. JULI 08

Martina wird tatsächlich rechtzeitig zur Beerdigung kommen. Sie hat gerade zum richtigen Zeitpunkt ein Internetcafé aufgesucht und meine Mail mit der traurigen Botschaft gelesen. Am Tag vor der Beerdigung müssen wir noch zu einem Elterngespräch nach Bern.

Da wartet dicke Post auf uns: „Wir haben Mühe damit, dass Sie als Eltern auf der einen Seite immer ausdrücken, wie zufrieden Sie mit unserer Arbeit sind, aber doch immer Änderungen wollen."

Dieser Vorwurf lässt bei mir alle Dämme brechen, und jetzt kommen die Tränen, die ich vorher nicht weinen konnte. Ich fliehe aus dem Zimmer und gebe mich meinem Schmerz hin. Auch wenn ich nach einer Weile wieder zurückkehre, geht das Gespräch an mir vorbei. Es ist mir alles egal.

DONNERSTAG, DEN 28. JULI 08

Seit Vaters Beerdigung sind drei Wochen vergangen. Noch schmerzt der Verlust meines Vaters, und überall meine ich ihn zu sehen.

Heute muss ich allein nach Bern fahren. David hat eine berufliche Besprechung. Nachdem die Betreuerin sehr viel Ermutigendes über unsere Tochter erzählt hat, beginnt der Oberarzt vom Asperger-Syndrom zu reden. Viele Beobachtungen haben beim Team die Vermutung aufkommen lassen, dass Andrina diese Form von Autismus haben könnte. Sie möchten sie gerne bei einem Psychologen abklären lassen, der auf dieses Thema spezialisiert und auch selber betroffen ist. Klar sollen sie das machen. Was hat man bei Andrina nicht schon alles vermutet, um eine Ursache für ihre schwere Magersucht, Depression und Selbstverletzungen zu finden: Borderline-Persönlichkeitsstörung, Zwangs- und Angststörung oder Sozialphobie. Auch Schizophrenie wurde kurz gestreift. Eine eindeutige Diagnose gab es aber nie.

Am Ende des Gespräches bekomme ich noch ein Zückerli, nein, einen ganzen Berg Zucker! Wir können mit Andrina einen ganzen Tag verbringen! Das ist für mich momentan entscheidender als jede Diagnose. Wann war das zuletzt möglich? Vor ungefähr zwei Jahren? David wird sich freuen.

Schon lange schwärmt er vom Niesen, der sich als dreieckiger Klotz über dem Thunersee erhebt. Den werden wir als erstes zusammen erobern!

MITTWOCH, DEN 31. AUGUST 08

Wir machen drei Tage Urlaub in Bern. Gestern sind wir angereist und heute wollen wir mit Andrina auf den Niesen fahren. Punkt neun Uhr nehmen wir unsere Tochter in Empfang. Meine Gefühle schlagen Purzelbäume. In Mülenen steigen wir auf die Niesenbahn um. Diese Bahn ist unheimlich steil gebaut. Andrina klammert sich an David und mich. Oben steigen wir aus, schauen uns um und nehmen das Mittagessen in Angriff. Eine riesige Hürde für Andrina, die sich das Essen in der Klinik immer noch schöpfen lässt. Sie studiert die Speisekarte, überlegt, zaudert, wägt ab, schaut mich fragend an und kann sich tatsächlich für ein Menü entscheiden. Jetzt beginnt die Warterei und ich kann ihre Gedanken lesen: „Wieviel wird auf dem Teller sein? Hat es viel Sauce? Tun sie viel Fett dran? Schaffe ich es, das alles zu essen?" Die Spannung steigt und steigt. Es ist fast nicht mehr auszuhalten. Endlich stellt die Kellnerin die Teller vor uns hin. Ein letzter tiefer Atemzug und Andrina beginnt zu essen. Sie meistert das Ganze mit Bravour. Nachher steigen wir zur Aussichtsterrasse hinauf. David strahlt übers ganze Gesicht, Andrina lacht, erzählt, staunt und strömt über vor Lebensfreude. Wir beschliessen, bis zur Mittelstation zu laufen. Unsere Tochter hüpft voran, begutachtet alle Blumen, macht uns auf dieses und jenes aufmerksam. Dann presst sie plötzlich ihr Ohr an einen Stein, lacht verschmitzt und meint: „Ich höre die Murmeltiere murmeln!"

Unten angelangt, werden wir von einem Gewitter überrascht. Wie Bindfäden beginnt es zu regnen und das Echo des Donners schlägt von den Bergen zurück. Wir kehren müde, aber völlig zufrieden nach Bern zurück.

Aspergersyndrom?

FREITAG, DEN 22. AUGUST 08

Heute habe ich Geburtstag! Ich werde verwöhnt. Naemi, Marco und David haben mir ein feines Frühstück mit frischen Brötchen, Früchten, Käse und Orangensaft zubereitet. Geschenke liegen auf dem Tisch. David hat sich mit den Päckli wieder einmal übertroffen. Er schenkt mir ein Kartenset mit Kühen und Enten, dazu einen neuen Schwingbesen – weil ihm der alte nicht passt – und einen riesigen Schleckstängel. Am meisten freut mich aber seine Einladung für ein Musical, von dem ich schon lange geschwärmt habe. Die Worte meiner Freundin, die sie auf die Geburtstagskarte geschrieben hat, berühren mich tief: „Immer wieder staune ich aufs Neue über dich, deine Persönlichkeit, deinen Mut und deine bejahende Einstellung zu eurer Lebenssituation!" Ich frage mich, ob ich das wirklich bin, da ich mich selber oft entmutigt und auflehnend erlebe. Und eine Persönlichkeit soll ich sein? Das sind doch eher die anderen, die viel mehr leisten können als ich! Schon erstaunlich, wie tief dieses Leistungsdenken in mir verankert ist und wie häufig ich das Gefühl habe, „nichts" oder „zu wenig" zu leisten. Ist es unter anderem auch, weil der Beruf der Hausfrau und Mutter in der Gesellschaft kaum anerkannt wird?

Heute Nachmittag werden wir zu einem Gespräch in Bern erwartet, Geburtstag hin oder her. Kaum sind wir bei Andrina, erfahren wir, dass das Gespräch nicht stattfinden kann, da der Oberarzt abwesend ist. Wir werden zwar von einer Betreuerin bestens informiert. Als ich ganz vorsichtig frage, ob wir noch etwas Zeit mit Andrina verbringen können, weil doch mein Geburtstag ist, erlaubt sie es nicht. Draussen übermannt mich das heulende Elend. Das war wohl der berühmte Tropfen, der das Fass zum Überlaufen gebracht hat. Trauer und Verzweiflung lösen sich und werden hinausgeschwemmt. David sitzt neben mir, den Arm um meine Schulter gelegt, und lässt mich einfach heulen. Ich bin mir ja bewusst, dass wir in letzter Zeit sehr viel Schönes mit Andrina erlebt haben, sei es der Tagesausflug auf den Niesen, die Wanderung zum Oeschinensee oder die Schifffahrt zu den Beatushöhlen. Aber es sind halt auch viele kleine Momente, die mich spüren lassen, dass wir immer noch eine kranke Tochter haben und unsere Begegnungen streng geregelt und begrenzt sind.

Im Nachhinein hat mich das Thema Asperger-Autismus ziemlich beschäftigt. Zuerst war ich überzeugt, dass diese Diagnose auf Andrina nicht zutreffen kann. Autisten können sich doch nicht so gewandt wie unsere Tochter ausdrücken. Ich hatte die Vorstellung, dass autistische Kinder alleine in einer Ecke sitzen und stereotype Bewegungen machen und kaum Kontakt zu den Mitmenschen aufnehmen. So habe ich mich im Internet und in Büchern schlau gemacht und verstehe nun, dass sich diese Form von Autismus anders ausdrückt. David und ich haben um ein Gespräch mit dem Psychologen, der Andrina abgeklärt hat, gebeten. Wir möchten gerne noch mehr Informationen erhalten, vor allem auch, was das Ganze für uns Eltern bedeutet.

DONNERSTAG, DEN 28. AUGUST 08

Heute ist ein Jubeltag! Andrina wird fünfzehn und darf zu Hause feiern! Nach sechs Monaten kommt sie zum ersten Mal wieder heim. David fährt nach Bern, um sie abzuholen, und Naemi, Marco und ich bereiten alles vor. Ein Polstersessel aus dem Wohnzimmer wird in die Küche geschleppt und als Thron geschmückt. Auf der Lehne prangt nun eine grosse 15. Marco baut die Geschenke zu einem Turm auf und ich stecke Kerzen auf den Kuchen. Endlich ist es zwölf Uhr. „Sie kommen!", ruft Naemi. Wir stellen uns in einer Reihe auf, und kaum betritt Andrina das Haus, schmettern wir los: „Happy birthday to you!"

Andrina strahlt und umarmt uns der Reihe nach. Mir steigen die Tränen hoch und ich schicke ein Dankesgebet zum Himmel. Es ist ein Moment unaussprechlichen Glücks. Nichts ist mehr selbstverständlich, alles ist ein Geschenk. Das erlittene Leid lässt die schönen Momente noch heller leuchten und verstärkt ihre Wirkung. In einem Psalm heisst es: „Die mit Tränen säen, werden mit Freuden ernten." (Psalm 126, 5) Das kann ich nur bestätigen.

DONNERSTAG, DEN 11. SEPTEMBER 08

Andrina beschäftigt sich intensiv mit einem Experiment, das in Genf stattfindet. Soviel ich weiss, wollen die Physiker in der 26,7 km langen Vakuumröhre des CERN Protonenteilchen beschleunigen und aufeinanderprallen lassen. Pro Sekunde soll es beim Aufprall zu 600 Millionen Kollisionen kommen. Die Wissenschaftler hoffen in den Aufzeichnungen neue Elementarteilchen zu entdecken. Andrina las im Zusammenhang mit diesem Versuch, dass die Welt in einem schwarzen Loch verschwinden könnte. Gerade vorher hat sie angerufen und gefragt: „Geht die Welt unter, Mami? Muss ich Angst haben?"

„Nein, du musst keine Angst haben. Die Wissenschaftler haben das Ganze schon im Griff", antwortete ich ihr. Noch dreimal fragte sie mich das Gleiche, um sicher zu sein. Dann sagte sie: „Weisch, Mami, ich will jetzt nöd stärbe, ich will läbe. Entli chanis wieder echli gnüsse!" Welche Aussage! Unsere Tochter will leben! Ich bin überzeugt, dass Gott, der auch Chef über die Protonenteilchen ist, meine Freude teilt und dafür sorgen wird, dass Andrinas Wunsch sich erfüllt!

FREITAG, DEN 12. SEPTEMBER 08

Endlich findet das Gespräch mit dem Psychologen statt. Ich bin neugierig, was er uns erzählen wird. Wir versammeln uns in einem Besprechungszimmer der Klinik. Andrina ist nicht dabei, da sie überfordert wäre. „Dieser Stuhl muss frei bleiben", sagt der Oberarzt. „Für den Psychologen ist es sehr wichtig, dass er alles so antrifft, wie wir es besprochen haben." Ach ja, er ist ja selber Autist.

Punkt sechzehn Uhr betritt er das Zimmer. Der Oberarzt begrüsst ihn, stellt alle vor und bittet den Psychologen, uns über sein Gespräch mit Andrina zu informieren.

„Ich habe Andrina beobachtet, ihr zugehört und Verschiedenes festgestellt, was für mich klar dem Asperger-Autismus zuzuordnen ist. Wenn sie redet, hat sie im Gesicht sehr wenig Mimik, auch ist ihre Stimme eher leise und monoton. Während der Stunde, die Andrina bei mir war, merkte ich, dass sie sich sehr viele Gedanken über den Alltag macht, über sich und andere; und nachher viel Zeit braucht, um über ihre Beobachtungen nachzudenken. Als sie mir beschrieb, wie sie auf Neues reagiert, wurde klar, dass sie viele Vorinformationen braucht, bis sie sich in einer Situation wohlfühlen kann. Ebenso stellte sich heraus, dass Andrina durch spontanes, impulsives Handeln der Menschen gestresst wird."

Oh, ja, davon kann ich auch ein Lied singen!

„Wenn ich Andrina eine Frage stellte, hat sie lange überlegt. Sie wollte mir eine möglichst korrekte Antwort geben. War sie unsicher, antwortete sie lieber mit ‚Ich weisses nöd'. Andrina kann eine Situation sehr genau aufnehmen und stellt auch die kleinste Änderung fest. Besonders bei Menschen spürt sie gut, wie ihre Stimmung ist und wie es ihnen geht. Doch diese Stimmungen dann auch richtig einzuordnen, bereitet ihr Mühe. Auch spezielle Interessen, die Asperger-Menschen auszeichnen, hat Andrina: Sie beschäftigt sich sehr gerne mit Tieren und mit dem Thema Sport."

Das machen viele Kinder gerne, denke ich, aber mir kommen noch andere Spezialitäten in den Sinn: excessives Geräteturnen oder die Sammelwut, die von Plüschtieren über PET-Flaschen bis hin zu Steinen, Münzen, Briefmarken und Muscheln ging. Oder als sie im Spital alle Medikamentenbecher aufbewahrte, sowie die Zettel, auf denen die Mahlzeiten geschrieben waren.

Zehn Minuten lang hat der Psychologe geredet, ohne die kleinste Notiz zu gebrauchen. Was beobachtet er wohl oberhalb meines Kopfes? Er schaut immer auf den gleichen Punkt. Das ist wie ein Sog. Ich muss mich einfach umdrehen und nachschauen, was da los ist. Nichts! Jetzt erinnere ich mich gelesen zu haben, dass Asperger Mühe haben, anderen in die Augen zu sehen. Peinlich! Er hat es sicher auch gemerkt.

Wir fragen noch, wie wir unsere Tochter unterstützen können. Er ermutigt uns, ihr immer genug Informationen zu geben, damit sie sich auf etwas Neues vorbereiten kann. Wir sollen uns bewusst sein, dass Selbstverständliches nie selbstverständlich ist, sondern viel Erklärung braucht. Am Wochenende, wenn sie zu Hause ist, sei es besser, wenn die Tagesabläufe klar strukturiert sind. Vor allem sollen wir keine plötzlichen Änderungen vornehmen. Da sei Stress geradezu programmiert. Es helfe auch, wenn wir Andrinas Interessen ernst nähmen.

Das tönt sehr anstrengend. Müssen wir ein gemachtes Nest bieten? Und alles nach ihren Wünschen ausrichten? Wo bleiben unsere Bedürfnisse?

„Aber Sie als Eltern müssen nicht alles machen, auch Andrina soll ihren Teil beitragen. Sie muss vor allem lernen, nachzufragen, wenn sie eine Entscheidung oder etwas Gesagtes nicht versteht." Das erleichtert mich.

In meinen Gedanken steigen Situationen auf, die ich plötzlich einordnen und verstehen kann.

Die ersten vier, fünf Lebensjahre war Andrina ein lebenslustiges, fröhliches Mädchen. Sie steckte viel mit den Geschwistern zusammen. Auch mit Kindern im gleichen Alter spielte sie phantasievoll und intensiv. Aber am liebsten bei uns zu Hause. Wenn sie zu den Nachbarskindern gehen wollte, die 50 Meter entfernt wohnten, musste ich sie immer begleiten. Das war mir so peinlich. Ich hatte den Eindruck, scheel angeschaut zu werden, und es kam mir vor, als würden die Mütter der anderen Kinder hinter meinem Rücken tuscheln: „Die verwöhnt ihre Goof. Dä wird ja völlig unsälbschtändig!" Aber ich wollte doch, dass Andrina mit anderen Kindern spielen konnte, und wenn das nur so möglich war, dann ging ich halt in Gottes Namen mit.

Oder eine andere Situation im Kindergarten: Ein fastnächtlicher Umzug war geplant. Ich wusste, dass alle Kinder zum Thema Winter verkleidet waren. Um neun Uhr gesellte ich mich zu den Eltern, um mich am Umzug zu erfreuen. Alle Kinder standen schön in Zweiergruppen bereit. Nur ein Schneemann stand heulend daneben, den runden Kopf unter den Arm geklemmt.

„Was ist los?", fragte ich Andrina.

„So gani nöd, so gani nöd!", schluchzte sie.

„Komm, ich helfe dir, dann klappt das schon", beruhigte ich sie. Keine Chance. Kaum versuchte ich ihr den Schneemannkopf aufzusetzen, verstärkte sich ihr Geschrei. Endlich erbarmte sich die Kindergärtnerin und liess Andrina ohne Kopfschmuck mitlaufen. Da meine Tochter wie eine Klette an meiner Hand klebte, blieb mir nichts anderes übrig, als auch mitzugehen. Ich schämte mich in Grund und Boden. Nur meine Tochter tat so komisch. Warum konnte sie nicht wie die anderen Kinder sein?

Ein paar Jahre später, als Andrina in der zweiten Klasse war, kam ich einmal verspätet nach Hause. Andrina würde mich sicher schon sehnlichst erwarten, dachte ich. Kaum war ich vom Fahrrad gestiegen, kam meine Nachbarin aus dem Haus gelaufen und rief mich zu sich. Andrina, ein Häufchen Elend, sass bei ihr auf dem Sofa. Sie rannte auf mich zu und warf sich in meine Arme.

„Mami, ein Auto fuhr so komisch vorbei und wollte anhalten. Die wollten mich entführen. Weisst du, es war so ein weisser Kastenwagen mit dunklen Scheiben. Ich bin einfach losgerannt. Und dann warst du nicht da. Dann hat mich Rosmarie gefunden."

„Andrina, die haben sicher nur etwas gesucht, eine Adresse, eine Hausnummer oder einen Parkplatz." Aber nichts konnte sie beruhigen. Und am Nachmittag wollte sie nur in die Schule gehen, wenn ich sie begleiten würde. Bis zur Eingangstüre ging ich mit und dort musste ich sie auch wieder abholen. Erst in der vierten Klasse getraute sie sich wieder, allein in die Schule zu gehen. Wir hatten hart daraufhin trainiert, indem ich immer weniger weit mitgegangen war.

Bemerkungen wie „Du verwöhnst dein Kind!" oder „Was ist auch los?" bekam ich immer wieder zu hören. Dabei war mir Andrinas Verhalten doch selber ein Rätsel. Je älter sie wurde und je mehr sie sich nach aussen orientierte, umso mehr häuften sich Erlebnisse mit ihr, die ich nicht verstand. Auch ihre grosse Erschöpfung vor den Ferien kann ich mir nun besser erklären. Die andauernde Konfrontation mit den anderen Kindern und Lehrkräften, sowie das ununterbrochene Nachdenken, was, warum, wie gesagt worden war, hatten sie buchstäblich ausgelaugt. Da Andrina aber nicht ausdrücken konnte, was los war, weil sie es ja selber nicht verstand, entluden sich die angestauten Spannungen explosionsartig zu Hause. Mit der Zeit wusste ich, dass irgendetwas im Busch war, wenn am Morgen keine Unterhose passte. Manchmal fand ich es durch Fragen heraus, manchmal kam es zum Streit. Sie wollte auch immer die gleichen Schuhe und Hosen tragen, bis sie ihr fast in Fetzen vom Leib fielen. Ob ihr das den Halt zurückgab, den sie in dieser unverständlichen Welt verloren hatte?

Oh, wie häufig sass ich bei den Hausaufgaben neben ihr und versuchte sie zu beruhigen. Ich wusste, dass sie die Aufgabe begriffen hatte, aber es war, als hätte die immense Spannung in ihrem Gehirn einen Kurzschluss ausgelöst und plötzlich lag das Aufgabenblatt zerknüllt auf dem Boden und Andrina heulend daneben.

Wie hätte ich reagiert, wenn ich gewusst hätte, was los war? Hätten wir irgendetwas gemacht, damit sie die Spannung hätte abbauen können? Vielleicht einen Spaziergang oder eine kleine Velotour? Oder hätte ich sie zu den Meerschweinchen geschickt? Manchmal war die Situation so verkracht, dass sehr wahrscheinlich alles vergebene Liebesmühe gewesen wäre.

Oder ihr letztes Geburtstagsfest im Sommer 2004: Am Anfang lief alles gut. Andrina packte mit grosser Freude die Geschenke aus, schnabulierte fröhlich ihr Stück Kuchen, schäkerte und lachte. Auch beim Spaghettitanz beteiligte sie sich mit viel Geschick. Später zog David mit der ganzen Schar los. Er wollte an einem schönen Aussichtsort ein Feuer machen, auf dem wir Würste braten würden. Ich räumte ein bisschen auf und folgte ihnen später. Als ich ankam, waren alle ums Feuer versammelt, nur das Geburtstagskind fehlte. Suchend blickte ich mich um und sah Andrina halb versteckt hinter einer dicken Buche kauern. „David, was ist mit Andrina los?", fragte ich. „Keine Ahnung! Sie lief einfach davon." War ihr alles zu viel geworden? War sie überfordert? Heute kann ich diese Fragen klar mit Ja beantworten. Damals sah ich nur Fragezeichen. Und wieder kam das Gefühl hoch, eine komische Tochter zu haben. Der Oberarzt erklärt noch, dass sie durch die Diagnose des Asperger-Autismus Andrina besser verstehen und gezielter mit ihr umgehen können, aber an der Behandlung werde sich nichts ändern. Die Magersucht und die Selbstverletzungen werden weiterhin im Vordergrund stehen. Jetzt sei es noch offensichtlicher, dass Andrina klare Strukturen und Abmachungen brauche. Dann fügt er hinzu: „Andrina wird immer einen speziellen Weg gehen."

David sitzt still da, aber in seinem Gesicht arbeitet es. Er blickt auf und fragt: „Wenn dieser Autismus früher festgestellt worden wäre, hätte dann die schwere Krankheitszeit verhindert werden können? Und warum wurden die Schwierigkeiten erst in der fünften Klasse so gross?"

„Auf die erste Frage kann ich Ihnen keine Antwort geben", antwortet der Oberarzt, „aber auf die zweite schon. Sie haben Ihrer Tochter ein Zuhause voll Unterstützung und Geborgenheit gegeben und nahmen sie mit ihren Bedürfnissen ernst. Instinktiv haben Sie richtig gehandelt, so dass sie sich zu Hause immer wieder erholen konnte."

Oh, solche Worte sind Balsam für unsere Seelen!

„Aber mit dem Einsetzen der Pubertät wurde die Überforderung zu gross und Andrina wich unbewusst in eine Krankheit aus. Martina hat ihr ein Beispiel dafür gegeben, wie man Aufmerksamkeit bekommen kann. Die Magersucht eignet sich bestens."

Wir werden wohl erst mit der Zeit verstehen, was diese Diagnose für Andrina, aber auch für uns als Eltern bedeutet. Aber eines ist mir heute klar geworden: Asperger-Autismus ist keine Krankheit, sondern eine andere Art, die Welt wahrzunehmen, zu verstehen und zu erleben.

Zwischenhalt: Asperger

Asperger; autistische Persönlichkeit; Aspergirl, Autismus-Spektrum-Störung

Autismus ist ein Anderssein, nicht eine Krankheit, sondern eine andere Wahrnehmung. Menschen, die betroffen sind, haben nicht dieses angeborene Programm in sich, das schon ein ganz kleines Kind zeigt, indem es auf Gesichter und Bewegungen reagiert. Es ist eine Art Schutzprogramm. Wenn ich irgendwo eintrete, mache ich mir automatisch ein Bild und schätze die Situation ein. Daraus erhalte ich ein soziales Verständnis. Ich weiss, wie es in der Gesellschaft läuft, wie man sich verhält, was erwartet wird und was nicht geht. Asperger müssen diese Regeln zuerst erwerben, und so schwingt bei ihnen häufig eine Unsicherheit mit, ob sie sich richtig verhalten, und das kostet Kraft.

Ich kann als „normale" neurotypische Person dem, was ich sehe, schnell einen Zusammenhang zuordnen. Zum Beispiel stehen in einem Raum zwei Schalen mit Wasser und Futter, und mir ist es klar, dass sie für ein Tier sind. Dieses Tier muss essen und trinken. Das geht blitzschnell. Autistisch strukturierte Menschen durchlaufen einen viel längeren Prozess, um die Situation zu erfassen. Sie erfassen detaillierter. Im Sinne: „Ich sehe zwei Schalen, in der einen ist etwas Dunkles, das sind so viereckige Klumpen, und im anderen ist Wasser!" Und erkennen erst nach diesen Überlegungen, dass es Futter und Wasser für einen Hund sein könnte.

Autistische Menschen haben in den Wahrnehmungen wie Sehen, Schmecken, Riechen, Hören und Oberflächenempfindlichkeit oft Störungen. Sie nehmen zum Beispiel Temperaturen oder Schmerzen gar nicht richtig wahr. Neurotypische Menschen spüren, ob es kalt ist, und kleiden sich dementsprechend. Asperger brauchen häufig Unterstützung. Als Kind sind da die Erziehungspersonen, die ihm sagen, was es braucht, und je älter es wird, umso mehr kann es sogenannte Kompensationsmechanismen erlernen. Beim Wetter schauen sie zum Beispiel auf den Thermometer oder sie sehen sich den Wetterbericht an und kleiden sich dementsprechend. Andrerseits können die Sinne wie Hören, Sehen, Riechen so ausgeprägt sein, dass bei Menschen mit einer autistischen Störung durch viel Lärm und Licht, Stress und innere Spannung ausgelöst werden und sie dadurch die Situation fast nicht mehr aushalten. Für unsere Tochter kann eine Fahrt in einem überfüllten Tram zu einem Horrortrip werden. Gespräche, Geräusche, Musik, Geschrei von Kindern, telefonierende Menschen: Alles prasselt ungefiltert auf sie ein und zermürbt sie regelrecht. Sie muss sich zusammenreissen, damit sie nicht laut zu schreien beginnt, um die entstehende innere Spannung loszuwerden.

Die meisten von uns können sich vorstellen, was die Person, die uns begegnet, denkt und fühlt. Das ist eine intuitive Fähigkeit, über die wir uns gar nicht viele Gedanken machen müssen. Zweitens können wir überlegen, was der andere über uns denken könnte. Auch das geht automatisch. Das Ganze ist ein komplexes soziales Spiel, das wir intuitiv beherrschen. Wenn zum Beispiel das Gegenüber die Brille auszieht, machen wir uns automatisch Gedanken, wieso er das macht. Die Rückschlüsse, die wir ziehen, kommen vielleicht gar nicht bis in unser Bewusstsein.

Anders die autistischen Menschen. Die einen denken: „Er hat die Brille abgenommen." Punkt. Fertig. Dann gibt es aber auch andere, die die Handlung registrieren und dann geht bei ihnen ein Feuerwerk von Gedanken los. „Er hat die Brille abgenommen, das hat er gemacht, weil er eine Sehschwäche hat, weil die Brille nicht geputzt ist, weil sie ihn auf der Nase stört." Und all diese Überlegungen sind gleich stark. Dann geht es weiter: „Und wenn er eine Sehschwäche hat, dann müsste das und das und das sein. Und wenn die Brille nicht geputzt ist, dann müsste das, das und das geschehen. Jetzt hält er den Kopf in die Hand gestützt, das heisst, er kann müde sein, sitzt schlecht usw." All diese Überlegungen nehmen ungeheuer viel Energie weg. ALLES erfordert eine riesige Anstrengung. Zum Beispiel: ein Treffen mit Freunden, ein Besuch bei den Grosseltern, ein Konzertbesuch, eine Autofahrstunde, ein Schulbesuch, Gäste zu Hause, ein Telefonanruf usw.

Darum brauchen diese Menschen immer wieder viel Ruhe, damit die Seele und das Gemüt ins Gleichgewicht kommen. Auch äusserliche Ordnung, Sauberkeit und Struktur können ihnen helfen, sich in unserer unruhigen, stressigen Welt zurechtzufinden. Darum ist es wichtig, dass man ihnen gegenüber klare

Aussagen darüber macht, was wann, wo und wie geplant ist. Es hilft ihnen, wenn man zusammen das Programm bespricht und dieses möglichst wenig ändert. Ist eine Änderung doch notwendig, sollte man die Gründe erklären.

Eine grosse Hilfe für das Zusammenleben oder Zusammenarbeiten ist es, wenn autistische Menschen lernen, in unklaren Situationen Fragen zu stellen. Das dürfen und müssen sie lernen! Auch mit Andrina erleben wir, dass sie zum Beispiel nach einem Telefongespräch, das ich mitgehört habe, nachfragt, ob sie „normal" geredet hätte. Oder wenn sie mit einem kleinen Kind spielt, vergewissert sie sich danach, ob ihr Verhalten in Ordnung gewesen sei.

Aussenstation Tremola

MONTAG, DEN 16. FEBRUAR 09

Vier Monate ist es her, seitdem ich das letzte Mal das Tagebuch zur Hand nahm. Wir haben mit unserer Tochter wieder einmal die reinste Berg- und Talfahrt hinter uns. Im Oktober hiess es auf der Station Phönix plötzlich, dass Andrina gehen müsse, wenn sie nicht mehr Eigenverantwortung in Bezug aufs Essen und die Freizeitgestaltung übernehme. Wir waren entsetzt, da wir keine Ahnung hatten, wohin Andrina gehen könnte. Aber auch für sie waren diese Worte ein heilsamer Schock. Nach kürzester Zeit war sie fähig, sich die Mahlzeiten selber zu schöpfen, hörte mit Selbstverletzungen auf und begann, in der Freizeit eigene Ideen zu entwickeln. Wir waren erleichtert. Eigentlich hatten wir ja geplant, dass Andrina auf Weihnachten 2008 nach Hause kommen würde, aber diese Pläne hatten sich zerschlagen. Die Ärzte meinten, dass sie für diesen grossen Schritt noch nicht bereit wäre. Es ist auch für uns besser so. An jedem Wochenende, an dem Andrina zu Hause ist, bekommen wir einen Vorgeschmack darauf, was das Zusammenleben mit ihr bedeuten würde: Samstag und Sonntag sind jeweils bis ins Kleinste strukturiert und die Essenszeiten klar vorgegeben, da Andrina diese Ordnung hilft, die Magersucht im Griff zu behalten. Spontane Ausflüge oder Unternehmungen gibt es nicht, denn da sind Probleme gleich mitprogrammiert. David und ich können unsere sozialen Beziehungen kaum mehr pflegen. Wir sind Andrinas einzige Bezugspersonen und sie klebt förmlich an uns. Manchmal macht mich das wütend, manchmal bin ich nur noch erschöpft und manchmal erleben wir auch wunderschöne Momente: der Besuch eines Jahrmarktes, Marcos Geburtstag, die Weihnachtsfeier, ein Ausflug an den Bodensee oder zu Verwandten. Das hilft, immer wieder Ja zu sagen.

Ein anderes Problem ist, dass Andrina übers Wochenende regelmässig Gewicht verliert, da wir ihr entweder zu wenig schöpfen oder sie sich zu intensiv körperlich betätigt. Einmal gab mir ihre Bezugsperson Tipps, worauf ich beim Essenschöpfen achten sollte: „Die Portionen müssen sehr gross sein. Einen Drittel Eiweiss, einen Drittel Kohlenhydrate und einen Drittel Gemüse oder Salat. Weniger geeignet sind Eintöpfe, da es sonst für Andrina schwierig sein wird, selber schöpfen zu lernen. Nehmen Sie viel Öl, Butter oder etwas Rahm, damit Andrina genug Energie zu sich nimmt." Das ist ja alles recht und gut, aber David und ich nehmen dann genauso Energie zu uns und ich kann das auf der Waage sehr gut mitverfolgen!

„Denken Sie immer daran, dass Sie nicht Andrina den Teller füllen, sondern der Magersucht. Gegen die kämpfen wir ja, nicht gegen Andrina. Das hilft Ihnen vielleicht, nicht nachzugeben, wenn Ihre Tochter aufbegehrt."

Auch wenn ich das Gespräch als erfahrene Familienfrau als demütigend erlebt habe, muss ich zugeben, dass mir vor allem dieser Tipp – der Magersucht zu schöpfen – geholfen hat.

Andrina erzählte mir auch einmal einen Traum, den sie nach einer Diskussion übers Nachhausekommen hatte: „Wir kletterten als Familie auf einen Berg. Als wir die Hälfte geschafft hatten, wollte ich umkehren. Du kamst mit mir zurück. Plötzlich hast du den Halt verloren und bist abgestürzt. Ich bin sofort zu dir gekommen. Du warst bewusstlos. Ich habe dir den Kopf gehalten und wollte dich wieder aufwecken." Faszinierend, wie sich ihre Ängste in Bildern ausgedrücken! Wenn ich zusammenklappen würde oder wieder in eine Erschöpfungs-Depression käme, würde Andrina sicher sich selbst die Schuld daran geben.

Für uns war es eine grosse Erleichterung, als Andrina vor Weihnachten lernte, selbstständig nach Hause zu reisen. Vorher hatte ich sie jeweils am Samstag in Bern abgeholt und David sie am Sonntag wieder zurückgebracht. Das bedeutete für jeden von uns eine Zugreise von insgesamt sechs Stunden.

Andrina hatte vor Weihnachten den Wunsch geäussert, einem Basketballclub beizutreten. Und was sich diese Frau in den Kopf gesetzt hat, das bringt sie auch zustande! Im Januar schaffte sie die notwendige Gewichtszunahme auf 51 Kilogramm. Den passenden Basketballclub hatte sie schon lange im Internet gefunden, den Kontakt mit dem Trainer aufgenommen und den Weg zur Sporthalle herausgesucht. Los ging es! Nach dem ersten Training telefonierte sie mit mir und war ein wenig enttäuscht, dass sie keine

Freundin gefunden hatte. Diese Vorstellung belustigte mich einerseits und gab mir aber auch zu denken. War das Ausdruck des Asperger-Autismus oder hatte sie in der langen Krankheitszeit verlernt, dass es mehr als zwei Stunden Basketball braucht, bis Freundschaften entstehen?

Immer mehr kristallisierte sich heraus, dass Andrina auf eine Aussenstation der Jugendpsychiatrie Bern, namens Tremola, wechseln könnte. Tremola, ist das nicht die alte Passstrasse, die in unzähligen Serpentinen von Airolo auf den Gotthardpass hinaufführt? Ist das auch wieder ein Sinnbild, wie es mit Andrina weitergehen wird? Steil und en Chrampf? In dieser Wohngruppe erhalten Jugendliche mit psychischen Problemen die Möglichkeit, das Leben ausserhalb der Klinik wieder kennenzulernen und einzuüben. Sie werden betreut, müssen aber fähig sein, eine Schule zu besuchen oder eine Lehre zu machen. Das ist ja bei Andrina gegeben. Sie besucht weiterhin die Schule der Jugendpsychiatrie. Auch grosse Eigenständigkeit ist erforderlich, da Haushalt, Garten, Kochen und Waschen von den Jugendlichen erledigt werden müssen. Aber das wird für Andrina kein Problem sein, dachte ich, das musste sie alles bereits auf Phönix machen.

Andrina reagierte auf den Vorschlag mit den Worten: „Ich wott nüme inä Psychi!". Aber nach der Schnupperwoche war sie begeistert, und so wurde ihr Eintrittstag auf den 11. Februar festgelegt. David und ich halfen ihr alles einzupacken und transportierten ihre Sachen zum neuen Zuhause. Auf Tremola nahm uns Andrinas neue Bezugsperson in Empfang, verwöhnte uns mit Kaffee und zeigte uns das ganze Haus. Nachher schickte sie sie zum Auspacken und informierte uns noch über ein paar wichtige Sachen. Sie freut sich darauf, unsere Tochter besser kennenzulernen. Von uns wird erwartet, dass wir an den Elterngesprächen und an den zweimonatlich stattfindenden Abenden für Angehörige teilnehmen. Was die Betreuerin dann am Schluss noch anfügte, gefiel mir weniger. Wenn Andrina suizidal wird, wird sie ins Kriseninterventions-Zentrum überwiesen, da sie hier nicht für ihre Sicherheit garantieren können.

Mein einziger Gedanke war: „Hoffentlich kommt es nie mehr so weit!"

MITTWOCH, DEN 18. FEBRUAR 09

Heute steht uns das erste Elterngespräch bevor. Wieder eine neue Situation, neue Leute und ein neues Sich-Finden. Während die Psychologin von Andrina erzählt, lässt sie den Satz fallen, dass es für uns Eltern sicher schwer sei, Andrina loszulassen, da sie die Jüngste ist. Sofort läuft bei mir der übliche Film ab: Die meint sicher, dass ich so eine überbehütende Gluggere bin, die nicht loslassen kann, die alles falsch gemacht hat, die an allem schuld ist, die … Noch während der Film in meinem Kopf abläuft, wird mir mein falsches Denken bewusst. Als ich nachher mit David darüber rede, merke ich, dass er diesen Satz gar nicht gehört hat. Wir fahren zufrieden nach Hause und wissen unsere Tochter an einem guten Ort aufgehoben.

MITTWOCH, DEN 11. MÄRZ 09

Ich habe Martina und Cédric in Spanien besucht. Sie leben seit dem letzten Sommer in einem Tal namens Beneficio in Andalusien. Eigentlich war ich nur fünf Tage dort, aber ich habe so viel erlebt, dass mein Kopf überquillt vor lauter Eindrücken.

Martina hat mir unter anderem ihre Behausung gezeigt, eine Hütte aus Plastik, Holz und Blech, mit Schnüren zusammengebunden. Im Innern gab es sogar eine Koch- und Heizgelegenheit! Wasser müssen sie bei einer Quelle holen, die auch im Sommer nicht versiegt. Und die Toilette ist 50 Meter entfernt aufgestellt, mit schönster Sicht in die Weite. Alles sehr, sehr, sehr einfach.

Diese Wohngemeinschaft von Leuten aus aller Welt – Gestrandete, Lebenskünstler und Aussteiger – wird von den Einheimischen in Orgiva nicht gerne gesehen. Aber sie können nichts unternehmen, denn die Hippies, die diese Kommune in den sechziger Jahren gegründet hatten, kauften damals vorsorglich das Gelände. Dass ich kaum Leute entdeckte, die älter als dreissig Jahre waren, vermittelte mir die Hoffnung, dass auch unsere Tochter irgendwann in ein geregelteres Leben zurückkehren wird.

„Wovon lebt ihr eigentlich?", habe ich Martina gefragt.

„Wenn es geht, helfen wir auf dem Markt in Orgiva die Stände abräumen und die Händler überlassen uns dann übriggebliebenes Gemüse und Früchte. Oder wir zeigen unsere Feuerschau, jonglieren, machen Musik und verdienen so ein paar Batzen. Aber ich muss dir ehrlich gestehen, dass es im Winter Zeiten gab, in denen wir hungerten. Das war eine tiefgreifende, schwierige Erfahrung."

Ich war froh, dass ich bei Martinas Bekannten, die einen Olivenhain bewirtschaften, wohnen, in einem richtigen Bett schlafen und auf eine anständige Toilette gehen konnte. An einem anderen Tag zeigte mir Martina Granada und die Höhlen, in denen sie vor Benefizio während drei Monaten gelebt hatten. Auch in einer heissen Quelle badeten wir. Noch konnte kein Spekulant die Quelle erwerben und zu einer Badeanlage umbauen. Das Wasser wird in einem einfachen Lehmbassin aufgefangen und ist allen zugänglich. Das Ungewohnte für mich war die Tatsache, dass wir alle im Adamskostüm badeten! Gut, war schon Nacht.

Irgendwie beeindruckt es mich, dass Cédric und Martina alle Sicherheiten losgelassen haben und nun ohne jeglichen Luxus leben. Kann es sein, dass ich mir um sie keine Sorgen mehr machen muss, wenn das Leben sie einmal härter anfassen wird? Weil sie mit wenig auskommen und mit viel Phantasie immer wieder Auswege aus der Not finden? Doch taten mir auch die Abschiedsworte meiner Gastmutter gut: „Deine Tochter ist nicht der Typ, der immer so leben kann. Sie braucht ein festes Zuhause und wird sicher auch einmal eine Familie haben."

Ich will doch einfach, dass Martina glücklich ist; aber wenn es auf eine etwas konformere Weise ginge, hätte ich nichts dagegen.

Das Telefon klingelt um zwölf. Eine Betreuerin ist am Apparat und sagt: „Andrina ist wieder zurückgekommen."

„Was meinen Sie damit?", frage ich völlig perplex.

„Andrina ist heute Morgen nicht zur Schule gegangen und war den ganzen Morgen verschollen. Haben Sie die Nachricht auf Ihrem Handy nicht gelesen?"

Ich bin froh, dass ich diese Kurznachricht übersehen habe. Sonst hätte ich den ganzen Morgen keine ruhige Minute mehr gehabt und wäre zu nichts mehr fähig gewesen. Jetzt habe ich immerhin die Hausarbeit erledigt und den morgigen Unterricht vorbereitet.

„Als Andrina endlich zurückkam, hat sie uns erzählt, dass sie völlig am Ende war und einfach an der Aare spazieren gegangen sei. Dabei habe sie Vogelstimmen mit dem Handy aufgenommen." Das beruhigt mich. Solange sie noch Vögel hört und aufnimmt, kann sie ja nicht suizidal sein!

Mitten im Nachmittag erhalte ich den nächsten Anruf:

„Andrina konnte nach dem Mittagessen nicht mehr versprechen, dass sie sich nichts antut, und so mussten wir sie wie abgemacht ins Kriseninterventions-Zentrum bringen. Dort ist sie auf der geschlossenen Abteilung der Jugendpsychiatrie in Sicherheit."

Ich sitze da und bin wie gelähmt. Angst überflutet mich. Beginnt nun das ganze Elend von vorne? Das letzte Mal, als wir Andrina in eine geschlossene Station brachten, dauerte es anderthalb Jahre, bis sie wieder rauskam. Wird sich das wiederholen? Der Druck auf meiner Brust nimmt stetig zu. Ich halte es nicht mehr aus und versuche, Andrina im KIZ zu erreichen. Ich muss sie unbedingt hören, damit ich merke, wo sie steht und wie es ihr geht. Es klappt nicht.

David kommt nach Hause und beginnt zu essen. Kaum habe ich ihm von Andrina erzählt, ist sein Appetit schlagartig weg. Erst nach einer unendlich langen Zeit erreichen wir Andrina.

„Mami, ich bin so froh, dass ich hier sein kann. Jetzt kann ich einfach alles loslassen und muss nichts mehr denken."

„Wie lange musst du denn bleiben?"

„Sobald ich versprechen kann, dass ich mir nichts mehr antue, darf ich zurück."

Ihre Aussage löst unsere Ängste in Luft auf. David und ich sind so erschöpft, dass wir nur noch ins Bett fallen und schlafen wollen.

Dieser Nachmittag zeigt mir in aller Deutlichkeit, dass wir die Erlebnisse in Zürich in keiner Weise verarbeitet haben. In vergleichbaren Situationen steigen Ängste und Gefühle in solcher Heftigkeit auf, dass wir den Boden unter den Füssen verlieren und völlig neben uns stehen. Wir können gar nicht mehr angemessen oder vernünftig reagieren und bestehen nur noch aus Angst.

FREITAG, DEN 13. MÄRZ 09

Andrina ist bereits wieder auf Tremola. Sie hat das Tief schnell überwunden und ist wieder absprachefähig, das heisst, sie kann versprechen, sich nichts mehr anzutun. Sie erzählte mir, dass sie auf dem Heimweg mit ihrem Betreuer noch einen Bauernhof besucht haben. Dort durfte Andrina die Kälbchen und Pferde streicheln. Mich berührt es, wie einfühlsam mit ihr umgegangen wird. David und ich sind unbeschreiblich erleichtert, dass der Aufenthalt im KIZ so schnell vorbeiging.

Jetzt ist auch klar, was Andrina so in Anspannung gebracht hatte, dass sie es nicht mehr aushielt. Sie dachte, dass es ihr nur noch gut gehen darf und sie uns ja nicht enttäuschen wollte. Aber da so vieles für sie neu war, kam sie schnell in Bedrängnis. Zum Beispiel war da der lange Schulweg. Die letzten vier Jahre hatte sie in Hausschuhen zur Schule gehen können, dadurch kam sie mit der Aussenwelt kaum in Kontakt. Jetzt liest sie im Tram die Schlagzeilen in der Zeitung oder wird durch die Erzählungen der anderen Jugendlichen mit Problemen und Themen konfrontiert, die sie nicht einordnen kann und die sie überfordern. Zum Schutz verordnet ihr das Team jetzt erst einmal ein Nachrichten- und Zeitungsverbot. Ebenso muss sie weniger Unterrichtsstunden besuchen, damit sie genug Zeit hat, um all das Neue zu verdauen. Es kommt auch immer noch vor, dass sie sich in der Anspannung durch Selbstverletzungen Linderung verschafft. Am Elterngespräch haben wir mit ihr abgemacht, dass sie den Hamster zu sich nehmen kann, wenn sie sich drei Wochen lang nicht mehr schneidet. Das wäre super! Im Moment steht der Käfig in meinem Büro. Es riecht ziemlich unangenehm …

SONNTAG, DEN 15. MÄRZ 09

Bei David hat die Krise noch mehr ausgelöst: Er will wegziehen. Schon öfters überlegten wir, ob Andrina an einem anderen Ort eher die Chance hätte, ein neues Leben aufzubauen. Weil ich mich nur schon vom Gedanken an eine Züglete überfordert fühlte und auch Andrina noch nicht so weit gewesen wäre, haben wir die Pläne auf die Seite gelegt. Und nun finde ich auf dem Tisch einen Zettel, auf dem ein Neubau in Henggart abgebildet ist. Wütend stelle ich David zur Rede:

„Was soll das? Wir haben diesen Plan doch aufgegeben!"

„Andrinas Krise hat mir gezeigt, dass sie hier kaum einen Neustart machen kann. Hier hat sie den Stempel: die kranke Andrina. Und sie selbst sagt immer wieder, dass sie in unserem Dorf so vieles an die schwierige Zeit erinnert und sie hier nicht mehr leben kann."

„Gut, dass, kann ich nachvollziehen. Aber sollen wir wirklich wegen unserer Tochter alles aufgeben? Unsere Beziehungen, die Gemeinschaft in der Freikirche und unser Haus? Den Gemüsegarten? Und wenn es nicht klappen würde, bekäme Andrina riesige Schuldgefühle! Und du weisst doch, dass mir der Gedanke ans Umziehen Mühe macht!"

„Ursula, ich habe auch noch andere Gründe: Ich möchte auch für mich nochmals etwas Neues erleben. Ich kann nicht in diesem Dorf alt werden. Und überhaupt soll ein Vater auch einmal ein Machtwort sprechen. Das hat mir eine Mitarbeiterin geraten." Die soll mir mal über den Weg laufen! Der werde ich zeigen, wo der Bartli den Moscht holt! Meinem Mann solche Flausen in den Kopf zu setzen!

„Würdest du mitkommen, um die Wohnung einmal zu besichtigen? Ich habe unverbindlich einen Besichtigungstermin abgemacht."

Ich muss zuerst tief durchatmen. So weit ist der Plan also schon gediehen!

„Du musst mir ein wenig Zeit lassen, damit ich mir das Ganze überlegen kann. Nume nid gschpränget!"

„Ich werde sicher nichts erzwingen. Nur keine Angst! Vielleicht können Marco, Naemi und Andrina auch mitkommen! Sie betrifft der Umzug genauso."

SAMSTAG, DEN 28. MÄRZ 09

Heute gehen wir die Wohnung anschauen. Naemi war begeistert, als sie von unseren Plänen hörte. Marco hatte weniger Freude. Er maulte, dass er hier bleiben möchte, weil auch alle seine Kollegen hier wohnen. Einzig die

Vorstellung, dass er mit dem Fahrrad in die Schule fahren könnte, lässt ihn die Sache etwas positiver sehen. Die Wohnung gefällt uns nicht schlecht. Gross genug wäre sie. So entscheiden wir uns, mit dem Bauherrn Kontakt aufzunehmen. Zweifel am Projekt, die bei mir auftauchen wollen, ersticke ich im Keim, weil David beim Planen und Überlegen so richtig aufblüht. Das mag ich ihm gönnen.

SONNTAG, DEN 12. APRIL 09

David konnte nicht mehr gut schlafen. Er war sich plötzlich nicht mehr sicher, ob seine Idee mit dem Umzug gut war. In mir wuchs eine leise Hoffnung, dass wir doch bleiben könnten. Und tatsächlich: David sagte das Projekt wieder ab. Juhui! Naemi flippte aus und sagte uns alle Schande: „Ihr ändert andauernd und so schnell eure Meinung und immer gleich so definitiv. Das stinkt mir!" Marco schmunzelte zufrieden.

Ich bin bei Andrina zu Besuch und habe ihr gerade die Neuigkeit mitgeteilt. Jetzt weint sie bitterlich. Ich habe ein schlechtes Gewissen, dass wir sie so enttäuschen müssen. Gott sei Dank kann die Betreuerin sie trösten: „Andrina, überleg einmal! Was wäre passiert, wenn es am neuen Wohnort bei deiner Familie nicht geklappt hätte? Wie gross wären deine Schuldgefühle geworden? Und ich habe eh den Eindruck, dass du dich im Moment nirgends zu Hause fühlen würdest, weil es dir in deiner Haut nicht wohl ist. Überhaupt wissen wir noch gar nicht, ob und wann du wieder zu den Eltern zurückkehren kannst."

So legen wir das Thema „Züglätä" wieder einmal auf die Seite. Wie lange wohl?

MITTWOCH, DEN 20. MAI 09

Das Leben tröpfelt so dahin. Der Alltag ist immer der gleiche. David arbeitet, ich mache den Haushalt, gärtnere und unterrichte. Marco lernt für die Matura und Naemi pendelt nach Zürich und lässt sich als Lehrerin ausbilden. Doch etwas hat sich geändert: Andrina hat nun den Hamster bei sich. Sie hat es geschafft, sich nicht mehr zu schneiden. Sie hat ziemlich zugenommen, da auf Tremola für die Gewichtszunahme strikte Regeln gelten. Jedes zusätzliche Kilo ist mit der Erweiterung ihrer Freiheiten verbunden. Das sind vor allem sportliche Aktivitäten: joggen, schwimmen, Basketball spielen usw. Schafft sie die nötige Gewichtszunahme nicht, wird jeglicher Sport gestrichen, bis sie das Ziel erreicht hat. Andrinas seelisches Gleichgewicht wird mit jedem Gramm stabiler. Sie erzählt auch selbst, dass sie vermehrt gute Gefühle und Freude erlebe.

Einmal hing das Basketballtraining, das sie heiss und innig liebt, davon ab, dass sie innerhalb zweier Tage fast ein Kilo zunehmen sollte. Anstatt die Herausforderung anzunehmen, stieg sie einfach in den Zug nach Hause. Die Betreuerin rief mich an und bat mich, Andrina zur Umkehr zu bewegen. Ich fragte erstaunt, woher sie wisse, dass Andrina unterwegs nach Hause sei? „Andrina hat einen Zettel geschrieben und uns gebeten, ihren Hamster zu füttern, bis sie wiederkomme." Ich musste schmunzeln: In der allergrössten Not hat sie doch noch an ihr Tier gedacht!

Wir Eltern werden von den Bernern hie und da gelobt. „Dir sid hennä gueti Eutere!" Das tut gut. Dann machen wir doch nicht alles falsch. Aber warum bin ich trotzdem so müde und erschöpft? Die Antidepressiva nehme ich ja schon lange wieder. Auch träume ich in letzter Zeit wie eine Weltmeisterin: David und Andrina sind mit dem Fahrrad unterwegs. Es giesst in Strömen. Sie werden platschnass. Ich fahre ihnen entgegen. Plötzlich haben wir nur noch ein Fahrrad. Wir versuchen alle aufzusteigen: Andrina auf den Gepäckträger und David auf den Sitz, ich bin irgendwie zwischen ihm und der Lenkstange eingeklemmt. Nur ich kann trampen. Es ist anstrengend und geht bergauf. Immerhin schaffe ich es ganz knapp.

Ich bin froh, dass meine Psychologin bei unserem Gespräch Ordnung in das Geträumte bringt: „Der Traum – in dem nur Sie trampen können – zeigt, dass Sie in der Gefahr stehen, zu viel Verantwortung zu übernehmen. Verantwortung, die Sie abgeben sollten." Ihre Worte ermutigen mich, besser auf mich aufzupassen und mich wieder klarer abzugrenzen. Ich bin froh, dass ich morgen wieder einmal für einen Stillen Tag auf den Sternenberg fliehen kann.

DONNERSTAG, DEN 21. MAI 09

Früh am Morgen fahre ich los und komme gerade rechtzeitig zum Morgengebet. Oh, wie freue ich mich dann auf das Frühstück und den Kaffee. Im Schweigen zu essen ist einfach etwas Besonderes. Ich kann bei mir sein und meinen Gedanken nachhängen.

Bevor wir zum Thema dieses Tages – Gottes Führung – einen kleinen Vortrag hören, machen wir eine Übung. Meine Partnerin führt mich durch den Raum. Da ich die Augen verbunden habe, zeigt sie mir durch ein leichtes Antippen der jeweiligen Schulter die Richtungsänderung an. Das verlangt von mir grosses Vertrauen, vor allem in den Momenten, wo ich nichts von ihr spüre. Führt sie mich sorgfältig oder werde ich andere Menschen anrempeln?

Ganz ähnlich erging es mir in den letzten Jahren im Glauben an Gott. Häufig hatte ich den Eindruck, Gottes Führung und seine Gegenwart nicht mehr zu erleben und zu spüren. Und doch kann ich im Nachhinein erkennen, dass er mich liebevoll an der Schulter berührt und mir die Richtung gewiesen hat. Nach dem halbstündigen Referat gibt uns die Leiterin Fragen mit und schickt uns in die Stille. Bei mir wird es besonders still. Ich mache ein Schläfchen unter dem blühenden Lindenbaum.

Frisch gestärkt klemme ich mich nach dem Mittagessen hinter die Frage, wie Gott mit mir redet. Ja, redet er denn überhaupt mit mir? Doch, das kommt vor. Durch Gedanken, Predigten, Mitmenschen oder durch Texte aus der Bibel. Ja, ich habe auch schon während des Nachdenkens plötzlich so etwas wie Gesprochenes vernommen. Nicht mit hörbarer Stimme, sondern eher wie ein Gedankenblitz. Immer war es eine Zusage oder ein Trost. So in der Art: Du musst dich nicht sorgen. Ich schaue schon. Vertrau mir nur. Warum mir so klar ist, dass diese Worte von Gott kommen, kann ich nicht erklären. Vielleicht, weil sie in mir eine tiefe Gewissheit und Frieden auslösten. Manchmal ging es nachher trotz Zusagen turbulent weiter und ich fragte mich, ob alles nur Einbildung gewesen war. Und doch trug das Gehörte durch die schwierige Zeit und ich wusste tief im Herzen, dass die Situation sich ändern wird. Gerade auch in Bezug auf Martina und Cédric hat mir die Gewissheit, dass Gott sie behütet, geholfen. Ja, und jetzt sind sie wieder in der sicheren Schweiz gelandet. Aber nicht nur sie zwei, sondern auch noch drei Hunde, inklusive fünf Welpen! Sie leben in Bern in einem leerstehenden Haus, das bald abgebrochen wird. Ich war schon einmal dort. Das Zuhause hat mich nicht so begeistert, auch wenn sich Martina grosse Mühe mit Aufräumen gab. Sie werden weiterhin von der Hand in den Mund leben. Ich merke, dass ich mit ihrer Rückkehr auch eine Rückkehr in ein geregeltes Leben erwartet hatte: Job suchen, Wohnung mieten, Lehre machen und so weiter. Erneut muss ich meine Vorstellungen loslassen.

Dafür sind die Welpen allerliebst. In einen habe ich mich besonders verliebt. Er ist als einziger schwarz, hat braune und weisse Flecken, Schlappohren und einen treuherzigen Blick. Sollen wir ihn nehmen? Ich bin unsicher, da wohl die meiste Arbeit an mir hängen bleiben würde.

So, wie ich es mit allen Kindern machte, war ich letzten Samstag auch mit Andrina unterwegs, um Konfirmationskleider zu kaufen. Bei der Anprobe stellte ich fest, dass sie auch mit den erkämpften 51 Kilo immer noch sehr dünn ist. Mit Andrina kam es mir viel anstrengender vor als die anderen Male. Das lag aber nicht an ihr, sondern an der lauten Musik in den Geschäften, den vielen Leuten und daran, dass ich einfach älter geworden bin.

Jetzt bin ich mit meinen Gedanken wieder überall gewesen anstatt bei den Fragen der Leiterin. Schäm di, Ursula! Du wolltest dich doch auf den Stillen Tag konzentrieren!

Unser Leben kommt in ruhigere Bahnen

SONNTAG, DEN 7. JUNI 09

Heute ist Andrinas grosser Tag, ihre Konfirmation. Obwohl sie am religiösen Unterricht in der Freikirche nicht teilnehmen konnte, darf sie mit zwei Gleichaltrigen den Abschluss feiern. Bereits am Freitagabend kam sie nach Hause, um auch an den Proben für den Sonntag teilzunehmen. Ich begleitete sie zur Kirche. Kaum hatten wir alle begrüsst, flüsterte Andrina mir ins Ohr: „Mami, es geht nicht. Ich bin zu müde. Ich will gehen." In mir begannen zwei Stimmen zu streiten: „Oh, das ist wieder peinlich, das kannst du nicht machen, Tochter! Sie haben die Proben nur wegen dir auf heute verschoben!" Und die andere sagte: „Andrina kennt sich sehr gut. Und wenn es nicht geht, dann geht es nicht. Eigentlich könntest du stolz auf deine Tochter sein, Ursula! Sie hat gelernt, zu sich zu stehen." Die zweite Stimme gewann die Oberhand und wir verabschiedeten uns wieder.

Die zweite Probe am Samstagmorgen klappte ohne Probleme. Und jetzt sitzen wir im Gottesdienstraum: die Eltern, die Geschwister, die Grosseltern, Nonna, Gotte und Götti mit Anhang! Andrina steht auf der Bühne, inmitten der Band, und singt aus voller Kehle. Auch im Sketch macht sie mit, und als ihr der Pfarrer nach der Predigt das von ihr ausgewählte Bild überreicht, nimmt Andrina das Mikrofon in die Hand und beginnt zu reden: „Ich möchte mich bei euch allen bedanken, dass ihr für mich gebetet habt. Es gab eine Zeit, da hatte ich alle Hoffnung verloren und wollte nur noch sterben. Da habt ihr für mich gehofft und mich nie aufgegeben und dass ich jetzt hier stehen kann, ist ein Wunder Gottes." Mich übernimmt es und ich kann nur noch schluchzen. Es ist einfach zu schön. Marco legt mir den Arm um die Schulter und seufzt: „Oh, Muetti!" Langsam beruhige ich mich und merke, dass viele vom Taschentuch Gebrauch machen, weil Andrinas Worte sie so berührt haben.

Das Mittagessen nehmen wir in einer Pizzeria ein. Mit Andrina habe ich besprochen, was sie essen wird, sonst hätten ihre Gedanken den ganzen

Morgen nur um dieses Thema gekreist. Kaffee und Dessert gibt es zu Hause. Die Kuchen-Nonna hat ihrem Namen alle Ehre gemacht: ein riesiges Dessertbuffet und mittendrin ihre berühmte Schwarzwälder Torte. Die kabarettistischen Einlagen von David und den Kindern in unserem kleinen Swimmingpool unterhalten die Gesellschaft bestens. Wir können den Tag friedlich ausklingen lassen, da Andrina erst am nächsten Tag zurück nach Bern muss.

DIENSTAG, DEN 9. JUNI 09

Beim heutigen Elterngespräch wollen wir darüber reden, was Andrina im nächsten Jahr nach dem Schulabschluss machen könnte. Ihr Lehrer bringt einen Vorschlag nach dem anderen. Aber alle zielen darauf, dass Andrina in Bern bleiben würde. Wir möchten doch, dass sie wieder nach Hause kommt.

David ist auf der Heimfahrt nicht mehr ansprechbar. Er hat sich in den Gedanken verrannt, dass Andrina nie mehr bei uns leben wird und dass wir als Eltern sowieso nichts zu sagen haben. Ich hasse diese Stimmung.

MITTWOCH, DEN 10. JUNI 09

Ich habe heute beim Team nachgefragt, ob Andrina in Bern bleiben muss. Die Antwort war beruhigend: „Die Psychologin und wir unterstützen Ihr Bestreben, Andrina nach Hause zu nehmen. Es ist ganz wichtig, dass sie auch an dem Ort, wo sie krank wurde, Gesundung erlebt. Andrina muss aber noch fest an sich arbeiten. Die Magersucht beherrscht ihr Leben noch sehr stark."

Warum haben sie das nicht schon beim Gespräch gesagt? Das hätte mir eine unangenehme Heimfahrt erspart. Oder haben wir es gar nicht gehört?

MITTWOCH, DEN 1. JULI 09

Vor unserem Haus hält ein zerbeulter VW-Bus. Martina und Cédric steigen aus. Für ein paar Tage wohnen sie bei uns, um uns beim Umbau und

Streichen eines Zimmers zu helfen. Sie öffnen die Hecktür und zwei grosse Hunde springen heraus und machen im Garten des Nachbarn ihr Geschäft. Im Wagen ertönt ein aufgeregtes Fiepen und Quieken. Fünf allerliebste kleine Geschöpfe purzeln aus dem Auto. Im Schopf richten wir ihnen ein Lager ein. Mein kleiner Liebling hat noch keinen Besitzer. Alle anderen werden in ungefähr einem Monat abgeholt. Soll ich das als Zeichen werten, dass der Schnüggel zu uns gehört? Aber, was käme da auf mich zu? Ich werde mich hauptsächlich um ihn kümmern, mit ihm spazieren gehen und die Hundeschule besuchen müssen. Das hat mir David ganz klar signalisiert.

MONTAG, DEN 7. JULI 09

Fünf Tage lang haben wir die kleinen Hunde erlebt. Jetzt ist meine Entscheidung gefallen. Ich will den kleinen Bengel haben! Ich habe mich restlos in ihn verliebt. Er erhält den Namen Balu. Aber bis wir aus unseren Ferien im Südtirol zurückkehren, bleibt er noch bei seiner Hundemami. Bis dann wird auch alles bereit stehen: sein Bett, seine Box, und der Garten ist eingezäunt, damit ich Balu nicht immer suchen muss.

SAMSTAG, DEN 1. AUGUST 09

Bereits haben wir sechs herrliche Tage im Südtirol hinter uns. Die ersten Ferien seit fünf Jahren, bei denen auch Andrina dabei sein kann. Gestern traf noch Martina ein. Wow! Tutta la famiglia! David und ich vergehen fast vor „Wööli". Wir logieren auf einer Burg oberhalb Lana. Schade ist nur, dass Burgen so kleine Fenster haben. Um die Weitsicht über das Etschtal geniessen zu können, müssen wir uns gefährlich aus dem Fenster lehnen. Heute sind wir alle zur Hochzeit einer guten Bekannten eingeladen. Wir freuen uns darauf, Südtiroler Brauchtum zu erleben.

Vor unseren gemeinsamen Ferien verbrachte Andrina noch zwei Wochen mit den Jugendlichen von Tremola. Die ersten Tage paddelten sie auf der Aare von Bern bis zum Bieler See, zelteten dort eine Weile und wanderten nachher im Jura herum. Mich erstaunte, dass bei der Planung dieser Tage das Thema Asperger-Autismus nicht zur Sprache kam. Wenn ich den Psychologen damals richtig verstanden habe, brauchen Menschen mit einer autistischen Wahrnehmung möglichst viel Vorwissen, damit solche Unternehmungen für sie erträglich werden. Andrina reagierte auch dementsprechend vor dem Lager mit heftigsten Spannungen. Das ging so weit, dass sie sich von einer Brücke stürzen wollte. Nur der Gedanke, dass jemand die Sauerei aufputzen müsste und niemand mehr zum Hamster schauen würde, habe sie abgehalten, erzählte sie den Betreuern. Ich erschrecke, wie lakonisch und unberührt ich das aufschreibe. Bin ich schon so abgestumpft?

SAMSTAG, DEN 29. AUGUST 09

Heute steigt unser grosses Fest. David und ich sind zusammen 100 Jahre alt. Das muss gefeiert werden. Wir haben im Tessin ein Berggasthaus inklusive Personal gemietet und unsere Freunde und Verwandten eingeladen, das Wochenende an diesem idyllischen Ort zu verbringen. Als David, Andrina, Marco und ich im Laufe des Nachmittags auf dem Berg ankommen, sind bereits einige Gäste dort. Nach und nach trifft der Rest ein. Martina hat in Zürich den Zug verpasst und es ist ungewiss, ob sie die letzte Bergfahrt der Seilbahn noch erwischen wird. Gut, für 250 Franken würden sie die Bahn nochmals fahren lassen ... Ich halte die Spannung fast nicht aus. Aber ich muss mich gedulden, bis die Tür der letzten Seilbahn sich öffnet, und tatsächlich: Martina steigt munter aus!

Das Fest nimmt seinen Lauf. Apéro, Abendessen, Sonnenuntergang, Polonaise und dann treten unsere vier Kinder auf. Marco als David und Naemi spielt meinen Part. Martina bedient den PC, um die passenden Bilder auf die Leinwand zu projizieren, und Andrina beleuchtet das Ganze mit Scheinwerfern. Sie zeigen drei Szenen aus unserem Leben: wie David und ich uns kennenlernten, wie unsere Beziehung begann – jetzt weiss ich auch, warum mich Marco einmal so unschuldig nach unserer Geschichte gefragt hatte –, und am besten gefällt mir, wie sie uns als Ehepaar an unserem achtzigsten Geburtstag spielen. So viel Liebe strömt uns aus dem Sketch entgegen. David und ich schauen uns an und wissen genau, was der andere denkt: „Wow! Das sind unsere Kinder!"

Meine Mutter mit ihren 74 Jahren hält bis zum Ende des Festes durch. Als die letzten Gäste zu Bett gehen, meint sie: „Ich würde noch lange weiterfeiern. Aber das junge Gemüse muss ja schon schlafen gehen!"

DONNERSTAG, DEN 19. OKTOBER 09

In den letzten zwei Monaten war nicht viel los. Höchstens unsere Ferienwoche im Tessin ist erwähnenswert. David und ich verbrachten sie mit Wandern, Ausruhen, Schiff fahren, Ausflüge machen und gut Essen. Doch, noch etwas: Balu ist Anfang August bei uns eingezogen! Das ist anstrengend, da er zum Beispiel das Alleinsein nicht gewohnt ist. Sogar, wenn ich nur für zwei Minuten auf der Toilette verschwinde, geht für ihn die Welt unter und er jammert zum Herzerweichen. Anfänglich schlief er unter unserem Bett, weil er das so gewohnt war. Aber da er uns öfter in eine fürchterliche Duftwolke hüllte, mussten wir ihn aus dem Zimmer verbannen.

Ich besuche mit Balu die Hundeschule. Wir müssen beide noch viel lernen. Ich im Umgang mit ihm und er mit all dem Neuen, das tagtäglich auf ihn einprasselt: fremde Gerüche, neue Situationen, Zugfahren, Autofahren, an der Leine laufen und so weiter. Einmal zum Beispiel näherten wir uns auf dem Spaziergang einer unheimlichen Gestalt. Balu stellte die Nackenhaare auf, bellte und versteckte sich hinter mir. Eigentlich war es nur ein Fahrrad, an dem eine gelbe Regenjacke hing. Aber Balu wollte um nichts in der Welt daran vorbeigehen. „Chumm, du chline Angschthaas!", versuchte ich ihn zu beruhigen. Ich ging zum Fahrrad hin und berührte es, um ihm zu zeigen, dass es nicht gefährlich war. Endlich getraute er sich, daran zu schnuppern. Befreit hob er das Bein, und schon war das Gefährt als sein Besitz markiert. Mit hoch erhobenem Schwanz spazierte er weiter.

In der Hundeschule sind wir ungefähr zehn Personen und zehn Welpen. Ist das ein Gewusel! Immer am Anfang dürfen die Kleinen miteinander spielen. Da geht die Post ab und es ist schon sehr gut zu erkennen, wer zu den Herausforderern gehört und wer eher ein Angsthase ist. Nun will der

Leiter die Stunde beginnen. Ich brauche am längsten, bis ich meinen kleinen Wildfang zu mir gelockt habe. Endlich stehe ich wie die anderen im Kreis. Wir üben den Augenkontakt. Ich muss mich in die Mitte stellen und Balus Aufmerksamkeit auf mich lenken, damit er mir in die Augen schaut. Mithilfe eines Hundekekses gelingt das sogar. Alle anderen laufen um uns herum. Aber wir sind ein gutes Team. Ich rede die ganze Zeit auf Balu ein und er schaut mich unverwandt mit seinen treuen braunen Augen an, als würde er jedes Wort verstehen. Keinem gelingt es, uns auseinanderzubringen. Diese Übung soll auch im Alltag in schwierigen Situationen helfen, Balus Aufmerksamkeit auf mich zu lenken und unliebsame Momente zu überbrücken. Überhaupt lerne ich im Umgang mit Balu, konsequent zu sein und klare Befehle zu geben. Ich habe den lauten, festen Ton zum Teil schon so verinnerlicht, dass ich manchmal auch den Schülerinnen sage: „Platz!" anstatt „Setzt euch bitte!"

Immer wieder gibt es Situationen, in denen ich als Hundehalterin unsicher bin, und wenn ich dann noch Kritik vernehme, beginnt sich in meinen Gedanken ein altes, bekanntes Karussell zu drehen. Früher bei der Kinder-, jetzt bei der Hundeerziehung! „Ursula, du kannst das nicht. Du bist zu weich. Du machst das falsch. Das kommt nicht gut heraus!" Da steckt in mir eine grosse Verunsicherung. Und gerade die letzten Monate, seitdem Andrina auf Tremola ist, sind diese Gedanken auch wieder verstärkt aufgetaucht. Vor allem in den Elterngesprächen hören meine Ohren immer wieder Vorwürfe. Erzähle ich dann David von meinen Eindrücken, wird er regelmässig wütend. Er hat es gar nicht gerne, wenn ich mich als unfähig hinstelle und mich klein mache. Aber wenn ich ehrlich bin, zieht sich dieses Thema schon durch mein ganzes Leben und ist immer wieder eine negative Triebkraft. Wenn ich denke, dass ich nicht genüge, ist es doch die logische Folge, dass ich mehr machen und leisten muss. Ich muss es den anderen recht machen! So kommt es vor, dass ich zu Aufgaben Ja sage, wo ein klares Nein angebracht wäre, und ich lebe über meine Kräfte. Ob es auch das ist, was mich ermüdet und ausbrennt, bis ich in eine Depression versinke? Einmal nahm ich an einem biblischen Seminar teil, an dem wir uns vor allem mit dem folgenden Bibelvers auseinandersetzten: „Kommt alle her zu mir, die ihr mühselig und beladen seid; ich will euch erquicken. Nehmt auf euch mein Joch und lernt von mir; denn ich bin sanftmütig und von Herzen demütig; so werdet ihr Ruhe finden für eure Seelen. Denn mein Joch ist sanft und meine Last ist leicht." (Matthäus 11, 28–30)

Mühselig und beladen, das war ich ohne Zweifel, und nach Ruhe im Herzen sehnte ich mich auch. Während der Gespräche mit einer Seelsorgerin wurde mir bald klar, welches mein Joch war: Du musst es allen recht machen. Oder: Was du auch leistest, du genügst trotzdem nicht. So gerne wollte ich das sanfte Joch von Jesus auf mich nehmen, aber das alte – so kam es mir vor – schien auf meinen Schultern festzukleben. Meine Gesprächspartnerin schlug mir vor, Gott zu bitten, dass er mir das Joch wegnimmt und gerade auch noch zerbricht, damit ich es nicht wieder aufnehmen kann. Noch so gerne war ich bereit dazu. Ich wollte nicht mehr in diesem ständigen Krampf weiterleben. Wir beteten. Nichts geschah. Die Erde bebte nicht und auch in meinem Herzen blieb es ruhig. Und doch ging ich getröstet zur Tür hinaus. Als ich vom Spaziergang nach Hause kam, hatte ich noch etwas Zeit, um zu lesen. Prompt geriet ich an einen Artikel, in dem in der Überschrift eine Superhausfrau und -mutter mit zehn Kindern beschrieben wurde. Das sollte meine Prüfung sein, ob das Gebet etwas bewirkt hatte. Werden die alten Gedanken wieder auftauchen und ich mich munzig klein fühlen? Ich begann zu lesen. Und das Wunder geschah! Ich konnte mich für die Frau im Text freuen und musste mich nicht vergleichen. Es kam mir vor, als hätte Gott mir neue Gedanken gegeben. „Ursula, ich habe dich lieb und du genügst vollkommen!"

Das alte Joch ist wirklich in tausend Stücke zerbrochen. Aber manchmal komme ich in Versuchung, die Stücke wieder aufzuheben und zusammenzukleben. Doch ich realisiere immer schneller, wenn ich wieder in der Gefahr stehe, es allen recht machen zu wollen. Dann führe ich Selbstgespräche mit mir: „Ursula, du musst es nur dir und Gott recht machen, nicht allen Menschen. Du genügst! Du bist wertvoll!" So kann ich wieder zur Gelassenheit und Ruhe zurückfinden. Und mit dieser Haltung kann ich auch den vermeintlichen Vorwürfen der Berner entgegentreten. Die berechtigten annehmen und die unberechtigten auf die Seite stellen.

Ein Hin und Her

DIENSTAG, DEN 20. MAI 10

Wie soll ich auch das letzte halbe Jahr beschreiben? Tatsache ist, dass ich häufig nur noch müde war. So ist auch das Tagebuch auf der Seite liegen geblieben. Nicht einmal mehr mit Gott mochte ich reden. Manchmal kam er mir vor, als würde er sagen: „Du musst ja gar nicht mit mir reden. Aber gib mir deine Last, dann trage ich sie dir!" Wir drehten uns andauernd um die Frage: Soll Andrina nach Hause kommen oder auf der Aussenstation bleiben?

Vor Weihnachten war ich bei einem Gespräch in Bern. Ich musste allein gehen, weil David nicht von seiner Arbeit weg konnte. Andrina präsentierte uns einen Zettel, auf dem sie ihre Wünsche oder, besser gesagt, ihre Befehle aufgeschrieben hatte: „Ich will sofort für immer nach Hause. Heute noch. Ich nehme meinen Hamster mit und die nötigsten Kleider und an Weihnachten kommt Papi mit dem Auto und hilft mir umziehen." „Nein!", schrie es in meinem Herzen. „Sicher nicht! Das ist zu früh. Ich will nicht!" Aber ich brachte keinen Ton heraus. Andrinas Wünsche wurden ernst genommen und besprochen. Die Psychologin versuchte ihr aufzuzeigen, dass sie zuerst im Alltag beweisen müsste, ob sie für diesen Schritt bereit wäre. Sie könnte zum Beispiel auf ihren Extra-Zvieri verzichten und mit den anderen essen. „Das mache ich dann schon einmal, aber nicht jetzt!", war Andrinas Antwort. Als noch ein höheres Haltegewicht von 53,5 kg gefordert wurde, flippte Andrina aus.

Sobald es um konkrete Schritte im Alltag geht, ist Andrinas Verhalten sehr widersprüchlich und zeigt, wie stark sie noch in der Magersucht verwurzelt ist. Wir kamen zu keiner Entscheidung. Mich beschäftigte es, dass ich im Gespräch nicht zu meiner Meinung stehen konnte. Was hat mich davon abgehalten, Andrina deutlich zu sagen, dass ich nicht will, dass sie nach Hause kommt? Unsicherheit, Angst? Wollte ich es ihr recht machen? Wollte ich nicht die Böse sein?

Nach dem Gespräch begleitete ich Andrina auf Tremola zurück. Als sie ihre Zimmertür öffnete, traf mich fast der Schlag! Alles war verstellt mit Gepäckstücken und Schachteln. Andrina hatte bereits gepackt! Ich wurde wütend, und jetzt konnte ich klipp und klar meine Meinung sagen: „Gaats na! Du kannst doch nicht einfach Knall auf Fall nach Hause kommen! Da braucht es Abmachungen und Vorbereitungen. Wir müssen eine Therapeutin suchen, einen Arzt, eine Schule und so weiter!" Andrina weinte bitterlich. Sie wollte mich einfach nicht verstehen. Ich räumte das Gepäck zur Seite, damit sie wenigstens schlafen gehen konnte, und verabschiedete mich.

Völlig frustriert fuhr ich heim. Warum müssen wir eine so komplizierte Tochter haben? Käme sie nach Hause, müsste ich wieder alle meine Ideen vergessen. Dabei hatte ich mir so vieles vorgenommen. Ich wollte endlich ein Buch schreiben. Unsere Familiengeschichte bot genug Stoff. Bereits hatte ich alle Unterlagen zusammengesucht und mir Gedanken gemacht, wie ich vorgehen wollte. Oder wieder mehr unterrichten? Das würde mich reizen. Ich wollte nicht wieder verzichten! Und dann hatten sie im Gespräch noch gefordert, dass wir strenger mit Andrina sein müssten, also vor allem, wenn es um die Magersucht gehe. Oh, die können mich kreuzweise! Als ich fertig getobt und gemotzt und mich genügend im Selbstmitleid gesuhlt hatte, kam ich wieder an den gleichen Punkt wie immer: Ja sagen, weitergehen, weiterkämpfen, Gott vertrauen.

Zu Hause besprach ich die Situation mit David und wir entschieden uns klar gegen ein sofortiges Nachhausekommen. Als Andrina gegen neun Uhr anrief und ich ihr vorsichtig unsere Meinung sagen wollte, rief sie mit fröhlicher Stimme: „Isch scho guet. Ich wott sowieso in Bern bliibe!" Oh, ich hätte sie ohrfeigen können!

Drei Monate später überraschte uns das Team in Bern mit der Meinung, dass wir Andrina im Sommer 2010 in unsere Nähe holen sollten. In Bern könnte sie vereinsamen. Mit dieser Aussage brachten sie das Karussell – nach Hause kommen oder nicht – wieder in Schwung. Dabei hatten David und ich unseren Wunsch, Andrina nochmals bei uns zu haben, gerade mit Müh und Not begraben. Manchmal hatte mich das so geschmerzt, dass ich nur noch weinen konnte. Mit knapp zwölf Jahren hatte Andrina ihre

Odyssee durch die verschiedensten Kliniken begonnen, und jetzt war sie bereits sechzehn. Dazu kam noch, dass Naemi Ende März ausgezogen war. Nun war es vorbei mit Klavierkonzerten, kaum kam sie von der Schule nach Hause. Aber wir freuten uns auch, dass sie mit Freundinnen in einer Wohngemeinschaft leben konnte. Es war ganz eigenartig, als wir das erste Mal bei ihr zum Abendessen eingeladen waren und sie uns verwöhnte.

Bei Andrina löste der Vorschlag des Teams purer Stress aus. Zweimal tauchte sie unangemeldet zu Hause auf. Sie war einfach abgehauen. So reagiert Andrina häufig, wenn ihr etwas Angst macht und sie die Spannung nicht mehr aushält. Für sie gibt es dann nur noch Schwarz oder Weiss. Soviel ich weiss, gehört das auch zum Asperger-Syndrom. Sie ist nicht mehr fähig, verschiedene Möglichkeiten abzuwägen und dann eine Entscheidung zu treffen. Wenn die Leute von Tremola sagen, dass sie besser in unserer Nähe leben würde, dann ist das so und dann muss das sofort sein. Dieses Hin und Her zermürbte mich. Einmal sass ich in einem Gottesdienst, Andrina neben mir und die Lieder lösten eine Tränenflut bei mir aus. Andrina flüchtete. Mein Weinen hatte sie vertrieben. Zu Hause kam sie zu mir und fragte: „Weinst du wegen mir? Bist du ein wenig ‚Andrina-müde'?" Ein Ja wäre die ehrlichste Antwort gewesen. Aber das durfte ich doch nicht zugeben. Als Mami muss ich doch bereit sein, für meine Kinder alles zu geben! Aber wenn ich mir überlege, was ich schon alles gemacht habe, worauf ich verzichtet habe, dann ist das Mass längst übervoll. In diesen Momenten möchte ich meinen Beruf als Mutter am liebsten an den Nagel hängen. Aber das geht nicht. Überhaupt, wo sollte ich die Kündigung einreichen?

Wir begannen, uns intensiv mit dem Wunsch der Berner auseinanderzusetzen. Wir informierten uns über mögliche Schulen. Wir suchten Wohnheime, Wohngruppen, Gastfamilien. Aber eine Möglichkeit nach der anderen zerschlug sich. So reifte in uns der Entschluss, dass Andrina nach Hause kommen sollte. In meinem Herzen war die Bereitschaft zu diesem Schritt mit allen Konsequenzen gewachsen. Und ehrlich gesagt, begann ich mich auch zu freuen: Ich würde noch einmal Andrinas Mami sein können. Ganz praktisch und ganz nahe. Eine traurige Andrina könnte ich einfach in die Arme nehmen und müsste sie nicht nur durch den Telefonhörer trösten.

Kaum waren wir für diesen Gedanken offen, brachte es Andrina fertig, dass sie Tremola verlassen musste. Sie hielt sich nicht mehr an die Regeln und machte bei den Therapien nicht mehr mit. So wurde ihr Austrittstag auf Donnerstag, den 13. Mai festgelegt. Ich musste über meinen Traum schmunzeln, als ich an diesem Morgen erwachte. Drei Meerschweinchen waren draussen in einem Gehege. Ich sagte zur Schwiegermutter, dass sie auf ein viertes ausserhalb des Geheges aufpassen sollte, da ich noch einen zusätzlichen Käfig holen musste. Ich konnte das vierte nicht zu den anderen stecken, weil sie sich noch fremd waren. Wie ich zurückkam, war das Gehege umgestossen und alle Meerschweinchen rannten durcheinander. Wir fingen sie ein und brachten sie in die Scheune. Dort hatte es einen riesigen Stall für die drei und einen kleinen für das einzelne. Ein Bub wollte unbedingt in die Scheune kommen. Ich verbot es ihm. Er täubelete. Ich blieb hart. Andere Leute kamen. Plötzlich sass der Junge auf einer Schaukel in der Scheune. Er hatte es doch geschafft. Da brauchte ich keine Psychologin, um diesen Traum zu verstehen. So hatte es unsere Tochter auch geschafft, in die Scheune, sprich nach Hause, zu kommen! Mit gewaltigem Täubelen!

Und jetzt ist sie da und füllt das Haus mit Leben und unser Herz mit Freude! Viele Fragen sind noch offen, aber wir sind zuversichtlich, dass wir dafür Antworten finden werden.

Ein Auf und Ab

DONNERSTAG, DEN 22. MAI 10

Da ging doch im Gstürm mit Andrina ein spezielles Erlebnis einfach unter: unser Besuch bei Martina und Cédric. Schon vor längerer Zeit sind sie nach Zürich in eine leer stehende Fabrik gezogen. Vom Besitzer haben sie die Zusage, dass sie dort wohnen können, bis das Gebäude abgebrochen wird. An einem Montagmorgen machten wir uns auf den Weg, um sie zu besuchen. Mir war schon ein wenig mulmig zumute. Was würden wir antreffen?

Als wir in die Nähe kamen, entdeckte Balu seine Hundemami. Er geriet total aus dem Häuschen und jaulte in den höchsten Tönen. Auch sein Bruder tollte herum, zusammen mit vielen anderen Hunden. Ein wahres Paradies tat sich auf.

Martina führte uns in ihr Schlafgemach. In der Garderobe der Fabrikarbeiter hatten Cédric und sie die Kästen zusammengeschoben, eine grosse Matratze darauf gelegt, und fertig war ihr Himmelbett. Es herrschte Chaos, und ich musste schmunzeln, als Martina erklärte, sie hätte aufgeräumt. Wie es wohl sonst aussah? Sie erzählte über ihr Zusammenleben mit all den Leuten und dass es auch bei ihnen Regeln gäbe. Vor allem harte Drogen seien nicht erlaubt. „Weisst du, schwierig ist für uns, dass wir immer in Ungewissheit leben", sagte sie. „Von einem Tag auf den anderen kann es heissen: ausziehen! So wird dieser Ort nie zu einem richtigen Zuhause. Wir sind auf der Suche nach einer Wohnung, irgendwo, am liebsten im Toggenburg." Gut, dieses Quartier mag Nachteile haben. Aber sie müssen keine Miete zahlen, Strom und Wasser zapfen sie irgendwo an. Das würde ich als Vorteil bezeichnen!

Hinter der Fabrik waren verschiedene Wohnwagen aufgestellt. In der Mitte brannte ein grosses Feuer. Es sah einladend aus. Ein paar Leute standen zusammen, schwatzten und genossen die ersten zaghaften Strahlen der Frühlingssonne. Jetzt beim Schreiben merke ich, dass ich sogar ein wenig neidisch war. Die Zeit blieb dort einfach stehen. Niemand schien

Verpflichtungen zu haben. Für das Nötigste gehen sie einer Arbeit nach oder finden andere Wege, um zu überleben. Nein, eigentlich möchte ich in dieser Ungewissheit und all dem Dreck nicht leben. Aber hie und da könnte ich überprüfen, ob all das Gehetze und sich Abmühen wirklich notwendig ist und ob ein bisschen weniger nicht mehr wäre.

Wir luden Martina und Cédric ins naheliegende Restaurant ein. Unsere Begleiter wurden mit scheelen Blicken empfangen. Es war nicht die gewohnte Klientel. Ehrlich gesagt, schämte ich mich auch ein wenig, weil die zwei schon ein ganz eigenes Parfüm verströmten. Als die Wirtin Cédric einfach duzte, duzte er zurück. Nur weil er Rastas hat und nicht die feinsten Kleider trägt, gibt ihr das nicht das Recht, ihn anders zu behandeln als David und mich. Manchmal staune ich, wie gelassen ich mit Martina und ihrem Lebensstil umgehen kann. Eigentlich müsste mich ihr unstetes Leben ohne Sicherheiten stressen. Aber nach allem, was sie uns von Spanien erzählt hat, weiss ich, dass sie mit wenig bis gar nichts leben können. Und jetzt gehen sie doch beide einer geregelten Arbeit nach: Sie verteilen Gratiszeitungen in Restaurants, haben einen Arbeitsvertrag und bezahlen AHV.

Andrina ist nun seit zwei Wochen zu Hause. Sie hat ihr Zimmer in Beschlag genommen und neu eingerichtet. Dieses Mal wieder in orangen Tönen. Eigentlich schläft sie dort nur, sonst ist sie meistens in unserer Nähe. Viel Struktur gibt es in ihrem Alltag noch nicht. Der Hundespaziergang zweimal am Tag und das Basketballtraining geben ein wenig Regelmässigkeit. Als sich abzeichnete, dass sie nach Hause kommen würde, hatte Andrina nämlich sofort ein Basketballteam gesucht. So setzte sie die Prioritäten: 1. Basketball, 2. der Rest. Und das nervt ein wenig, weil wir uns um den Rest kümmern müssen. Nach vielem Herumtelefonieren hat David endlich eine Psychiaterin gefunden, die noch Kapazität frei hat und Andrina begleiten wird. Unser Hausarzt ist bereit, die gesundheitliche Betreuung zu übernehmen und das Gewicht zu kontrollieren.

Und trotz allen Fragen geniesse ich es von Herzen, sie zu Hause zu haben. Jeden Morgen, wenn sie mit schlaftrunkenen Augen in der Küche auftaucht, muss ich sie rasch in die Arme nehmen. Wie habe ich das vermisst! Das alltägliche, normale Zusammenleben! Auch David ist spürbar zufriedener und glücklicher, seit Andrina da ist. Zweifel oder Ängste, dass es nicht klappen könnte, verbanne ich in die hinterste Ecke meines Herzens: Jetzt muss es einfach gut kommen! Das haben wir doch verdient.

MONTAG, DEN 26. MAI 10

Das erste Gespräch mit der Psychiaterin ist vorbei. Es war nicht einfach, wieder bei null zu beginnen, zu erzählen, was war, was wir erlebt haben und wo Andrina jetzt steht. Der grosse negative Punkt ist aber, dass sie nur montags und dienstags arbeitet. Was geschieht, wenn Andrina ihre Krise nicht genau auf diese zwei Tage legt? Wo holen wir dann Hilfe? Geplant ist auch schon, dass Andrina nach den Sommerferien ein zehntes Schuljahr an einer Privatschule beginnen wird. Die Zeit bis dahin kann sie brauchen, um sich einzuleben und zurechtzufinden.

Zwei Wochen lang ging das einigermassen. Dann wurde Andrina unruhig und eine grosse Anspannung begann sich aufzubauen. Sich Tag für Tag selber eine Struktur zu geben, überforderte sie. Eine Bäuerin lud sie ein, einen Tag in der Woche bei ihr zu verbringen. Einmal ging Andrina hin und nachher war klar: nie mehr! Warum genau, konnte sie mir nicht sagen. „Es war einfach schlimm", meinte sie. Warum ist das immer so schwierig? Hat ihr Verhalten wieder mit dem Thema Asperger zu tun? Aber ich bin einfach keine Fachfrau, ich bin ihre Mutter. Auch andere Versuche – wir fragten bei einem Pferdehof und bei einem Gemüsebauern an – scheiterten. Mir wurde mehr und mehr klar, dass mich die dauernde Gegenwart von Andrina doch sehr anstrengte und wir unbedingt eine Möglichkeit finden mussten, dass sie zeitweise weg war. Auch Andrina selber behagte dieser Zustand nicht. So fragte David bei der Privatschule an, ob Andrina jetzt schon kommen könnte. Und es klappte! Schon ein paar Tage später konnte ich sie zu ihrer ersten Lektion in die Schule begleiten. Als sie am Nachmittag ungefähr um vier Uhr nach Haus kam, machte ich uns einen Kaffee, und schon begann es zu sprudeln. Sie erzählte von den Lehrern und Lehrerinnen, den Mitschülern und auch davon, dass der Stoff für sie kein Problem ist. Das beruhigte uns. Wir beschlossen, dieses Ritual jeden Tag zu wiederholen.

Völlig beschwingt machte ich mich nachher hinter die Wäsche, die im Wohnzimmer still gewartet hatte.

Letzte Nacht träumte ich Folgendes: Ich bin in einer Wohnung in einem riesigen Hochhaus zu Besuch. Fast zuoberst. Das Hochhaus beginnt zu schwanken. Immer heftiger. Ich soll mich in den weissen Sessel setzen, da gehe es und werde es mir nicht so schlecht, sagt jemand. Also setze ich mich. Der Turm biegt sich so stark, dass die obersten Stockwerke abbrechen und in einen Wald fallen. Unsere Wohnung bleibt ganz. Draussen tobt der Sturm weiter. Ganze Wohnblöcke krachen zusammen. Es dringen Leute bei uns ein. Ein russischer General. Ich behaupte, dass ich Russisch könne. Wenigstens ein Wort: Da! Was so viel bedeutet wie Ja. Es beginnt eine Diskussion. Ich behaupte mich nicht schlecht. Könnte es sein, dass die einstürzenden Wohnblöcke Zeichen sind, dass ich etwas verarbeite? Unsere Vergangenheit? Meine Behauptung, dass ein Wort genügt, um Russisch sprechen zu können, bereitet mir Vergnügen! Sogar im Traum lässt mich mein Humor nicht im Stich! Vielleicht widerspiegelt diese Sequenz die vielen Gespräche mit Institutionen und Fachkräften, bei denen ich mich immer wieder durchsetzen muss, auch wenn ich die Fachsprache nicht beherrsche.

DONNERSTAG, DEN 29. JULI 10

Die letzten Wochen kam ich nicht mehr dazu, etwas aufzuschreiben. Es war einfach zu viel los. Drei Wochen lang war es mit Andrinas Schulbesuch gut, gegangen, dann kam es immer häufiger vor, dass sie total erschöpft nach Hause kam. Der Lärm in der Klasse, das Stillsitzen, die Fahrten im Zug, all das setzte ihr mehr und mehr zu. „Mami und Papi, nur Schule, das ist nichts für mich. Ich möchte so gerne auch noch etwas mit den Händen machen." Wäre das Werkjahr geeigneter? Andrina klemmte sich sofort hinter den Computer und war überzeugt, das Passende gefunden zu haben. Ich bremste. Jetzt war sie doch für das Mittelschulvorbereitungsjahr angemeldet! Die ewigen Änderungen gingen mir gegen den Strich. Aber Andrina liess nicht locker und ich wurde weichgekocht. David fragte bei der Schule an, und sie hatten tatsächlich noch Platz. Ich stellte unwillig alle Unterlagen zusammen, die die Anmeldung erforderte. Warum liess ich Andrina das nicht selber machen, wenn es mir so gegen den Strich ging? Ich weiss es nicht, oder wusste ich genau, dass es keinen Sinn machte, auf der alten Version zu beharren? Druck hat bei Andrina noch selten etwas bewirkt.

Die Schulleitung lud uns bald zu einem Gespräch ein. Mit zwiespältigen Gefühlen verliessen wir das Gebäude. Sie hatten Befürchtungen geäussert, dass Andrina für die Schule zur Belastung werden könnte, deshalb werde sie nur unter Vorbehalt aufgenommen. Nach drei Monaten würden sie definitiv über eine Zulassung entscheiden.

Zu den Schulproblemen kamen der Gewichtsverlust und die zunehmende Depression. Immer wieder äusserte Andrina Selbstmordgedanken. Das machte uns Angst. Bei einem Elterngespräch bei der Psychiaterin brachten wir unsere Bedenken zur Sprache. Sie schlug vor, dass Andrina die Dosis der Antidepressiva erhöhen könnte. Und tatsächlich – am Abend zeigte sich schon die positive Wirkung: „Mami, ich gschpür's scho. S gaat mer besser!", sagte sie. Speziell war nur, dass sie die Dosis noch gar nicht erhöht hatte.

MONTAG, DEN 23. AUGUST 10

Ich bin so froh, dass die Sommerferien vorbei sind und Andrina in die Schule geht. Pause! Für mich sein, ausruhen, alleine sein! Wie habe ich mich danach gesehnt!

MITTWOCH, DEN 1. SEPTEMBER 10

Andrina gefällt es so lala im Werkjahr. Hoffentlich bleibt das so. Der Schulstoff bereitet ihr keine Mühe. Aber die vielen Mitschüler, der neue Lehrer, die Pausen und so weiter strengen sie an. So ein bis zwei Anrufe mit dem neuesten Zustandsbericht erhalte ich pro Tag.

Wieder ein Anruf: „Mami, ich sitze auf der Toilette. Ich habe solche Spannungen. Ich halte es nicht mehr aus. Du musst kommen!", weint sie völlig verzweifelt. Ich bin aufgewühlt, wütend, durcheinander, enttäuscht. Geht das Hin und Her wieder los? Warum kann nicht einfach einmal etwas gelingen? Ich verstehe Gott nicht mehr. „S gnüegelet mer!" Ich will mit Marco zu meiner Mutter fahren! Wieder muss ich absagen. Ab sofort werde ich nichts mehr planen. Es kommt ja sowieso immer etwas dazwischen. Ich renne los, um den Zug zu erwischen.

Bis ich bei Andrina bin, habe ich mich mit der Situation abgefunden, wie schon so manches Mal. Ich warte, bis die Pausenglocke ertönt. Andrina kommt aus dem Schulzimmer und ist erleichtert, mich zu sehen. Ich rede noch mit dem Lehrer und er staunt, als ich ihm von ihren Schwierigkeiten erzähle. Davon hat er nichts gemerkt. Er lobt Andrina. Sie sei schulisch sehr gut. Wenigstens das!

Andrina kommt mit mir nach Hause und schläft drei Stunden lang.

Am Abend liege ich im Bett. Ich bin müde und kann doch nicht einschlafen. Der Vers eines Liedes geht mir durch den Kopf: „In dir ist Freude, in allem Leide, o du süsser Jesus Christ." Ist das möglich, Freude zu spüren, auch wenn die Situation so schwierig ist? In Jesus? Je länger ich darüber nachdenke, umso ruhiger wird mein Herz, und Frieden kehrt ein. Ist das das Geheimnis des Glaubens? Auch wenn alles dagegen spricht, weiter zu glauben und zu vertrauen? Zu wissen, dass Gott sich nicht verändert und seine Zusagen bestehen bleiben? Er hat versprochen, mir genügend Kraft zu geben und mich durchzutragen. Mit diesem Frieden im Herzen kann ich endlich einschlafen.

MONTAG, DEN 6. SEPTEMBER 10

Fünf Tage sind seit dem letzten Tagebucheintrag vergangen und schon ist das Werkjahr wieder Vergangenheit! Andrina war schlicht und einfach überfordert. David und ich fühlen uns wie im Niemandsland. Völlig auf uns allein gestellt, aufgerieben durch all die Schwierigkeiten.

Heute haben wir noch ein Gespräch bei der Psychiaterin. Andrina wiegt nur noch 47,8 Kilogramm. Nachdem wir das Problem geschildert haben, findet sie, dass ich als Mutter von nun an bestimmen soll, was Andrina essen muss. Ich soll auch schöpfen! Hilfe! Und wenn Andrina nicht zunimmt, sollen wir den Sport streichen. Dieser Vorschlag begeistert mich ganz und gar nicht. Das ist ein Rückschritt! Aber als sie mir vor Augen führt, dass es darum geht, dass Andrina zu Hause bleiben kann, willige ich ein. Aber im Grunde genommen bin ich mir schon lange nicht mehr sicher, ob es überhaupt gut ist, wenn Andrina bei uns lebt.

Zusammen überlegen wir, wie das funktionieren könnte. Andrina ist schon lange verstummt. Plötzlich steht sie auf und sagt: „Das chönd er alles vergässä!" Und weg ist sie. Da haben wir die Rechnung ohne den Wirt gemacht. Den ganzen Tag hält die dicke Luft zwischen Andrina und uns an. Erst am Abend, nach langem Reden, finden wir einen Kompromiss: Andrina wird sich morgens wiegen und je nach Gewicht werde ich noch zusätzliches Essen anordnen. Zu den Trainings kann sie gehen, muss aber nachher noch eine komplette Mahlzeit zusätzlich zu sich nehmen.

DONNERSTAG, DEN 9. SEPTEMBER 10

Die neue Abmachung hat während der letzten zwei Tage gut geklappt. Heute muss ich der Psychologin mitteilen, wie es nun läuft. Stolz erzähle ich ihr von unserer Abmachung und dass Andrina ihr Gewicht halten konnte. Ihre Antwort ist wie eine kalte Dusche: „So haben Sie es nicht geschafft, streng zu bleiben, Frau Hofer! So geben Sie der Magersucht Schub! Andrina muss nicht nur das Gewicht halten können, sondern auch zunehmen!

Sie verlangt, dass Andrina erst wieder ins Training gehen darf, wenn sie 49 Kilogramm auf die Waage bringt. Ich bin frustriert. Noch mehr verlangen, noch mehr Druck machen, noch mehr Streitereien aushalten. Ich mag nicht mehr. Mehr und mehr Verantwortung für Andrinas Essverhalten und Gewicht soll ich tragen. Das überfordert mich. Naemi ruft an und ich klage ihr mein Leid. Mitten im Gespräch meint sie: „Vielleicht müsst ihr Andrina ihrem Schicksal überlassen, damit sie sich wehren und durchschlagen lernt." Ich beende das Gespräch, so schnell ich kann. Und dann öffnen sich die Schleusen. Ich brauche eine Pause. Ich will abhauen.

Am Nachmittag habe ich Unterricht und muss weg. Ich frage Marco, ob er da sei, für den Fall, dass Andrina Hilfe brauche. Trocken bemerkt er: „Die kann doch allein sein. Hast du Mühe mit Loslassen, Mami?" Treffer ins Schwarze, die Tränen fliessen erneut. Ich sehne mich nach jemandem, der mich einfach in die Arme nimmt und mir sagt: „Du machst das gut, Ursula! Ich sehe, was du leistest. Das ist schwer."

MITTWOCH, DEN 15. SEPTEMBER 10

Nächster Versuch, Andrina irgendwo unterzubringen: Wir hatten heute ein Gespräch mit dem Schulleiter und einem Lehrer der Sekundarschule in unserem Dorf. Und sie bieten Hand! Am nächsten Montag kann sie mit der Schule beginnen. Sie wird auch mit dem Klassenlehrer zusammen die Klasse informieren, warum sie nicht den ganzen Schulunterricht besucht. So werden keine falschen Gerüchte entstehen, hoffen wir. Sie ist zwar etwas älter als ihre zukünftigen Klassenkameraden und -kameradinnen, aber das sollte kein Problem werden. Und beim Schulstoff wird sie bei Bedarf unterstützt. David und ich haben ganz leise die Hoffnung, dass sie vielleicht auch wieder Anschluss finden wird. Im Moment sind wir ihre einzigen Freunde.

Andrina freut sich darauf, dass sie über Mittag nach Hause kommen kann. Momentan habe ich noch mehr Gäste: Martina und zwei ihrer Freundinnen. Sie arbeiten bei einem Obstbauern und pflücken Äpfel. Ich koche für sie und geniesse ihre Gesellschaft sehr. Ich hüte Martinas Hündin. Gestern gingen Andrina und ich mit beiden Hunden spazieren. Plötzlich rannte Nevia los. Ich konnte rufen, soviel ich wollte; sie scherte sich keinen Deut um mich. Und weg war sie. Wir kehrten nach Hause zurück und hofften, dass sie vor der Haustüre sitzen würde. Doch da war weit und breit kein Hund. Andrina und ich waren kurz davor, zu verzweifeln. Da klingelte mein Handy. „Hoi Mami, Nevia ist bei mir!", sagte Martina. Diese Hündin! Sie hatte ohne Probleme den Weg zu ihrer Herrin gefunden; über eine befahrene Strasse hinweg zum drei Kilometer entfernten Bauernhof! Erleichtert atmeten wir auf.

Gestern hat mir Martina ein Briefchen in die Hand gedrückt: „Danke tausend Mal! Ich bin froh und glücklich, euch zu haben. Danke für alles, was ihr immer wieder für uns macht. Danke auch für eure Liebe. Also die kann man sich zum Vorbild nehmen. Ich danke Gott, dass ich euch als Eltern und Unterstützung auf dem Lebensweg haben darf!"

Heute habe ich auch noch Marco angerufen. Er ist im Süden von Thailand. Dort hilft er einen Monat lang, ein Kinderheim aufzubauen. Es gefällt ihm sehr gut. Vieles müssen sie improvisieren, da nicht genügend Material zur Verfügung steht. Eine Thailänderin kocht für die ganze Gruppe. Ich musste lachen, als er erzählte, dass sie dreimal am Tag Reis vorgesetzt bekommen. Etwas, was ihm eigentlich gar nicht schmeckt!

Morgen werde ich bei Naemi einen Schulbesuch machen. Ihre Ausbildung zur Primarlehrerin wird immer wieder durch Praktika unterbrochen. Dieses Mal ist sie in der Nähe. Ich freue mich darauf, Schulluft zu schnuppern und Naemi zuzuschauen, wie sie mit den Kindern umgeht.

SAMSTAG, DEN 13. NOVEMBER 10

Wieder klafft ein Loch im Tagebuch. Jetzt sitze ich im Zug zu meinen Verwandten nach Regensburg und lasse die vergangenen zwei Monate an mir vorbeiziehen.

Andrinas Zustand verschlechterte sich trotz aller Bemühungen. Das Gewicht sauste in die Tiefe, und ihre Seele begann zu streiken. In der Sekundarschule begann nach zwei, drei Wochen das gleiche Theater wie vorher im Werkjahr. Immer häufiger brach Andrina am Morgen vor der Schule zusammen und schaffte es nicht, hinzugehen. Alles deutete darauf hin, dass sie einen stationären Aufenthalt brauchen würde. Auch David und ich kamen zusehends an unsere Grenzen. Ich auch körperlich, da Andrina immer die gleichen Hundespaziergänge machen wollte, die mindestens zwei Stunden dauern mussten. Da ich hoffte, dass ihr die Bewegung an der frischen Luft helfen würde, machte ich trotz wachsender Erschöpfung mit. Wenn ich daran denke, sehe ich wieder die Schwärme von Staren, die den Himmel verdunkelten, während sie sich für ihre Weiterreise in den Süden versammelten. Ich weiss gar nicht mehr, ob manchmal auch schönes Wetter gewesen ist. Mir kommt es vor, als sei es immer trüb und regnerisch gewesen, passend zu meiner Stimmung.

Bei einem Treffen mit der Psychiaterin äusserte Andrina den Wunsch, wieder nach Bern gehen zu dürfen. Die Psychiaterin fragte nach und vier Tage später erhielten wir Bescheid, dass wir zu einem abklärenden Gespräch erwartet werden. Ob ein Platz frei sei, wollte uns aber niemand sagen. Wir mussten noch zehn Tage überstehen. Andrina wurde täglich unzugänglicher, depressiver und verschlossener. Nach vier Tagen hielt ich es nicht mehr aus und rief die zuständige Psychologin in Bern an. „Ich kann Ihnen nichts versprechen, aber es sieht schon so aus, dass Andrina kommen kann. Überlegen Sie sich aber gut, was Sie von einem Aufenthalt auf Tremola erwarten und was das Ziel ist." Für Andrina war ganz klar: „Ich will zunehmen und lernen, das Gewicht zu halten." David und ich gingen davon aus, dass der Aufenthalt bis in den nächsten Sommer dauern würde. Dann könnte sie wieder nach Hause kommen und vielleicht eine Lehre beginnen. Als ich das Andrina erzählte, begann sie zu weinen: „Vielleicht will ich gar nicht mehr nach Hause kommen. Muss ich denn das? Ich möchte lieber in Bern bleiben." Gut, dann stellen wir uns halt darauf ein. Mir war alles gleich. Mein einziger Gedanke war nur noch Ruhe, Ruhe und nochmals Ruhe.

Andrinas Spannungen waren nun so gross, dass ich das Gefühl hatte, es zerreisse sie innerlich. Ihre Zwänge wurden stärker und stärker. Alles musste nach ihrer Vorstellung ablaufen. Und ich funktionierte nur noch. Morgens einen kleinen Spaziergang mit Balu machen, einkaufen, Mittagessen kochen, Mittagsschlaf, dann den grossen Spaziergang absolvieren, zwei bis drei Stunden, Abendessen kochen, Fernsehen und schlafen gehen. Sogar Balu, unser Hund, wurde komisch. Wenn Andrina weinte oder wenn wir stritten, begann er zu zittern, kniff den Schwanz ein und verkroch sich.

Endlich kam der ersehnte Tag: Der Oberarzt, der Leiter der Aussenstation und die Psychologin sassen auf der einen Seite im Besprechungszimmer und wir drei auf der anderen Seite. Wir wurden ausgequetscht, warum, wieso und weshalb Andrina wieder nach Bern kommen wollte. Dann liessen sie die Katze aus dem Sack:

„Andrina kann kommen. Aber nur für drei Monate. Dann kommt sie wieder zu Ihnen nach Hause. Dort gibt es so viele gesunde Faktoren: die Schule, das Basketballtraining, die neu geknüpften Beziehungen und so weiter. Auch Sie als Eltern möchten wir während dieser drei Monate fest mit einbinden. Wir stellen uns vor, dass Andrina vier Tage bei uns ist und die anderen drei Tage zu Hause lebt." Zu David gewandt, meinte der Oberarzt, dass auch er schöpfen lernen müsse.

Sofort brach Andrina in Protestgeschrei aus. „Das ist nicht nötig. Das will ich nicht."

Damit sie mit uns allein reden konnten, schickten sie Andrina hinaus.

„Was wünschen Sie sich?", fragte die Psychologin.

„Eine Pause, nichts als eine Pause. Wir sind so erschöpft."

„Das verstehe ich. Ich hätte das nie geschafft, was Sie geboten haben."

Ich liebe diese Berner! Sie verstehen es einfach, einem ein gutes Gefühl zu verschaffen. Andrina kann am nächsten Mittwoch eintreten! Halleluja!

Nächste Runde in Bern

SAMSTAG, DEN 11. DEZEMBER 10

Heute hat David seinen grossen Auftritt. Mit einem zwanzig Minuten langen Programm wird er seine Ausbildung zum Clown beenden. Während der Ausbildungszeit merkte ich, dass etwas in ihm zu neuem Leben erwacht ist, das unter dem schweren Erlebnis mit Andrina verschüttet war. Immer wieder erhielten sie Hausaufgaben. Einmal musste er zum Beispiel mit der Clownsnase einkaufen gehen. Zwei Kolleginnen begleiteten ihn und beobachteten die Reaktionen der Leute. David spazierte in ein Bekleidungsgeschäft und entschied sich für ein gestreiftes T-Shirt. Als er an der Kasse bezahlte, war die Verkäuferin über diesen Clown, der in einem Modegeschäft Frauenkleider einkaufte, ziemlich irritiert. Ein anderes Mal mussten sie zu dritt als Clowns durch die Strassen einer Stadt spazieren. Ein Mann schlenderte ihnen entgegen, griff in seine Tasche, setzte eine rote Nase auf und schwups waren sie zu viert!

Jetzt sitzen wir im Theatersaal. Drei Clownstücke haben wir schon genossen. Aber der Höhepunkt kommt jetzt: mein Mann, der mit seiner Partnerin einen Tanzkurs macht. Das Spiel der zwei ist herzerfrischend, komisch, tollpatschig, liebenswürdig und originell. Es ist lange her, dass ich so lachen konnte. Als sie sich verbeugen, reisst es mich vom Hocker und ich klatsche und juble. Standing Ovation!

SAMSTAG, DEN 15. JANUAR 11

Weihnachten ist vorbei. Andrina war auch zu Hause und es war eine gute Zeit. Aber wenn ich an unser erstes Gespräch in Bern zurückdenke, stehen mir immer noch die Haare zu Berge. Wir wurden mit der Tatsache konfrontiert, dass Andrina beim Eintritt nur noch 45 Kilogramm gewogen hatte. Die Psychologin sagte: „Wenn Sie noch länger mit einem Klinikaufenthalt gewartet hätten, wäre es für Andrina lebensgefährlich geworden! Sie steckt wieder sehr tief in der Magersucht!" Das traf mich mitten ins Herz. Das hatten wir doch nie und nimmer gewollt. David und ich haderten mit dem Schicksal, oder besser gesagt, mit Gott. Wir verstanden nicht, warum es wieder so kommen musste. Vieles war geklärt gewesen: die Schule hätte gepasst, der Basketballclub war in Ordnung und auch wir hatten uns als Familie wieder zusammengerauft. Warum? Warum?

Manchmal lief ich mit Balu aufs Feld und spürte einen tiefen körperlichen Schmerz. Es brannte richtig in meiner Brust.

Andrina signalisierte immer wieder, dass sie in Bern bleiben wollte. Das brachte uns auf die Idee, auch nach Bern zu ziehen. David hielt sofort Ausschau nach einer Arbeitsstelle, bewarb sich, kam bis in die engste Auswahl und scheiterte erst dort. Ich war froh, dass wir diesen grossen Schritt nicht machen mussten. Ich fragte mich auch, ob erstens Andrina schon so weit gewesen wäre, um noch einmal mit uns zusammen zu leben, und zweitens, ob wir wirklich geeignet sind, um eine Magersüchtige zu begleiten. Uns fehlt die konsequente Strenge, die es unbedingt braucht. Wir kriechen der Magersucht zu schnell auf den Leim.

Der Traum, den ich letzte Nacht hatte, beschreibt auch die Gefahren, die von dieser Krankheit ausgehen: „Wir sind auf einem grossen Schiff. Andrina ist noch ein Baby. Das Kind der Königin. Ich bin eine der Betreuerinnen. Das Kind wird von der Königin völlig in Beschlag genommen. Sie will nicht, dass es mit unseren Kindern in Berührung kommt. Das Baby weint viel. Wir fahren auf einem Kanal. Rundherum stehen Leute, die uns bedrohen. Ich nehme das Kind und gehe zu den anderen Kindern. Sofort wird es fröhlich und zufrieden. Wir fahren durch enge Gassen. Das Schiff stösst überall an. Endlich kommen wir in sichere Gewässer. Uns freundlich gesinnte Leute stehen nun an der Seite des Kanals. Als die Königin bemerkt, dass wir in Sicherheit sind, bringt sie das Kind wieder in ihre Gewalt und versucht, es umzubringen. Ich widerstehe ihr und wehre die Bedrohung ab. Dabei fällt die Königin über Bord. Das Kind ist gerettet. Leider ist die Königin nicht umgekommen. Sie läuft auf der Seite des Kanals entlang. Sie bleibt eine Bedrohung und wir wissen nicht, wie und wo sie das nächste Mal zuschlagen wird." Dieser Traum ist schnell gedeutet: Andrina ist das Kind; die Königin die Magersucht; die engen Gassen bedeuten den Lebensweg, Kampf, Hindernisse; die fröhlichen Kinder stehen für die gesunde Andrina, für eine gesunde Umgebung, für Freiheit. Andrina kann sich wohl aus der Magersucht befreien, aber die Krankheit wird sie begleiten und eine Bedrohung bleiben.

SAMSTAG, DEN 12. FEBRUAR 11

Sportferien in Chandolin! Nur David und ich! Als wir nach gefühlten tausend Kurven beim Dorf eintreffen, werden wir von unserem Freund sehnlichst erwartet. Er schleppt uns ins nächste Restaurant. Dort treffen wir noch andere Bekannte. Während wir so erzählen und uns austauschen, kommt es mir vor, als hätten David und ich die letzten Jahre auf einem anderen Planeten gelebt. Die Geschichte mit Andrina hat uns dermassen absorbiert und gefangen genommen.

SONNTAG, DEN 13. MÄRZ 11

Als Andrina wieder auf Tremola kam, hatten wir zusammen einen Stufenplan aufgestellt, um sie beim Zunehmen zu unterstützen. Für jede erreichte Stufe wurde sie mit einer zusätzlichen Aktivität belohnt. Wenn sie das Zielgewicht auf die Waage bringt, werden sämtliche Einschränkungen aufgehoben. Soeben hat Andrina angerufen und laut gejubelt: „Ich habe es geschafft. Ich habe das Haltegewicht von 52,5 kg erreicht!" Schon lange hatten wir ausgemacht, dass wir dieses Ereignis mit einer Schwarzwälder Torte feiern würden. Also sause ich los und kaufe die Zutaten, mache die Torte, und am Nachmittag fahren wir nach Bern. Als wir bei Andrina ankommen, sind sie gerade mit dem Abendessen fertig geworden. Ich stelle die Torte auf den Tisch und David hält eine Ansprache. Er findet, dass Andrina und jeder der Jugendlichen, die am Tisch sitzen, einen Oskar verdient hätte und genauso gefeiert werden müsste, wie all die Stars und Sportler, da jeder eine riesige Leistung vollbringe!

Nun kann Andrina entspannter in die Zukunft gehen. Sie darf wieder alles machen, ohne Einschränkungen. Doch einen kleinen Haken hat das Ganze: Sie darf nicht unter 51,5 Kilogramm geraten, sonst gilt Sportverbot.

DIENSTAG, DEN 15. MÄRZ 11

Andrina hat zwar ein gutes Gewicht, aber mit ihrer Seele steht es nicht zum Besten. Eine erneute Depression beginnt sich abzuzeichnen. Immer häufiger komme sie frühzeitig aus der Schule nach Hause und lege sich schlafen, erzählen uns ihre Betreuerinnen. Nicht einmal Mandalas mag sie ausmalen. Von Tremola äussern sie sogar Bedenken, ob sie noch lange dort bleiben kann, weil sie manchmal auch suizidale Gedanken äussert. Muss sie wieder in eine geschlossene Psychiatrie wechseln? Zu den Erwachsenen? Sie wird ja bald achtzehn. Nein! Nein! Nicht das auch noch! Dieses Auf und Ab macht mich fertig. Ich habe den Glauben an einen Gott, der es gut meint, verloren. Wo ist Gott? Er macht nichts, greift nicht ein und lässt uns einfach im Stich. Auch Beten mag ich nicht mehr. Wie soll ich damit umgehen, wenn trotz meines Flehens die Situation sich noch mehr verschlechtert? Eine tiefe Traurigkeit erfüllt und lähmt mich, weil unsere Tochter so Schweres durchmachen muss. Klar weiss ich, dass ich mein eigenes Leben habe und nicht vom Ergehen von Andrina abhängig sein sollte. Aber sie ist und bleibt doch meine Tochter und ich leide mit. Mich schmerzt es auch, dass wir immer weniger Freunde haben. Nur noch Vereinzelte fragen nach, wie es uns geht. Ich kann es verstehen. Unsere Geschichte ist alt und wiederholt sich immer wieder. Sie können andere Wege gehen und haben viel mehr Freiheiten, da ihre Kinder selbstständig und die meisten ausser Haus sind. Sollen wir neue Beziehungen suchen? Aber das kostet Kraft und Zeit, und die haben wir nicht. Als ich David von all diesen Fragen erzähle, meint er nur: „Nimm doch einfach wie ich Distanz von Gott. Das macht vieles einfacher und du erlebst weniger Enttäuschungen." Aber das will ich nicht. Dann verliere ich den letzten Halt, den ich noch habe. Ich sehne mich so nach Verständnis und guten Worten, nach jemandem, der mir wieder hilft, neues Vertrauen zu Gott zu fassen. Einfach jemand, der mir zuhört und mich aushält.

MITTWOCH, DEN 16. MÄRZ 11

Kann es sein, dass mir Gott selber Antwort gab? Ich hatte diese Nacht einen eindrücklichen Traum: David, Andrina und ich steigen auf das Jungfraujoch. Um ans Ziel zu kommen, müssen wir einen Hang überqueren. David geht voraus. Ich laufe ihm nach und merke, dass ich das nicht schaffe, und kehre um. Ich habe Angst. Plötzlich rutscht David aus. Er saust einen langen Schneehang hinunter. Ich schreie lauthals. Am Ende des Hanges kann er sich an einem Felsen festhalten. Von oben sehe ich nur noch seine Hände. Ich überquere nun doch die gefährliche Stelle. Ich habe ein Seil. Das will ich ihm zuwerfen. Es ist zu kurz. Ich verlängere es mit einer Hundeleine. Plötzlich ist ein Bergführer da, der mir hilft. Die Hundeleine sei zu schwach, meint er. Wir müssten zu David hinunterklettern. Ich zeige auf meine Schuhe. Es sind Halbschuhe mit glatter Sohle. Der Führer meint, das sei kein Problem, das seien die richtigen Schuhe. Wir klettern hinunter. Nach einer Weile sehe ich, dass Leute bei David sind, die ihn halten und stützen. Er braucht uns nicht. So können wir wieder hochklettern. Als wir oben sind, sage ich zum Begleiter, dass ich erstaunt sei, dass so schnell Hilfe da war. Er sagt: „Der Chef hat euch nie aus den Augen gelassen!" Als ich aufwachte, fühlte ich mich wunderbar ermutigt. Der Chef, also übersetzt Gott, hat uns nie und wird uns nie aus den Augen lassen. Und wenn ich den Eindruck habe, alles gehe zu Grunde, ist er da und trägt uns. Ich kann sogar mit glatten Schuhen einen Eishang hinunterklettern. Hauptsache, es sind meine Schuhe. Oder übersetzt: Um mit der ganzen Geschichte mit Andrina umzugehen, genügen meine Fähigkeiten, Ideen und meine Begabungen. Was fehlt, wird durch Gott vervollständigt. Mit diesem Traum im Herzen fällt es mir leichter, in den Tag zu gehen.

DIENSTAG, DEN 12. JULI 11

Wieder ist seit letztem März sehr viel geschehen. Vor allem die Frage, wie es im Sommer mit Andrina weitergehen sollte, prägte die Gespräche in Bern und beherrschte unser Denken. Was stand zur Wahl? Eine weiterführende

Schule? In Bern oder wieder bei uns zu Hause? Eine Berufslehre? Aber welche? Und ist Andrina überhaupt in der Verfassung, eine Schule oder Ausbildung zu besuchen? Die Invalidenversicherung (IV) hatte Andrina berufliche Unterstützung zugesagt, aber auch verlangt, dass sie in einer von ihnen unterstützten Ausbildungsstätte schnuppern geht. Das Vorgespräch in einer Institution in Bern war ein Schock für uns. Die Leitung hatte den Eindruck, dass Andrina nicht einmal für eine praktische Ausbildung, die ein Arbeiten in einer geschützten Werkstatt nach sich zieht, fähig wäre. So schwer waren die Auswirkungen ihrer Depression. Bringt es dann überhaupt etwas, wenn sie schnuppern geht? Doch die Verantwortliche der IV bestand darauf und eine Schnupperwoche im Juni wurde abgemacht.

Neben der schweren Depression hatte Andrina aber auch immer wieder unerhörte Spannungen, die sich zum Teil sogar in Handgreiflichkeiten gegenüber dem Team auswirkten oder in ohrenbetäubendem Geschrei. „Wir werden das nicht mehr lange dulden. Andrina muss sich ändern, sonst können wir sie nicht mehr hierbehalten." Da es uns ganz klar war, dass Andrina nicht nach Hause kommen konnte, begannen wir mit Unterstützung des Teams nach anderen Wohnmöglichkeiten zu suchen. Einmal besuchten wir eine Wohngruppe, die abseits aller Zivilisation lag. Gut, dort hätte es Pferde gehabt, aber die konnten die negativen Punkte nicht aufwiegen. Ein anderes Mal hatten wir ein Gespräch in einem Wohnheim in unserer Nähe. Doch als es hiess, dass wir nach Andrinas Eintritt als Eltern drei Monate keinen Kontakt zu ihr haben dürften, war für uns der Fall klar. Diese Zeiten sind vorbei! Zu guter Letzt landeten wir in einem Wohnheim der Heilsarmee in Zürich. Dort hätte es Andrina gefallen, aber ich hatte den Eindruck, dass sie von der plötzlichen Freiheit überfordert gewesen wäre.

Andrinas Bezugsperson war auch dabei, und als wir noch etwas zusammen tranken, meinte sie plötzlich aus heiterem Himmel zu David: „Vielleicht wäre es das Beste, wenn Sie mit Andrina eine Velotour machen würden. Zwei, drei, vier Wochen lang. Einfach einmal weg und etwas ganz Neues versuchen." Sofort hatte sie Andrinas volle Aufmerksamkeit. „Also dänn fahret mer morn los, gäll Papi!", sagte sie. Auch David war Feuer und Flamme. Er sondierte sofort bei seiner Chefin, ob er unbezahlten Urlaub beziehen könnte, und wurde tatsächlich von ihr unterstützt. Nachdem Andrina die Schnupperwoche in der Gärtnerei absolviert hatte und der Ausbildungsbeginn auf August festgesetzt war, konnte die Reise angepackt werden. Andrina und David entschieden sich, nach Spanien zu fahren. Mein Mann kam richtig in Fahrt. Er organisierte Velokarten, studierte die Routen, kaufte alle notwendigen Utensilien ein und liess die Fahrräder überholen. Nun schöpfte er Andrina das Essen und kontrollierte das Wiegen, wenn sie zu Hause war. Etwas, was vorher nie möglich gewesen war, liess sie mit dem grossen Ziel vor Augen zu. Meine Aufgabe würde es sein, Haus, Hund, Katzen und den Garten zu hüten. Oh, ich mochte die vier Wochen, die sie unterwegs sein würden, kaum erwarten! Klar würde mir mein Mann fehlen, aber einfach wieder einmal Zeit für mich zu haben, das schien mir ein Luxus erster Güte. Und vor allem: Ferien von der Verantwortung für Andrina. Die würde ganz auf Davids Schultern liegen.

Andrinas Depression verschwand zusehends, und auch ihre Ausbrüche wurden seltener.

Und jetzt sind David und Andrina unterwegs. Bereits die zweite Woche. Tag für Tag kämpfen sie sich auf ihren Vehikeln vorwärts. Davids Herausforderung ist es, den Weg zu finden, und Andrinas, genug zu essen. Fällt ihr Gewicht unter 51,5 Kilo, müssen sie so lange pausieren, bis es wieder oben ist. Und wenn sie in der gesetzten Frist Spanien erreichen wollen, darf das nicht allzu häufig vorkommen. Andrina lernt sogar ein wenig Französisch: Centre ville (Stadtzentrum) und carte de glace (Glace-Karte). Ich kann mich zu Hause herrlich erholen. Noch nie sah mein Garten so gepflegt aus, und ich habe schon unzählige Bücher verschlungen. Ein Wochenende lang war ich Gast bei Naemi. Zwei-, dreimal traf ich mich mit Martina. Und auch das Zusammensein mit Marco genoss ich. Wenn David und Andrina in Barcelona angekommen sind, werde ich hinfliegen und sie abholen.

Es geht vorwärts

SAMSTAG, DEN 10. SEPTEMBER 11

Ein Wunder ist geschehen: Andrina ist wie verwandelt von der Velotour zurückgekommen. Die Spannungen sind verschwunden, die ewige Angst, das Heimweh ist weg und sie ist voll Lebensfreude. Auch die Betreuer auf Tremola erleben Andrina aufgeschlossen und fröhlich. Vor zwei Wochen hat sie das Arbeitstraining in der Gärtnerei begonnen, und es gefällt ihr. Nach den Herbstferien wird sie noch den Wohnort wechseln. Sollte nun wirklich eine ruhigere Phase kommen? Können wir uns freuen? Wird jetzt mal etwas gelingen? David und ich getrauen uns noch nicht ganz, daran zu glauben. Allzu häufig haben wir erlebt, wie sich unsere Hoffnungen wieder zerschlugen. Aber eine scheue kleine Freude hat sich in mein Herz geschlichen.

DIENSTAG, DEN 11. OKTOBER 11

Mit dem Arbeiten scheint es zu klappen und bereits wohnt Andrina am neuen Ort. Wir halfen ihr packen, sich verabschieden und alles im neuen Zimmer wieder einräumen. Nachher sind wir ins Tessin gefahren, um Ferien zu machen. Alles klappte bestens, und doch habe ich letzte Nacht schlecht geschlafen. Meine Gedanken drehten und drehten. Ängste und Sorgen stiegen wie dunkle Gewitterwolken auf, und ich konnte sie nicht verscheuchen. Plötzlich hörte ich eine Stimme, die mir sagte: „Ursula, 's chunnt scho guet!" Dann konnte ich endlich schlafen.

DONNERSTAG, DEN 13. OKTOBER 11

David und ich versuchen die Ferien zu geniessen und machen wunderschöne Ausflüge. Wenn nur nicht immer die anstrengenden Telefonate mit Andrina wären. An ihrem neuen Wohnort ist der Wurm drin. Auf der einen

Seite weiss sie nicht genau, was sie darf und was nicht. Auf der anderen Seite wird alles bis ins Kleinste bestimmt. Auch wann und wie sie am Morgen das Bett machen muss! Viele Freiheiten, die sie sich auf Tremola in Bezug auf Finanzen oder Ausgang erarbeitet hat, muss sie am neuen Ort wieder abgeben.

David und ich geniessen einen zauberhaften Tag im Verzascatal. Schönes Wetter, die Farben des Flusses, die reine Luft, unsere Gespräche, einfach ein Traum. Als wir am Abend zu Hause ausruhen, klingelt mein Handy. Andrina, verzweifelt, weinend. Mit der Zeit verstehe ich, was sie zwischen Schluchzern stammelt. „Mami, ich darf nur noch einmal pro Woche joggen gehen. Wenn ich so viel joggen gehe, könne ich auch den ganzen Tag arbeiten gehen, sagen sie. Auch in die Stadt darf ich nicht mehr fahren. Wenn ich am Abend raus gehe, muss ich Bescheid sagen und genau festlegen, wie lang. Mami!", schreit Andrina ins Telefon, „am Freitag darf ich das letzte Mal zu den anderen auf Tremola gehen. Ab Montag ist damit Schluss!" Ich kann sie nicht beruhigen. Ich gebe das Telefon David und sitze da. Erschlagen, sprachlos, enttäuscht, wütend. Jetzt hat sich ein Weg gezeigt und nun soll wieder alles vorbei sein? Ich verstehe die Welt nicht mehr. Jetzt habe ich doch von Gott die Zusage bekommen, dass es gut kommt, und nun das? Wie verträgt sich das? Ich fühle mich verhöhnt. David verspricht Andrina, dass wir am nächsten Tag zu ihr kommen werden. Das beruhigt sie. Er telefoniert auch mit ihrer Betreuerin auf der Wohngruppe. Sie hört ihm gar nicht richtig zu, meint nur, dass sie nichts dazu sagen könne, und verweist ihn an die Leiterin der Wohngruppen. Unser Abend ist versaut. Die Ferien und wir am Ende. Wir schauen Fernsehen und ersäufen unser Elend in Wein und Schnaps. Was kommt da auf uns zu? Müssen wir Andrina nach Hause nehmen?

FREITAG, DEN 14. OKTOBER 11

Ferienwohnung putzen, Schlüssel abgeben, losfahren. Wir versuchen während der Fahrt, die Chefin der Wohngruppen zu erreichen. Sie werde zurückrufen, wird uns gemeldet. Aber nichts geschieht. Endlich kommen wir in Bern an und treffen auf eine erschöpfte Tochter. Im Treppenhaus werden wir von einer Betreuerin begrüsst: „So, Andrina, willst du nun dableiben oder gehst du nach Hause mit deinen Eltern? Ihr habt eine Viertelstunde Zeit, um das zu besprechen." Wir verstehen nur Bahnhof. Was soll das? Wir sind doch gekommen, um über das Geschehene zu reden und zusammen einen Weg zu suchen. David fragt, ob er mit Andrina joggen gehen darf, damit sie sich entspannen kann. „Das kann ich nicht entscheiden", sagt die Betreuerin, „da muss ich die Leiterin fragen." Du meine Güte, was ist das für ein Saftladen? Darf das Team ohne das Okay von oben überhaupt nichts entscheiden? Wir flüchten in Andrinas Zimmer und nehmen das Heft in die Hand: Andrina und David gehen joggen. Ich packe zusammen, und dann nimmt David Andrina im Auto mit nach Hause. Ich fahre mit Balu im Zug, damit alles Gepäck Platz hat. Als ich auf dem Bahnhof warte, erhalte ich von Freunden eine SMS mit Foto. Ein Bild mit strahlenden, vergnügten Leuten, die zusammen Ferien machen. Das Foto erschlägt mich, und die ganzen Spannungen der letzten Tage entladen sich. Ich stehe da wie ein Häufchen Elend und schluchze. Wann werden David und ich endlich wieder einmal Ferien machen können, ohne dass etwas dazwischenkommt?

MITTWOCH, DEN 19. OKTOBER 11

Andrina ist so erleichtert, dass sie bei uns sein kann. Jetzt sind wir unterwegs nach Bern zu einem Gespräch, um die Wohnsituation zu klären. Auch die zuständige Person von der IV und Andrinas Psychologin werden dabei sein.

Als wir alle versammelt sind, beginnt der Chef der Institution zu reden und erklärt die Situation aus seiner Sicht. Ich verstehe nur die Hälfte. Das Wichtigste ist aber, dass Andrina mit dem Arbeitstraining weiterfahren kann, da sie so gut gestartet ist. Das fordert auch die IV. In der Wohngruppe gibt es aber keine Fortsetzung. Sie müssten für Andrina zu viele Zugeständnisse machen. Das wäre den anderen Jugendlichen gegenüber ungerecht. Als die Psychologin erklärt, dass ein Platz auf Tremola frei sei und Andrina am Donnerstag wieder eintreten könne, sind wir sehr erleichtert. Sie würden dann von dort aus nach einem geeigneten Wohnort Ausschau halten. Erlöst fahren Andrina und ich nach Hause.

DIENSTAG, DEN 1. NOVEMBER 11

Die ganze Situation hat sich beruhigt. Andrina geht regelmässig arbeiten. Und das Team von Tremola hat alles darangesetzt, einen neuen Wohnort für sie zu finden. Tatsächlich wurden sie in einem Wohnheim für Jugendliche fündig. Heute haben wir das Eintrittsgespräch. Ich habe mit Andrina bei der Bushaltestelle abgemacht. Da ich etwas zu früh dort bin, setze ich mich auf eine Bank und geniesse die Sonne. Was wird wohl beim Gespräch auf uns zukommen? Ist diese Institution geeignet?

Ich sehe Andrina mit dem Fahrrad den Berg herauftrampen. Sie fährt vorbei. Was ist los? Hat sie mich nicht gesehen? „He, Andrina!", rufe ich laut. Sie zuckt zusammen, dreht den Kopf und fährt einfach weiter. Endlich hält sie an. Ich gehe zu ihr.

„Was ist los?", frage ich Andrina.

„Nichts!"

„Ja, sicher, so wie du dreinschaust! Was ist los?"

Sie beginnt zu weinen: „Ich habe ein Rezept für Medikamente bei mir. Ich wollte eine Apotheke suchen und es einlösen und dann alle Tabletten schlucken. Aber ich fand keine und dann hast du mich gerufen."

„Gib mir das Rezept! Sofort!" Sie gibt es mir. In mir ist alles leer. Dieses Thema war doch abgeschlossen. Warum kommt Andrina wieder auf diese Idee? Was hat sie getrieben? Ist ihre Angst vor dem Wechsel so gross geworden, dass sie sich am liebsten davongemacht hätte? All diese Gedanken rasen mir durch den Kopf. Andrina will das Informationsgespräch trotzdem machen. Ich staune, wie gut sie das Gespräch in ihrer Situation meistert.

Der Unterschied zum vorherigen Wohnheim ist frappant. Es gibt Regeln, die für alle gelten, und doch werden sie hier individuell angepasst. Wer mit den Finanzen klarkommt, kann sie selber managen. Andere werden unterstützt, damit sie nicht in Schulden geraten. Wer sein Zimmer in Ordnung hat, wird kaum kontrolliert, bei anderen geschieht das wöchentlich. Das oberste Ziel ist die Vorbereitung auf ein möglichst selbstständiges Leben. Nachdem wir das Haus besichtigt haben, meint Andrina, dass sie gerne hierher käme, und wir vereinbaren einen Schnuppertermin auf Ende November.

Zu Hause erzähle ich David, was geschehen ist.

„Stell dir vor", sagt er. „Heute Nachmittag, so um drei Uhr, wurde ich von einer grossen Unruhe erfasst und hatte den Eindruck, dass ich für Andrina beten sollte. Ich zog mich in den Raum der Stille zurück und betete." Das war genau zu der Zeit, als Andrina auf der Suche nach einer Apotheke war, um sich die Tabletten zu besorgen. Ich bin sprachlos, erleichtert und einfach froh. „Gott lueget also gliich uf oisi Tochter!", meint David noch. Und doch frage ich mich, warum es immer zum Äussersten kommen muss.

DIENSTAG, DEN 8. NOVEMBER 11

Heute Abend habe ich Probe im Kirchenchor. Ich freue mich auf die Weihnachtslieder, die wir einstudieren. Ganz erfüllt von den schönen Klängen, komme ich wieder nach Hause. Balu begrüsst mich, als hätte er mich tagelang nicht gesehen. David sitzt im Wohnzimmer. Komisch, er reagiert nicht auf mein Grüssen. Ich wurstle in der Küche herum.

„Ursula, komm, ich muss dir etwas sagen. Du musst dich aber hinsetzen", sagt er.

Ich setze mich in einen Polstersessel.

„Sie haben aus Bern angerufen."

Ja, das kommt öfters vor, denke ich, was soll da Besonders daran sein.

„Andrina hat Tabletten geschluckt. Sie liegt auf der Intensivstation in Bern."

„Was?" Langsam dringen seine Worte in mein Bewusstsein. Andrina hat Tabletten geschluckt? Viele. Sie ist im Spital. Nein, das stimmt doch nicht!

„Andrina hatte noch ein anderes Rezept für Medikamente. Das hat sie in einer Apotheke eingelöst und auf ihrem Zimmer alle Tabletten geschluckt. Als sie zu wirken begannen, ist sie ins Büro zu den Betreuern gegangen und hat ihnen erzählt, was sie gemacht hat. Sie haben sie sofort ins Spital gebracht. Sie ist jetzt einigermassen stabil, aber zurzeit nicht ansprechbar."

Ohnmacht, Wut, Trauer und Angst beherrschen mich. David und ich sitzen beide da und wissen nichts mehr zu sagen. Unsere Tochter wollte nicht mehr leben! Das tut unendlich weh. Welche Not und Verzweiflung hat sie getrieben? Wollte sie einfach Ruhe haben, nicht mehr kämpfen müssen? Wir gehen schlafen. Was sollen wir sonst machen? In der dunklen Kammer laufen mir die Tränen übers Gesicht. Werden wir Andrina verlieren?

MITTWOCH, DEN 10. NOVEMBER 11

Ich reise zu Andrina. Eigentlich sollte ich heute Nachmittag unterrichten. Aber das geht einfach nicht. Ich muss Andrina sehen und spüren. Da liegt sie im Bett, verkabelt und völlig benommen. Merkt sie überhaupt, dass ich da bin? Ich sitze einfach da, schaue sie an und streichle hie und da ihre Hand. Ich danke Gott, dass sie lebt.

FREITAG, DEN 24. NOVEMBER 11

Andrinas Situation hat sich in den letzten zwei Wochen wieder normalisiert. Es geht ihr besser. David und ich haben den Schock einigermassen verdaut. Doch die Angst vor einem erneuten Suizidversuch steckt uns noch in den Knochen. Durch dieses Erlebnis ist es uns bewusst geworden, dass wir mit dem Schlimmsten rechnen müssen: unsere Tochter zu verlieren. Wenn sie nicht mehr leben will, wird sie Wege finden, um zu gehen. Uns bleibt in diesem Moment wirklich nur noch das Gebet, dass Gott sie beschützt.

SONNTAG, DEN 26. NOVEMBER 11

Schon vor längerer Zeit hat Andrina das Laufen in der freien Natur entdeckt. David und sie sind hie und da am Wochenende zusammen unterwegs. Und als Höhepunkt wollen sie am Steinerlauf über zehn Kilometer mitmachen. Doch Andrinas Teilnahme ist an ihr Gewicht gebunden und wird sich in den nächsten Sekunden entscheiden. Schon ruft sie aus dem Badezimmer: „Mami, ich chan mitmache! Ich has Gwicht!" Jetzt ist mein

Programm auch klar: Spaghetti kochen, damit meine zwei Sportler genügend Kohlenhydrate zu sich nehmen.

Es ist kurz vor vier Uhr. Jeden Moment sollte der Start erfolgen: fünf, vier, drei, zwei, eins, peng! Die ersten Läufer stürmen vorbei. Andrina kann ich nicht entdecken. War sie zu schnell?

Marco und ich spazieren zum Rheinufer. Wir geniessen die Sonne. Die Zeit rückt voran. Langsam werde ich nervös. „Marco, ich gehe schon zum Ziel. Ich will Andrina nicht verpassen." Er nimmt's – wie immer – gemütlicher. Ich stehe in der Nähe der Ziellinie. Drei, vier Frauen sind schon vorbeigerannt. Das ist ja nicht möglich! Andrina taucht auf und rennt so locker, als wäre sie nur knappe 100 Meter gelaufen und nicht zehn Kilometer. „Hopp, Andrina!", rufe ich. Sie sucht mich und ein Strahlen huscht über ihr Gesicht, als sie mich entdeckt. Noch ein paar Meter und sie ist im Ziel. „Mit 45 Minuten und 32 Sekunden ist Andrina als Zweite ihrer Kategorie durchs Ziel gelaufen!"; tönt es aus dem Lautsprecher. Was? Zweite? Super! Genial! Am liebsten würde ich allen Leuten zurufen, dass das meine Tochter ist!

Ich umarme Andrina und sie sagt: „Weisst du, Mama, ich spürte beim Rennen eine tiefe Freude, so wie schon lange nicht mehr. Das fühlte sich sehr gut an!" Marco kommt und staunt über seine kleine Schwester. Später trifft David ein, und wir warten gemeinsam in der Turnhalle auf die Rangverkündigung. Auf dem Podest erhält Andrina einen Blumenstrauss, Schöggeli und eine Glasplatte mit eingraviertem zweitem Rang. David und Marco sind stolz, Andrina ist sehr stolz und ich am stolzesten.

SAMSTAG, DEN 10. DEZEMBER 11

Andrina ist seit zehn Tagen am neuen Wohnort. Das Schnuppern hat sie so begeistert, dass sie gleich dort blieb. Auf Tremola ist sie jederzeit herzlich willkommen, wenn sie einen Kaffee, ein Gespräch oder einfach ihre alten Gspändli sehen will. Das hilft ihr sehr, sich einzuleben. Sie geniesst es, dass es keine „Psychi" mehr ist und dass sie selber für ihr Gewicht verantwortlich ist. Es geht ihr einfach einmal gut!

Zwischenhalt: Unsere Läuferin

Wenn Besucher Andrinas Zimmer betreten, fällt ihr Blick sofort auf die Medaillen, die an der Wand hängen: fünf bronzene, acht silberne und fünf goldene. 2012 entdeckte Andrina, dass ihr Joggen Freude bereitet. Sie beschloss, das Basketballspielen aufzugeben, und suchte sich einen Laufverein. Im Stadtturnverein Bern (STB) wurde sie fündig. Ein Trainer nahm sie unter seine Fittiche. Andrina blühte regelrecht auf. Bald trainierte sie fünfmal die Woche.

Wenn ich hie und da von Andrinas neuer Leidenschaft erzählte, musste ich mir immer wieder das Gleiche anhören: „Ja, aber für Magersüchtige ist das doch ein gefährlicher Sport! Das macht sie doch nur, um Kalorien zu verbrennen." Was sollte ich da antworten? Es war eine Gratwanderung. Nur allzu schnell hätte aus dem Laufen ein Zwang werden können und Andrina hätte Kilometer um Kilometer abgespult, vorwärts gepeitscht von der Magersucht. Ihre Rettung waren die Pläne, die der Trainer ihr machte. Sie enthielten neben harten Trainings, in denen Andrina an ihre Grenze kam, auch Ruhetage, die sie unbedingt einhalten musste. Andrina realisierte bald, dass sie diesen Sport nur mit Erfolg ausüben kann, wenn sie genug isst. Sonst fehlt ihr die Kraft, um Höchstleistungen zu bringen. Erklärte ihr der Trainer, dass sie nach einer körperlichen Leistung etwas essen sollte, um die verlorene Energie sofort wieder zuzuführen, setzte sie das um, und schon verschlang sie einen Energieriegel nach dem anderen. Mit der Zeit zeigte es sich, dass es für sie als Vegetarierin schwer war, genügend muskelaufbauendes Eiweiss zu sich zu nehmen. „Kein Problem, dann esse ich halt wieder Fleisch!", entschied Andrina. Unterschritt sie ein festgesetztes Mindestgewicht von 51 Kilogramm, durfte sie nicht trainieren. Das war für sie der Ansporn, um genug zu essen! Sie wollte um keinen Preis ein Training verpassen! Heute sagt unsere Tochter, dass ihr der Laufsport entscheidend geholfen hat, der Magersucht zu entkommen.

Ihr Trainer meldete Andrina im gleichen Jahr für die Schweizermeisterschaft an. Sie sollte 5000 Meter in der Kategorie der 20- bis 23-Jährigen rennen. Andrina war vor dem Rennen unheimlich nervös. Es war erst ihr zweites Bahnrennen. Ihre Erfahrungen also gleich Null. Für sie als Aspergerin eine ganz schwierige Situation. Neuer Ort, neue Leute. Ich begleitete sie, um sie zu beruhigen, zu besänftigen, abzulenken und zu schauen, dass sie zur rechten Zeit am richtigen Ort war. Endlich war die Wartezeit um. Alle Teilnehmerinnen marschierten zusammen auf den Platz, wurden namentlich aufgerufen, stellten sich in einer Reihe auf, und schon ertönte der Pistolenknall. Alle stürmten los. Bald zog sich das Feld auseinander. Andrina lief an siebter Stelle. Gleichmässig wie eine Nähmaschine machte sie Schritt für Schritt, Runde für Runde. Zwölf und eine halbe Runde musste sie laufen. Zwei, drei Läuferinnen konnten ihr hohes Anfangstempo nicht mehr halten und fielen hinter Andrina zurück. Jetzt war sie bereits an dritter Stelle. Mein Herz schlug immer schneller. Wird Andrina eine Medaille holen? Die Anwärterinnen für Silber und Gold liefen weit vor ihr. Aber Bronze? Wenn sie nur das Tempo halten kann! Die letzte Runde: Von hinten schloss eine Läuferin immer näher auf. Ich hörte Andrinas Trainer rufen: „Andrina, Achtung, ziä, vo hinä chunnt eini!" Mit starrem Blick rannte Andrina an mir vorbei. Mit einem halben Meter Vorsprung liess sie sich ins Ziel fallen und blieb einen Moment liegen. Fragend schaute sie sich um, und als sie auf der Anzeigetafel ihren Namen als Dritte las, riss sie jubelnd die Arme hoch. Ich rannte zu ihr und erdrückte sie fast.

„Mami", flüsterte sie mir ins Ohr, „mein Pacemaker war auch dabei und hat mir geholfen!" Fragend schaute ich sie an.

„Ja, Jesus dänks!", belehrte sie mich. „Er gab mir die Kraft, weiter zu rennen, auch wenn meine Beine schon lange nicht mehr mochten!"

Unsere Tochter holte an ihrer ersten Schweizermeisterschaft eine Medaille! Wieder erlebten wir ein Wunder. Es war alles andere als selbstverständlich. Nach nur acht Monaten gezieltem Training war das ein Meisterstück.

Andrina hat gelernt, ihren unbändigen Willen, der sie tief in eine Magersucht geführt hat, einzusetzen, um im Sport Erfolg zu haben. Ihr Trainer hat mir einmal erklärt, dass die Laufstrecke von 5000 Metern eine der härtesten Disziplinen in der Leichtathletik sei und es eine sehr grosse Willenskraft brauche, um weiter zu rennen, auch wenn die Beine vor Übersäuerung nur noch schmerzen und man das Gefühl hat, keinen Schritt mehr machen zu können.

Genauso hat Andrina einen starken Willen gebraucht, um sich das Essen zu verbieten, auch wenn der Bauch vor Hunger schmerzt.

Diese Erfolge zu erleben, waren und sind für David und mich jedes Mal Momente, die uns zu Tränen rühren. Sie entschädigen für all die schwierigen Zeiten, die hinter uns liegen, und wecken Hoffnungen für die Zukunft. Was wird Andrina noch alles erreichen können, wenn sie ihre Willensstärke so einsetzt? Es ist nichts mehr selbstverständlich, sondern alles ein Supplement.

Wieder im Licht

SONNTAG, DEN 12. FEBRUAR 12

Wir sind in Chandolin in den Skiferien. Tief verschneite Bäume und Berge und eine eisige Kälte heissen uns willkommen. David, Marco, Naemi und Andrina sind da. Es ist ein wenig eng in der Wohnung. Überall steht etwas herum. Schuhe, Rucksäcke und Esswaren. Die letzte Nacht habe ich nicht besonders gut geschlafen. Andrina ass gestern Abend wenig. Und dann noch die eisige Kälte! So nimmt sie doch viel zu viel ab! Kommt sie dann nicht wieder in eine Krise? Muss sie dann wieder in die Klinik? Zermürbende Gedanken. Nicht zum ersten Mal drehen sie sich in meinem Kopf, nein, zum hundertsten Mal. Dabei weiss ich doch genau: „Ursula, loslassen! Andrina ist selber verantwortlich für ihr Leben, und sie will ja gesund werden." Ich werde sie auf ihr Essverhalten ansprechen.

MONTAG, DEN 13. FEBRUAR 12

Ich habe mit Andrina über den gestrigen Tag gesprochen. Sie beruhigte mich: „Mami, gestern war ein schwieriger Tag. Alles war so neu und ich war so müde und konnte einfach nicht mehr. Hilfst du mir, damit ich heute genug esse?" Das werde ich versuchen. Zwiespältige Gefühle bewegen mich: Ich verspreche, zu helfen, und andrerseits wäre ich am liebsten weit weg, wo ich nichts mehr von Magersucht hören würde.

So, jetzt will ich mich aber an dem freuen, was ist, und nicht dem nachtrauern, was nicht ist! Naemi und Marco sind ja auch da. Fröhliche, aufgestellte junge Erwachsene! „S chunnt scho guet!" Diese Zusage Gottes gilt immer noch.

MITTWOCH, DEN 7. MÄRZ 12

Heute geht es um die Wurst, das heisst, um Andrinas Zukunft! Für die Standortbestimmung sitzen wir alle im Besprechungszimmer der Institution um den runden Tisch: die Betreuerin von Andrinas Wohnheim, die Psychologin, die Bezugsperson von der IV, Andrinas Ausbilderin, der oberste Chef, ich und mittendrin unsere Tochter. Der Chef begrüsst uns alle und erklärt, wie die Besprechung ablaufen wird.

Er wendet sich Andrina zu: „Sie sind die Hauptperson. Wie geht es Ihnen?"

„Mir isches sid villne Jahr nüme so guet gange wie jetzt!", antwortet Andrina mit einem Strahlen auf dem Gesicht.

Mir kommen die Tränen. Solche Worte aus Andrinas Mund! Sie sagt das. Sie, die noch im November Tabletten schluckte, weil sie nicht mehr leben wollte; die sich vor zwei Jahren die Arme zerschnitt, weil sie die Spannungen nicht mehr aushielt; die als Dreizehnjährige ein ganzes Jahr nicht mehr nach Hause kommen konnte, weil sie krank und suizidgefährdet war, die …

Der Chef meint zu Andrina: „Das können nicht viele Menschen in Ihrem Alter sagen, dass es ihnen noch nie so gut gegangen sei. Das freut mich sehr." Täusche ich mich oder hat auch er Tränen in den Augen?

Andrina möchte im Sommer mit der Ausbildung zur Gärtnerin beginnen. Voraussetzung ist aber, dass sie ihr Arbeitspensum bis im Juni auf 100 % erhöht. Dann wird definitiv entschieden.

DONNERSTAG, DEN 11. OKTOBER 12

Jetzt ist bereits Oktober. Das letzte Mal habe ich im März ins Tagebuch geschrieben. Ich sitze in meinem Zimmer auf dem Wildberg. Für vier Tage bin ich hier und nehme an Exerzitien teil. Wir hören am Morgen einen kleinen Vortrag, singen zusammen und haben einfach Zeit, um nachzudenken und zur Ruhe zu kommen. Alles geschieht im Schweigen.

Ich lasse das letzte halbe Jahr an mir vorbeiziehen. Ich kann kaum glauben, was in dieser Zeit alles geschehen ist! Andrina hat es wirklich geschafft.

Sie hat im August die Vollehre als Zierpflanzengärtnerin begonnen. Sie besucht die Gewerbeschule und schafft es auch, an den Übungswochen teilzunehmen. Sie fehlt nie bei der Arbeit. Auf ihrer Wohngruppe fühlt sie sich wohl, und die Betreuer sagen, dass sie die Jungs gut im Griff habe. Probleme, die ihr zu schaffen machen, spricht sie an. Sie weiss immer besser, was ihr gut tut und was nicht.

Es ist schon so: Wenn es Andrina gut geht, geht es David und mir auch gut! Aber warum müssen Leute um uns herum immer besser wissen, was gut für uns und Andrina wäre? So erzählte mir eine Bekannte, dass sie und ihr Mann sich Sorgen um David machen. Sie hätten den Eindruck, er hänge zu stark an Andrina. Es sei doch an der Zeit, dass wir unsere Tochter loslassen müssen. Ihre Worte haben mich verletzt. Was weiss sie schon von unseren Kämpfen? Seit sieben Jahren ist Andrina nicht mehr zu Hause. Durch ihre Krankheit verlor sie jegliche Beziehungen und wir sind die einzigen Bezugspersonen, die sie noch hat. Sie braucht uns doch einfach! Und überhaupt! Wir haben doch bei den drei älteren Kindern bewiesen, dass wir loslassen können.

Manchmal stehen auch Gedanken im Raum, ob David und ich nicht am besten nach Bern ziehen würden, um Andrina nochmals ein Zuhause zu geben. Aber solange es ihr so gut geht und sie sich wohl fühlt bei allem, was sie macht, schieben wir diese Gedanken auf die Seite.

DONNERSTAG, DEN 19. SEPTEMBER 13

Ein Jahr später: Wer hätte das gedacht! Ich stehe in unserer neuen Wohnung in Bern und räume Umzugsschachteln aus. Gestern sind wir mit Sack und Pack hier eingetroffen.

Im Frühling dieses Jahres sagte Andrina immer häufiger, dass sie Heimweh hatte. Irgendwie ging die „Heimzeit" für sie zu Ende. Wir überlegten, ob sie zu uns kommen sollte und hier die Lehre beenden könnte. Aber diesen Gedanken verwarfen wir schnell. Alles wäre neu gewesen. Das hätte sie überfordert. Zurück an den alten Wohnort, wo sie alle nur als die kranke Andrina kennen, nein danke.

Im Lauftreff hatte Andrina begonnen, ein paar Beziehungen aufzubauen. Die wollten wir nicht aufs Spiel setzen. So beschäftigten David und ich uns mit dem Gedanken an einen Umzug nach Bern. Wir behielten diese Überlegungen für uns, damit niemand uns beeinflussen konnte. Mir war bewusst, dass ich mich ganz allein damit auseinandersetzen musste. Diese grosse Entscheidung durfte ich weder von Davids Meinung noch von Andrinas Wunsch abhängig machen. Nur, wenn ich aus tiefstem Herzen Ja sage, kann das Vorhaben gelingen. Sonst kämen bei der kleinsten Schwierigkeit Zweifel oder auch Wut auf, und alle anderen wären schuld an der Misere, weil ich ja eigentlich nicht gewollt hatte. Immer wieder redete ich mit Gott, bat ihn um seine Hilfe und dass er mich in dieser Entscheidung führen soll. Auch mit Andrinas Therapeutin sprach ich über unsere Gedanken. Von ihr wollte ich wissen, ob es für Andrina überhaupt gut wäre, wenn wir kommen würden. Ihre Antwort haute mich fast aus den Socken: „Ich würde mich sehr freuen, wenn Sie diesen Schritt machen könnten. Ich glaube, dass noch einmal mit Ihnen zusammen zu leben für Andrina sehr gut wäre. Und die Bedenken, sie zu fest an sich zu binden und ihre Selbstständigkeit zu verhindern, können Sie vergessen. Ich würde Sie schon darauf aufmerksam machen, wenn es so wäre!"

Dennoch: Ein Umzug würde bedeuten, dass wir unser gesamtes Umfeld zurücklassen müssten: unsere Freunde, unsere Kirche, unser Haus und ich meinen Garten. Keine einfache Entscheidung. An irgendeinem Tag, als ich mit Balu über das weite Feld lief, breitete sich in meinem Herzen eine tiefe Ruhe aus und ich wusste: Ich will nach Bern.

Am Abend erzählte ich David von meinem Entscheid, und er umarmte mich voll Freude. Für ihn war die Sache schon lange klar gewesen.

Als ich Andrina unseren Entscheid erzählte, begann sie zu weinen und sagte: „Nein, das darfst du nicht sagen. Nachher klappt es wieder nicht und das macht mich fertig. Ich werde es erst glauben, wenn ihr da seid." Soll sie doch.

Unsere Verwandten und Freunde reagierten unterschiedlich. Das war nicht anders zu erwarten. Martina, Naemi und Marco verstanden uns, auch wenn sie über die entstehende Distanz nicht so erfreut waren.

Dann begann die Wohnungs- und für David auch die Arbeitssuche. Er schickte seine Unterlagen an die Psychiatrischen Kliniken. Doch da war keine Stelle frei. Er versuchte es bei Sozialämtern, und tatsächlich konnte er sich an einem Ort vorstellen.

Immer wieder reisten wir nach Bern und schauten uns Wohnungen an. Eine gefiel uns besonders. Sie war nur zehn Minuten von Andrinas Arbeitsort entfernt. Und tatsächlich bekamen wir Ende Juli die Zusage. Jetzt fehlte nur noch eine Arbeit für David, und das Wunder geschah: Auch das klappte. Am neunten August erhielt er eine Stelle auf einem Sozialamt zugesagt. Wir setzten den Zügeltermin auf den 18. September fest. Unser Haus würden wir behalten und vermieten. Da David erst im Dezember mit der neuen Arbeit beginnen konnte, würde er bis dann noch im alten Zuhause schlafen und übers Wochenende zu uns nach Bern kommen. Wir begannen zu sortieren, aufzuräumen, wegzubringen und stellten jede Woche Berge von Abfall an die Strasse. Das Ausmisten tat sehr gut. Irgendwie wurde das Leben leichter und einfacher.

Wir nahmen Abschied von unseren Freunden und Bekannten. Einige wollten uns noch ein letztes Mal einladen. Warum haben sie das vorher nicht gemacht? Sie hätten ja 22 Jahre Zeit gehabt? Ich hatte mich – vor allem während der Krankheitsjahre unserer Tochter – öfters einsam gefühlt. Andere versprachen uns einen Besuch in Bern. „Mer wärdets gsee!", dachte ich.

Am 18. September hielt ein grosser Umzugswagen vor unserem Haus. Ruck, zuck war alles verstaut und schon waren wir unterwegs nach Bern in ein neues Leben.

MONTAG, DEN 23. SEPTEMBER 13

Die Türglocke klingelt. Ich frage, wer da ist. Andrina. Ich drücke den Öffner und höre, wie die Türe aufgeht. Unsere Tochter kommt nach Hause. Als sie die Treppen hochgestiegen ist, nehme ich sie in den Arm und drücke sie minutenlang. Wir trinken zusammen einen Tee. Sie erzählt von ihrer Arbeit, was sie gemacht und geredet hat. Sie motzt ein wenig über ihre Chefin, und ich berichte von meinen Erlebnissen. Dann legt sie sich auf mein Bett und schaut mir zu, wie ich die restlichen Kleider einräume.

„Mami, jetzt glaube ich wirklich, dass ihr zu mir nach Bern gekommen seid. Es fühlt sich unglaublich gut an. Ich habe mich den ganzen Tag gefreut, dass ich um fünf Uhr einfach nach Hause kommen kann." Auch mir geht es so und ich spüre, wie etwas in meinem Innern wieder ganz geworden ist.

Nachwort Januar 2016

Welcher Titel wäre passend für die letzten zwei Jahre? Alles ist gut? Nein, das ist übertrieben. Es geht vorwärts? Das würde eher passen. Der tägliche Kampf um ein neues Ja? Nein, zu hart. Aber jetzt weiss ich es: Weiter tragen und weiter getragen werden!

Während der ersten Wochen, die wir in Bern lebten, wohnte „ein Zauber im Anfang inne, der uns beschützt und uns hilft, zu leben", so wie es es Hermann Hesse in seinem Gedicht „Stufen" geschrieben hat. Andrina blühte sichtlich auf und genoss es jeden Tag aufs Neue, wenn sie nach Hause kommen konnte. Sie hatte ein riesiges Nachholbedürfnis nach Nähe, die wir ihr gerne gaben. Ich erforschte mit Balu die Umgebung und freute mich über all die spannenden Wege, die sich auftaten. Klar vermisste ich all das Vertraute, all meine Freunde, und doch merkte ich bei jedem neuen Kontakt, dass ich mich ohne Vorbelastung von Andrinas langer Krankheitsgeschichte darauf einlassen konnte. Niemand fragte: „Wie geht es Andrina?", sondern ich als Person war wichtig. David wurde an der neuen Arbeitsstelle sehr gefordert. Einmal meinte er: „Mir kommt es vor, als würde ich nochmals eine Ausbildung machen, vieles ist mir fremd und muss ich erst noch lernen."

Unsere anderen Kinder, Martina, Naemi und Marco, besuchten uns häufig und unser neues Zuhause gefiel ihnen.

Neben allem Positiven gab es auch Erlebnisse, die uns sehr zu denken gaben. Einmal wollte ich die Studenten, die über uns wohnten, zum Abendessen einladen. Aber Andrina fiel an diesem Nachmittag in solch eine Krise, dass ich schleunigst absagen musste. Es wäre für sie zu viel gewesen. An diesem Abend weinte ich mich in den Schlaf. Wie sollte ich Kontakte knüpfen, wenn wir nicht einmal Gäste einladen konnten?

Anfang 2014 wurde Andrina müder und müder. Sie hielt zwar ihr strenges Programm mit Ausbildung, Schule und fünf bis sechs Lauftrainings pro Woche aufrecht, aber immer öfter schaffte sie es am Morgen nur noch mit grösster Mühe, sich aufzuraffen und aus dem Haus zu gehen. Einmal sagte sie völlig verzweifelt: „Jetzt muss es mir doch gut gehen. Ihr seid doch extra wegen mir nach Bern gekommen!" Was sollte ich da antworten? Klar hatten wir gehofft, dass unser Umzug in diese Richtung etwas bewirken würde. Ich sagte ihr, dass David und ich überzeugt seien, dass unser Entscheid richtig war, und das habe sich nicht geändert.

Im Februar 2014 brach Andrina eines Morgens regelrecht zusammen. Nichts ging mehr. Sie wurde für zwei Wochen krankgeschrieben. Wir fragten uns, was diese totale Erschöpfung verursacht hatte. Bei einem Elterngespräch mit Andrinas Psychologin tauchte das Thema Asperger-Syndrom wieder auf. Wohl war bereits früher bei Andrina diese Form von Autismus festgestellt worden, aber in der Zwischenzeit wieder in den Hintergrund geraten. Die starke Magersucht bewirkte zum Teil ähnliche Symptome wie das Asperger-Syndrom, und alles wurde auf diese Karte gesetzt, damit Andrina aus der tödlichen Krankheit entkommen konnte. Gott sei Dank schaffte sie das. Andrina managt nun das Thema Essen und Gewicht völlig selbstständig. Sonst wäre ich nie nach Bern gezogen, wenn ich in diesem Bereich Verantwortung hätte übernehmen müssen.

David und ich begannen uns über das Asperger-Syndrom zu informieren und realisierten bald, dass unsere Tochter die Welt anders wahrnimmt. Jede soziale Interaktion ist für sie eine riesige Anstrengung. Was denken die anderen von mir? Wie meinen sie das? Was habe ich gesagt? Sagt man das so? Habe ich das falsch gesagt? Wie muss ich mich verhalten? Diese Gedanken verursachen in ihrem Kopf ein Durcheinander, rauben ihr alle Kraft und lösen immense Spannungen aus. So starke Spannungen, dass sich ihr Gesicht und Körper manchmal zusammenkrampfen, als habe sie einen spastischen Schub.

Immer mehr Fakten kamen zusammen und liessen uns vieles neu betrachten und verstehen. Darum vertrug Andrina kaum Besuch! Vor allem von unbekannten Personen nicht! Darum musste alles seine Regelmässigkeit und Ordnung haben! Darum war sie häufig todmüde! Jetzt, da das Kind einen Namen hatte, wurde uns schlagartig klar, welche Leistung Andrina in den letzten Jahren erbracht hatte. Als wir nach Bern zogen, fand Andrina einen Ort, an dem sie auch einmal loslassen und einfach sein konnte, und die ganze Erschöpfung brach über sie herein. Wir vermuteten, dass dieser

Zusammenbruch so oder so gekommen wäre. Im schlimmsten Fall hätte sie sich vielleicht aus Verzweiflung das Leben genommen. Wir waren froh, dass wir sie auffangen konnten, aber auch traurig, weil es für Asperger keine Heilung gibt.

David und ich suchten für uns als Ehepaar Unterstützung und wurden bei einem Psychologen fündig. Er schaffte es, unseren Blick immer wieder auf das Machbare zu richten und nicht auf das, was fehlte. Wir mussten unsere Agenda bei den Gesprächen dabeihaben und gleich Daten festsetzen, an denen wir uns Zeit für Zweisamkeit nehmen wollten. Am Anfang war das an einem kleinen Ort: „Eis go ziä mitenand am Mittwuchabig", und einen Nachmittag im Monat. Mit der Zeit konnten wir für ein Wochenende weggehen, und nach einem Jahr sogar drei Nächte! Es war und ist eine Gratwanderung zwischen Sich-Abgrenzen und doch Rücksichtnehmen auf Andrinas jeweiligen Zustand. Können wir ihr heute das Alleinsein zutrauen oder ist es nicht möglich?

Zu den Einschränkungen Ja zu sagen, fällt uns manchmal einfacher, manchmal weniger und manchmal sind wir total unzufrieden mit unserem Leben und auch mit unserem himmlischen Chef!

Andrina konnte nach zwei Wochen „Ferien" mit einem reduzierten Pensum wieder arbeiten gehen. Im Gespräch mit der Ausbildungsleiterin und der IV wurde ihr für den Rest der Ausbildung eine Reduktion der Arbeitszeit auf 80 Prozent zugestanden, so dass sie mehr Erholungsmöglichkeiten hatte. Unsere Situation entspannte sich zusehends und Andrina erholte sich Tag für Tag. Der Alltag pendelte sich in einer bewährten Form ein und wir lernten immer besser, wie wir uns verhalten, planen und vorgehen mussten, um ein gutes Leben miteinander zu haben.

Andrina setzte ihre Erfolgssträhne im Laufen fort und holte sozusagen an jedem Wettkampf eine Medaille oder eine gute Rangierung. Einmal sagte sie verschmitzt: „Ich muss immer aufs Podium! Das ist sehr anstrengend. Etwas anderes kenne ich gar nicht!" David und ich freuen uns jedes Mal von Herzen mit und sind Gott dankbar, dass er Andrina diese Gabe, aber auch den Willen zum Trainieren, gegeben hat. Da ist ein Bereich, in dem sie Selbstvertrauen tanken kann.

Im Frühling 2015 hatte ich eine Phase, in der ich müder und müder wurde. Alles fiel mir schwer und ich hatte zu nichts mehr Lust. Schlafen, und nochmals schlafen, war mein andauerndes Bedürfnis. Manchmal kam mir schon der Gedanke, dass ich wohl wieder an einer Erschöpfungsdepression leiden könnte. Aber ich wollte mir das nicht eingestehen. Andrina sagte immer häufiger: „Mami, dir geht es nicht gut. Hast du eine Depression? Mach endlich etwas!" Aber erst als ich kapitulierte und mir eingestand, dass es wieder einmal so weit war, konnte sich mein Zustand bessern. Ich erhöhte meine Antidepressiva und fuhr für eine Woche in Urlaub. Diese Zeit war für mich eine Mahnung, auch mir selber gut zu schauen und mich nicht für Andrina und andere aufzuopfern. Nun mache ich so alle drei Monate ein paar Tage Urlaub. Ich allein mit mir! Das sind wunderschöne Zeiten, in denen niemand etwas von mir will und ich einfach sein kann.

Andrina schloss im Sommer 2015 ihre Ausbildung mit guten Noten ab. Wir wissen, dass das für Menschen mit Asperger nicht selbstverständlich ist. Ihr neues Ziel ist nun die Berufsmaturitätsschule. Mit den Unterrichtsstunden und den sechs bis sieben Trainings pro Woche würde sie voll und ganz ausgelastet sein. Sie freut sich auf die neue Herausforderung, hat aber gleichzeitig riesige Ängste, da alles neu ist.

Im November 2015 zogen wir in ein Eigenheim. „Was? Schon wieder umziehen?", war der häufigste Kommentar, den wir zu hören bekamen. In den zwei Jahren, die wir mit Andrina verbracht hatten, war uns klar geworden, dass sie noch längere Zeit diesen Ort der Geborgenheit brauchen würde, bis sie irgendwann einmal allein wohnen wird. Jetzt logiert sie im obersten Stock mit Terrasse und Ausblick auf die Berge. Im Gegensatz zur Mietwohnung kann sie sich jetzt zurückziehen, wenn sie von uns genug hat oder wir Gäste einladen möchten.

Andrina braucht auch immer noch viel Unterstützung. So geschah es letzthin, dass sie sehr viele Termine wahrnehmen musste. Das bedeutete Stress hoch vier für sie. Als sie am Nachmittag nach Hause kam, befand sie sich in einer grossen Anspannung. Immer wieder verzog sich ihr Gesicht zu einer Grimasse. Ich gab ihr ein Beruhigungsmittel. Die Spannung hielt an.

„Willst du mit mir und Balu spazieren gehen?", fragte ich sie.

„Nein!", schrie sie, „ich will nur noch schlafen."

„Gut, dann komm!" Ich nahm sie an der Hand und führte sie ins Schlafzimmer, packte sie in Davids Bett und legte mich neben sie. Es dauerte nicht lange, da lag Balu zwischen uns und Jimmy, der Kater, hatte es sich zu unseren Füssen bequem gemacht. Andrina schlief ein. Nach anderthalb Stunden erwachte sie wieder und bedankte sich bei mir, dass ich da gewesen war. Sie war wieder „zwäg".

Das sind die schwierigen Kapitel, aber es gibt auch andere: Andrina baut sich langsam einen Freundeskreis auf. Etwas, was sie seit der Einweisung ins Krankenhaus im Jahr 2005 nicht mehr hatte. Sie lädt Freundinnen zum Keksbacken ein, geht mit ihnen ins Kino (halt am Nachmittag oder frühen Abend), und der Höhepunkt war, als sie im Januar ihre ganze Laufgruppe zum Abendessen einlud. Sie überlegte, organisierte, kaufte ein, und ich assistierte ihr bei den Vorbereitungen. „Mami, wie mache ich das mit dem Salat? Muss ich schöpfen?", oder „Mami, wie mache ich das mit dem Wein? Da kenne ich mich gar nicht aus!" „Mami, was mache ich, wenn sie nicht nach Hause gehen wollen und ich todmüde bin?" Für alles fanden wir eine praktische Lösung.

Das ist und wird meine, unsere Aufgabe bleiben: Zuhören, Dasein und Andrina helfen, als Frau mit Asperger Syndrom den Weg durch den Dschungel dieser Gesellschaft zu finden. David arbeitet noch immer als Sozialarbeiter. Aber diese Zeit läuft aus. Er wünscht sich für den Rest seiner „Schaffenszeit" eine Arbeit, bei der er weniger Schreibarbeiten machen muss und seine Stärke, den Umgang mit Menschen, mehr ausleben kann.

Auch bei den „grossen" Kindern ist einiges gelaufen. Unsere Familie vergrössert sich. Martina und Cédric haben sich im Toggenburg ein gemütliches Zuhause geschaffen und das Nest ist nun bereit für ihr Kind, das sie im Frühsommer erwarten. Marco hat im letzten Sommer die Ausbildung zum Lehrer beendet und arbeitet nun mit Freude in seinem Beruf. Annatina, seine Freundin, bereichert unsere Familie mit ihrem fröhlichen Wesen. Dieses Jahr lernte Naemi ihren Christian kennen, und die zwei zusammen zu erleben, erwärmt das Herz!

Zu Weihnachten 2015 wünschten wir uns von ihnen eine Woche Urlaub.

Nicht, dass sie uns diese finanzieren sollten, sondern, dass sie mit Andrina zusammen einen Weg finden, damit wir als Ehepaar eine Woche Ferien ohne Unterbruch oder Abbruch machen können. Es klappt! David und ich freuen uns wie kleine Kinder auf diese Zeit!

Durch die vergangenen elf Jahre zieht sich ein roter Faden: David und ich mussten viel tragen und wurden aber auch getragen. Getragen von einem Gott, der uns immer wieder tröstete, ermutigte, festhielt und begleitete. Der aber auch unser Hadern, Verzweifeln, Anklagen und Fluchen aushielt, und uns nie losliess.

Mit dieser Zuversicht gehen wir weiter: Tragen und getragen werden!

Danke

Den Entscheid, ein Buch über unsere Geschichte zu schreiben, zögerte ich immer wieder hinaus. Eine gute Freundin meinte einmal ganz trocken zu meinem Zaudern: „Wenn du das Buch jetzt nicht schreibst, wirst du es mit achtzig sicher auch nicht mehr schreiben." Das gab mir den nötigen Anstoss und nach ein paar Tagen stand das erste Kapitel.

Danke, Karin!

Danke, Andrina, dass ich Deine Geschichte aufschreiben durfte!

Danke ihren Geschwistern, die zum Teil selber Texte schrieben, das Manuskript lasen und mir ihre Gedanken dazu mitteilten.

Danke ihren Partnerinnen und Partnern. Auch sie waren bereit, die Geschichte zu lesen und sich damit auseinanderzusetzen.

Danke der Schreibgruppe! Während der Zeit, die wir zusammen verbrachten, lobten, kritisierten und diskutierten sie meine Texte.

Danke an Sonja Bonin, die mir tatkräftig zur Seite stand, und mit ihrer fachkundigen Unterstützung viel zum Gelingen des Projekts beitrug.

Danke an Ursula Hoffmann, die das Manuskript lektorierte.

Mein grösster Dank gehört meinem Mann, der mich immer wieder ermutigte weiterzuschreiben, der mich unterstützte und mir den Rücken freihielt.